Kapitelanfang

Jedes Kapitel beginnt mit einer solchen Seite. Das Foto und die dazugehörige Frage machen deutlich, worum es in diesem Kapitel geht.

Exkurs-Seiten

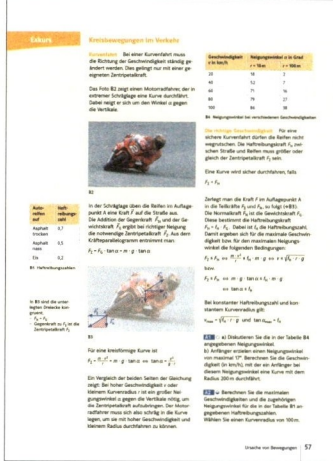

Diese Seiten bieten Ihnen Materialien, mit deren Hilfe Sie das Gelernte anwenden und vertiefen können.

Methoden-Seiten

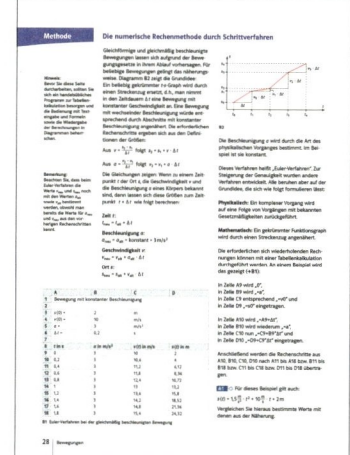

Auf diesen Seiten werden Ihnen grundlegende Methoden Schritt für Schritt demonstriert.

Seiten, die die Durchführung und Auswertung grundlegender Versuche vorstellen, sind durch die Bezeichnung „Experimente" extra gekennzeichnet.

Training-Seiten

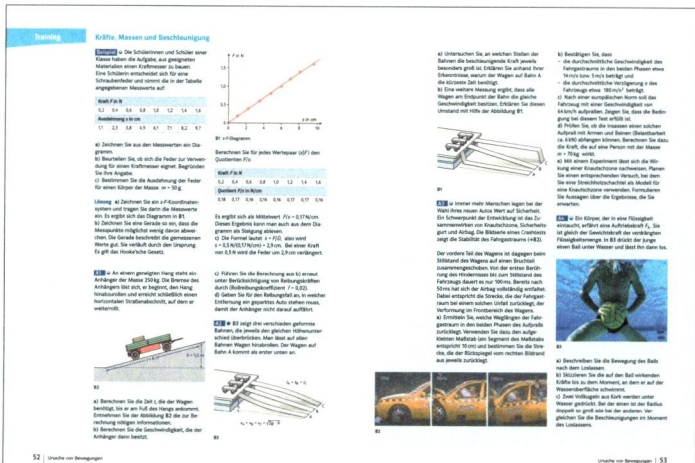

Beispiele
Aufgaben mit Lösungen zeigen Ihnen hier, wie Sie bei verschiedenen Fragestellungen vorgehen.

Trainingsaufgaben
Auf den Training-Seiten finden Sie weitere Aufgaben zum Üben.
Die **Lösungen** zu diesen Aufgaben finden Sie in den Online-Materialien.

Rückblick-Seiten

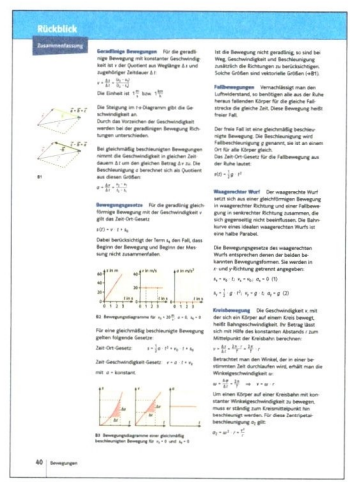

Zusammenfassung
Auf diesen Seiten finden Sie die Inhalte des Kapitels nochmals zusammengefasst.

Impulse Physik
Einführungsphase

für die Gymnasien

Ernst Klett Verlag
Stuttgart · Leipzig · Dc

Inhaltsverzeichnis

SI-Einheiten 6

1 Bewegungen 7

1.1 Beschreiben von Bewegungen 8
  › Methode: Umgang mit Messunsicherheiten 10
1.2 Geradlinige Bewegungen mit konstanter Geschwindigkeit 12
  › Methode: Koordinatentransformation beim Wechsel des Bezugssystems 14
  › Training: Bewegungen mit konstanter Geschwindigkeit 16
  › Experiment: Untersuchung nicht gleichförmiger Bewegungen 18
1.3 Geradlinige Bewegungen mit veränderlicher Geschwindigkeit 19
  › Methode: Auswerten von Beschleunigungsvorgängen 22
  › Training: Bewegungen mit veränderlicher Geschwindigkeit 23
  › Experiment: Untersuchung von Fallbewegungen 25
1.4 Fallbewegungen 26
  › Methode: Die numerische Rechenmethode durch Schrittverfahren 28
  › Methode: Videoanalyse 29
1.5 Bewegungen in zwei Dimensionen 31
  › Methode: Regeln für den Umgang mit Vektoren 32
1.6 Wurfbewegungen 33
  › Methode: Konstruktion von Bahnkurven beim schiefen Wurf 35
1.7 Die Kreisbewegung 36
1.8 Beschleunigung bei der Kreisbewegung 37
  › Methode: Mathematische Herleitung der Zentripetalbeschleunigung 37
  › Training: Freier Fall und Kreisbewegung 38
  Rückblick: Zusammenfassung 40

2 Ursache von Bewegungen 41

2.1 Kräfte 42
2.2 Reibung 44
2.3 Trägheit 46
  › Experiment: Kräfte beschleunigen Körper 47
2.4 Kraft, Masse, Beschleunigung 48
  › Experiment: Untersuchung der Wechselwirkung von Körpern 49
2.5 Kraft und Gegenkraft 50
  › Exkurs: Die Newton'schen Axiome 51
  › Training: Kräfte, Massen und Beschleunigung 52
  › Experiment: Untersuchung von Kreisbewegungen 54
2.6 Kräfte bei der Kreisbewegung 55
  › Experiment: Einsatz von Apps zur Messung physikalischer Größen 56
  › Exkurs: Kreisbewegungen im Verkehr 57
  › Exkurs: Scheinkräfte 58
2.7 Rotation von Körpern 59
2.8 Das Trägheitsmoment 60
  › Training: Kreis- und Drehbewegungen 61
  Rückblick: Zusammenfassung 62

3 Erhaltungsgrößen 63

3.1 **Energieerhaltung** 64
  › Experiment: Die Bewegungsenergie 66
  › Experiment: Die Spannenergie 67
3.2 **Anwendung des Energiekonzepts** 68
  › Methode: Problemlösung mit dem Energiekonzept 69
  › Training: Energieüberführung 70
3.3 **Energieübertragung** 72
3.4 **Die Leistung** 74
  › Training: Energie, Arbeit und Leistung 75
3.5 **Impuls** 77
  › Experiment: Untersuchung von Stoßvorgängen 79
3.6 **Impuls und Kraft** 80
  › Exkurs: Kraftverlauf bei einem Unfall 81
3.7 **Drehimpuls und Drehimpulserhaltung** 82
  › Exkurs: Rotation um freie Achsen 83
  › Training: Impuls und Kraftübertragung 84
  Rückblick: Zusammenfassung 86

4 Gravitationsfeld 87

4.1 **Weltmodelle** 88
4.2 **Bewegungen am Himmel** 91
4.3 **Das Gravitationsgesetz** 93
  › Experiment: Bestimmung der Gravitationskonstanten nach Cavendish 94
  › Exkurs: Das Entstehen der Gezeiten 96
  › Methode: Punktweise Berechnung von Planetenbahnen 97
  › Training: Gravitationsgesetz und Gravitationskräfte 98
4.4 **Das Gravitationsfeld** 100
  › Training: Gravitationsfeld und Potenzial 102
  › Exkurs: Felder 103
  Rückblick: Zusammenfassung 104

5 Relativitätstheorie

- 5.1 **Ereignisse, Bezugssysteme und Beobachter** 106
  - 〉 Exkurs: Synchronisation von Uhren 107
- 5.2 **Die Einstein'schen Postulate** 108
  - 〉 Experiment: Das Michelson-Morley-Experiment 110
- 5.3 **Relativität der Gleichzeitigkeit** 111
- 5.4 **Zeitdilatation** 112
  - 〉 Exkurs: Das Hafele-Keating-Experiment 113
- 5.5 **Längenkontraktion** 114
  - 〉 Methode: Gedankenexperimente 115
  - 〉 Exkurs: Die Raumzeit 115
  - 〉 Experiment: Thermoskannenversuch zum Myonenzerfall 116
  - 〉 Training: Relativität der Gleichzeitigkeit, Zeitdilatation und Längenkontraktion 117
  - 〉 Exkurs: Orientierung und Positionsbestimmung mit Satellitennavigation 119
- **Rückblick: Zusammenfassung** 120

Übungsaufgaben 121

Anhang
Tabellen 124
Stichwort- und Personenverzeichnis 127
Quellennachweis 129
Grundregeln für das Experimentieren 131

SI-Einheiten

B1 Urmeter

B2 Urkilogramm

SI-Einheiten

Die Physik befasst sich mit den messbaren Eigenschaften der Natur. Dazu muss man für physikalische Größen jeweils eine Maßeinheit („Maßstab") festlegen und erläutern, wann eine Gleichheit oder eine Vielfachheit des Maßstabs vorliegt.

Diese Einheit ist nicht eindeutig und so gab es früher verschiedene Maßeinheiten für dieselbe physikalische Größe. Die Elle als Maßeinheit der Weglänge ging beispielsweise vom Ellenbogen bis zur Mittelfingerspitze. Dies war natürlich personenabhängig.

Um eine Vereinheitlichung zu bekommen, wurde um 1790 jeweils ein Prototyp für das Meter und das Kilogramm hergestellt, das sogenannte Urmeter (→**B1**) und Urkilogramm (→**B2**). Diese sind im französischen Nationalarchiv gelagert. Weitere Kopien besitzen die Länder, die sich dieser Konvention angeschlossen haben.

Als erstes **Basissystem** wurde das Meter-Kilogramm-Sekunde-System (kurz: mks-System) beziehungsweise das cgs-System (Zentimeter, Gramm, Sekunde) verwendet. Diese Basissysteme wurden um vier weitere Basisgrößen erweitert und mündeten 1954 im Internationalen Einheitensystem (Système Internationale d'Unités; kurz: **SI-System**).

Das traditionelle SI-System hat sieben **Grund-** oder **Basisgrößen**: Zeit, Länge, Masse, elektrische Stromstärke, Temperatur, Stoffmenge und Lichtstärke. Die zugehörigen Einheiten, die per Definition festgelegt sind, heißen **Basiseinheiten** (→**B3**).

Alle anderen physikalischen Einheiten sind abgeleitete Einheiten. Die zugehörigen Größen heißen abgeleitete Größen. Beispiele: Volumen, Frequenz, elektrische Ladung ...

Beispiele für abgeleitete Größen		
Größe	Definition	SI-Einheit
Volumen V	$1\,m^3$	m
Frequenz f	$1\,Hz = 1\,1/s$	s
Ladung Q	$1\,As = 1\,C$	A, s

Die Definition des Meters mit Hilfe des Urmeters ist überholt. Heute wird das Urmeter mit Hilfe der Lichtgeschwindigkeit definiert. Man ist daher im Herbst 2018 übereingekommen, auch alle anderen Einheiten über sieben festgelegte Naturkonstanten zu definieren. Je genauer man die Naturkonstanten messen kann, umso genauer werden die Einheiten.

Die Definition des Kilogramms mit Hilfe des Urkilogramms in Paris war beispielsweise problematisch, da dieses jedes Jahr um etwa 0,5 µg an Masse verliert. Heute nutzt man die Möglichkeit, die Anzahl der Siliciumatome zu bestimmen, die dem heutigen Kilogramm entsprechen. Dies sind etwa $2{,}1 \cdot 10^{24}$. Dazu war es aber nötig, dass man die Anzahl auf 10^{18} genau bestimmen kann.

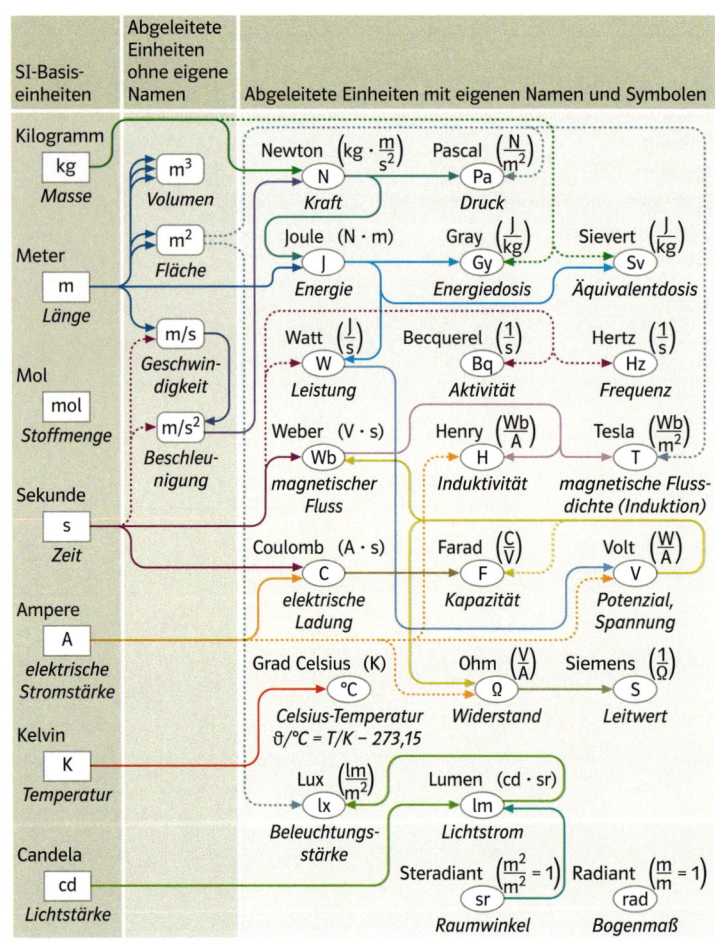

B3 SI-System

1 Bewegungen

In Ruhe oder in Bewegung – für wen gilt was?

1.1 Beschreiben von Bewegungen

Ein Blatt Papier sinkt auf komplizierter Bahn zu Boden. Zu einer Kugel zusammengeknüllt fällt es dagegen nahezu geradlinig hinab, seine Bahn lässt sich einfacher beschreiben. Bewegungen sind an der Veränderung des Ortes eines Körpers mit der Zeit zu erkennen. Allerdings benötigt man einen Standpunkt, auf den sich die Veränderungen in Raum und Zeit beziehen.

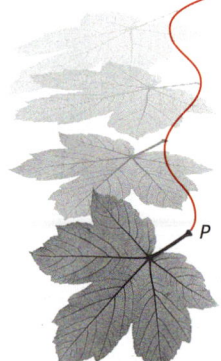

B1 Bahnkurve des Stielendes beim fallenden Blatt

Spuren der Bewegung

Skifahrer hinterlassen Spuren im Neuschnee. Die Kondensstreifen eines Flugzeuges zeigen seine Bahn am Himmel, auch wenn es selbst kaum noch zu sehen ist.
Die Aufnahme der Stabhochspringerin (→B4) zeigt verschiedene Phasen ihrer Bewegung in ihrer zeitlichen Abfolge. Verschiedene Körperteile bewegen sich dabei auf unterschiedlichen Bahnen. Ebenso bewegt sich jeder Teil eines fallenden Blattes ein wenig anders (→B1).

Jeder Punkt des Körpers beschreibt bei der Bewegung seine eigene Bahn. Für jeden Punkt ergibt sich auf diese Weise eine Kurve, die **Bahnkurve**, die aus allen Orten besteht, die der Punkt nacheinander durchläuft. Ruht ein Punkt des sich bewegenden Körpers, so reduziert sich seine Bahnkurve auf einen Punkt.

B4 Bahnkurven verschiedener Körperteile beim Stabhochsprung

Ereignisse in Raum und Zeit

Um die Bewegung eines fallenden Blattes zu beschreiben, sind für jeden einzelnen Punkt des Blattes drei Koordinaten zur Angabe seines Ortes im Raum nötig. B3 zeigt Aufnahmen der Sonne, die im Laufe eines Sommertages am nördlichen Polarkreis entstanden sind. Die Sonne kann als Punkt dargestellt werden und die zeitliche Abfolge ergibt die Bahnkurve. Sind Form und Größe des Körpers für die untersuchte Bewegung ohne Bedeutung, lässt sich die Masse des betrachteten Körpers gedanklich in einem einzigen Punkt konzentrieren. Diese Idealisierung bezeichnet man als das **Modell des Massenpunktes**. Sie gilt, wenn sich der betrachtete Körper nicht dreht oder verformt.

In diesem Fall reicht die Angabe der Koordinaten genau eines Punktes aus, um den Ort des Körpers eindeutig zu beschreiben. Die Fallbewegung einer Kugel lässt sich demnach vereinfacht durch die Bahnkurve ihres Mittelpunktes erfassen. Bei der Stabhochspringerin müssen dagegen die Bahnkurven verschiedener Punkte verfolgt werden.
Im Folgenden setzen wir Bewegungen von Körpern voraus, die sich als Massenpunkt beschreiben lassen.

Zur vollständigen Beschreibung der Bewegung eines Körpers reicht die Kenntnis seines Ortes allein nicht aus. Man muss auch den Zeitpunkt kennen, an dem ein Körper einen Ort erreicht.

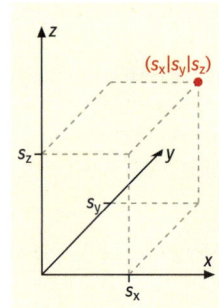

B2 Drei Raumkoordinaten zur Kennzeichnung des Ortes s eines Körpers

B3 Bahn der Sonne im Laufe eines Tages

Auf den Standpunkt kommt es an

Ein Autofahrer, der mit seinem Wagen auf eine Wand geprallt ist, sagt nach dem Unfall aus: „Ich sah nur noch die Wand auf mich zukommen." Ein Fußgänger auf der Straße wird dagegen bezeugen, dass das Auto auf die Wand zugefahren ist.

Verschiedene Bezugssysteme

Wenn man sich mit Bewegungen beschäftigt, ist zu berücksichtigen, aus wessen Sicht sie beschrieben werden: Fahrer und Fußgänger beschreiben denselben Vorgang unterschiedlich. Sie haben unterschiedliche Sichtweisen, weil sie den Vorgang aus verschiedenen **Bezugssystemen** wahrnehmen.

Als Bezugssystem bezeichnet man das mit einem Bezugskörper verbundene Koordinatensystem, in dem eine Bewegung beschrieben wird. Der Bezugskörper kann der betrachtete Körper selbst oder ein anderer, z. B. die Straße, sein.

Unterschiede ergeben sich, weil der Körper in dem einen Koordinatensystem ruht, während er sich in dem anderen bewegt: Der Fahrer erlebt den Unfall im „Bezugssystem Auto". In diesem Bezugssystem ruht der Fahrer, aber die Umgebung bewegt sich. Der Fußgänger schildert die Bewegung aus dem „Bezugssystem Straße". Hier ruhen Straße und Wand, jedoch bewegt sich das Auto.

Unterschiedliche Geschwindigkeiten

Wir betrachten einen ruhenden Körper auf der Erdoberfläche im Freien: Im Bezugssystem Erde hat der Körper die Geschwindigkeit $v = 0\,\text{m/s}$.

Es gibt jedoch ein anderes Bezugssystem, in dem der Körper eine Geschwindigkeit besitzt. Könnte man den Körper vom All aus beobachten, würde man feststellen, dass sich der Körper aufgrund der Erddrehung bewegt. Im Bezugssystem All besitzt der Körper eine Geschwindigkeit $v \neq 0\,\text{m/s}$.

B2 Für die Schüler im Bezugssystem Fahrrad bewegt sich die Umgebung.

Unterschiedliche Bahnkurven

Eine Person fährt in einem Zug, der sich mit der konstanten Geschwindigkeit $v = 60\,\text{km/h}$ bewegt. Die Person wirft einen Ball gerade nach oben. Der Ball fällt wieder gerade hinunter in die Hand des Werfers. Im Bezugssystem Zug besitzt dieser Ball nur eine Geschwindigkeitskomponente v_y. Die Geschwindigkeit in x-Richtung ist null, $v_x = 0\,\text{m/s}$. Ein Mitreisender im Zug beobachtet einen Wurf senkrecht nach oben (→**B1**).

Für einen Beobachter außerhalb des Zuges, der den Vorgang durch ein Fenster sieht, beschreibt der Ball einen Bogen. Sowohl der Werfer als auch der Ball haben für den Beobachter im Bezugssystem Straße die gleiche Geschwindigkeit wie der Zug: $v_x = 60\,\text{km/h}$. Da sich der Ball gleichzeitig mit der Geschwindigkeit v_y nach oben bewegt, ergibt sich eine gebogene Bahnkurve (→**B1**).

Man erkennt, dass eine Bewegung grundsätzlich vom Bezugssystem abhängig ist, aus dem man sie betrachtet.

Die Bewegung eines Körpers lässt sich durch die Angabe seiner Orte zu bestimmten Zeitpunkten beschreiben. Zur eindeutigen Beschreibung muss das Bezugssystem angegeben werden.

A1 ⊖ Die Person aus dem Beispiel in **B1** wirft den Ball waagerecht entgegen der Fahrtrichtung.
a) Beschreiben Sie die Bewegung aus Sicht des Mitreisenden und aus Sicht eines Außenstehenden.
b) Geben Sie an, unter welchen Bedingungen der Außenstehende beobachtet, dass der Ball gerade nach unten fällt.

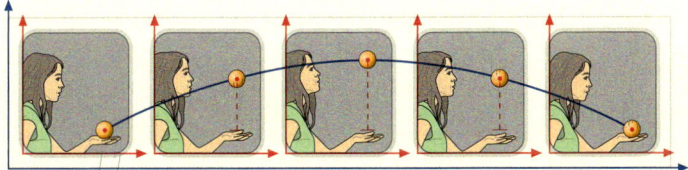

B1 Eine Bewegung – in zwei Bezugssystemen beschrieben

Methode

Umgang mit Messunsicherheiten

Problemstellung Umfang und Volumen einer CD-Hülle sollen durch Messungen mit einem Lineal (→**B2**) bestimmt werden.

B2

Der Mittelwert Um den Wert einer Größe möglichst genau zu ermitteln, wird eine Messreihe aufgenommen. Dabei geht man davon aus, dass die zu messende Größe unverändert bleibt. Trotz aller Sorgfalt und auch mit den besten Messgeräten sind Abweichungen in den Messergebnissen unvermeidlich. Keine Messung ist ohne Fehler, der wahre Wert s_{wahr} einer Größe kann durch Messung nicht bestimmt werden.

Aus den Messwerten s_i einer Messreihe lässt sich aber ein Mittelwert berechnen:

$$\bar{s} = \frac{\text{Summe aller Werte } s_i}{\text{Anzahl } n \text{ aller Werte}}$$

Nimmt man an, dass das Messgerät fehlerfrei war, so ist $\bar{s}$ ein brauchbarer Ersatz für den wahren Wert s_{wahr}. Die zufälligen Abweichungen der einzelnen Messwerte von $\bar{s}$ heißen **statistische Fehler**. Ein Beispiel zeigt **B3**: Mehrere Schülerinnen und Schüler haben a gemessen und alle Werte in das Diagramm eingetragen. Offenbar treten drei verschiedene Messwerte mit unterschiedlicher Häufigkeit auf. Solche Fehler lassen sich nicht grundsätzlich beseitigen, ihre Auswirkungen sind aber umso kleiner, je größer die Anzahl von Messungen ist.

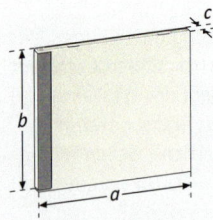

B1 Bezeichnungen

Wurde vor der Messung nicht abgesprochen, ob die hervorstehenden Ränder der CD-Hülle mitgemessen werden sollen, können **systematische Fehler** auftreten. Sie lassen sich beheben, wenn ihre Ursache bekannt ist.

Messfehler und ihre Folgen Die Verteilung der Messwerte um ihren Mittelwert herum sagt etwas über die Qualität der Messung aus. Wird von den Abweichungen $\Delta s_i = |\bar{s} - s_i|$ ein Mittelwert u gebildet, so erhält man ein Maß für die Bewertung der Verteilung. Dieser Wert

$$u = \frac{\text{Summe aller Abweichungen } \Delta s_i}{\text{Anzahl } n \text{ aller Werte}}$$

heißt **Messunsicherheit**. Der wahre Wert der Größe s_{wahr} liegt mit hoher Wahrscheinlichkeit im Intervall $[\bar{s} - u \mid \bar{s} + u]$.

Gibt es bei einer Messung nur einen einzigen Messwert, dann wird für diesen eine **absolute Messunsicherheit** angegeben. Die Messunsicherheit hängt von der Genauigkeit des verwendeten Messgerätes ab. Auf einem Lineal sind im Abstand von 1 mm Markierungen angebracht. Wenn die Markierung auf dem Lineal nicht mit der Kante des zu messenden Gegenstandes zusammenfällt, kann man noch gut schätzen, auf welcher Seite der Mitte zwischen zwei Markierungen sie sich befindet. Für die Messung mit einem Lineal legt man dazu eine Messunsicherheit von $u = 0{,}5$ mm fest. Oft gibt auch der Hersteller eines Messgerätes eine Messunsicherheit an.

Beispiel: Ein Thermometer besitzt eine Skala, auf der zwischen jedem Celsius-Strich ein kleiner Zwischenstrich ist. Die Messunsicherheit beträgt somit $u = 0{,}25\,°C$.

Die gleiche Messunsicherheit kann bei verschiedenen Messungen ganz unterschiedlich beurteilt werden: In der Landvermessung würde die Messunsicherheit $u = 1$ mm eine kaum erreichbare Präzision bedeuten, die Bestimmung der Dicke eines Haares wäre mit dieser Messunsicherheit dagegen wertlos. Um dies zu berücksichtigen, betrachtet man die **relative Messunsicherheit** $u/\bar{s}$. Sie wird oft in % von $\bar{s}$ angegeben.

A1 ○ Berechnen Sie die absolute sowie die relative Messunsicherheit für die Messwerte im Diagramm **B3**.

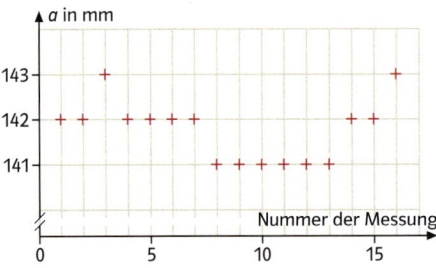

B3 Ergebnis der Messungen der Seite a

Fehlerfortpflanzung bei Addition und Subtraktion ... Besteht ein Versuchsergebnis aus den Messungen mehrerer Größen, so wird es von allen Messunsicherheiten beeinflusst. So berechnet sich der Umfang U_1 der CD-Hülle aus zwei Längen: $U_1 = 2a + 2b$. Mit den Messwerten $a = 142\,\text{mm}$ und $b = 124\,\text{mm}$ ergibt sich $U_1 = 532\,\text{mm}$. Die Messunsicherheit für die Werte a und b beträgt jeweils $\pm 0{,}5\,\text{mm}$. Im ungünstigsten Fall erhält man:
$U_1 = (2 \cdot 141{,}5 + 2 \cdot 123{,}5)\,\text{mm} = 530\,\text{mm}$ bzw.
$U_1 = (2 \cdot 142{,}5 + 2 \cdot 124{,}5)\,\text{mm} = 534\,\text{mm}$
Für den Umfang U_1 lautet das Ergebnis demnach: $U_1 = 532{,}0\,\text{mm} \pm 2{,}0\,\text{mm}$.
Das bedeutet, dass sich bei der Addition mehrerer Größen die Messunsicherheiten addieren.

... bei Multiplikation und Division Für das Volumen der CD-Hülle gilt $V = a \cdot b \cdot c$. Mit $a = 142\,\text{mm}$, $b = 124\,\text{mm}$ und $c = 10\,\text{mm}$ ergibt sich $V = 176\,080\,\text{mm}^3$. Das im Rahmen der Messunsicherheit kleinst- und größtmögliche Volumen beträgt:

$V_{\text{min}} = 166\,014{,}875\,\text{mm}^3$, $V_{\text{max}} = 186\,283{,}125\,\text{mm}^3$

sodass $V = 176\,080\,\text{mm}^3 \, {}^{+\,10\,203{,}125\,\text{mm}^3}_{-\,10\,065{,}125\,\text{mm}^3}$

Diese Werte ergeben sich nicht durch Addition und Subtraktion der Messunsicherheiten. Eine Regel zeigt sich, wenn man die **relativen Messunsicherheiten** in Prozent betrachtet.

Messunsicherheit	
absolut	relativ
$a = 142\,\text{mm} \pm 0{,}5\,\text{mm}$	$\frac{\Delta a}{a} = \frac{0{,}5\,\text{mm}}{142\,\text{mm}} = 0{,}4\,\%$
$b = 124\,\text{mm} \pm 0{,}5\,\text{mm}$	$\frac{\Delta b}{b} = \frac{0{,}5\,\text{mm}}{124\,\text{mm}} = 0{,}4\,\%$
$c = 10\,\text{mm} \pm 0{,}5\,\text{mm}$	$\frac{\Delta c}{c} = \frac{0{,}5\,\text{mm}}{10\,\text{mm}} = 5{,}0\,\%$

Damit ergibt sich für die relative Messunsicherheit des Volumens (gerundet):

$\frac{\Delta V_{\text{min}}}{V} = +\frac{10\,203{,}125\,\text{mm}^3}{176\,080\,\text{mm}^3} = +5{,}8\,\%$

$\frac{\Delta V_{\text{max}}}{V} = -\frac{10\,065{,}125\,\text{mm}^3}{176\,080\,\text{mm}^3} = -5{,}7\,\%$

Bei Multiplikation und Division mehrerer Größen addieren sich deren relative Messunsicherheiten.

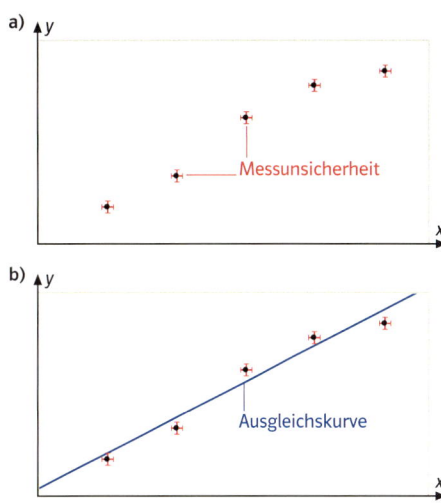

B1 Messwerte mit Intervallen der Messunsicherheiten

Grafische Auswertung von Messungen Ziel von Messungen ist häufig die Bestätigung bzw. Entdeckung eines funktionalen Zusammenhangs zwischen Messgrößen. Die Messunsicherheiten dieser Größen werden grafisch als Intervalle dargestellt (→**B1**). Im Rahmen der Messunsicherheit sind verschiedene Kurven zulässig, wobei die mit der geringsten Abweichung gesucht ist.

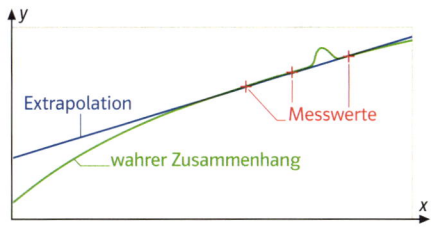

B2 Abweichung der gefundenen gegenüber der tatsächlichen Funktion durch falsch gewählte Messwerte

Meist liefern Messungen nur einzelne Werte. Dabei besteht die Gefahr, dass wesentliche Teile des Zusammenhangs nicht erfasst oder falsch extrapoliert werden (→**B2**).

A1 ◐ Berechnen Sie die Deckelfläche A der CD-Hülle und geben Sie die Messunsicherheiten an.

1.2 Geradlinige Bewegungen mit konstanter Geschwindigkeit

Bericht von einer Bahnreise 1950: „In der Dämmerung huschte die Landschaft schemenhaft vorbei, das gleichförmige Ta-tamm der Schienenstöße schläferte ein."

B1 Bewegung einer Radfahrerin; die Bilder zeigen ihre Position s_x zu verschiedenen Zeitpunkten t.

Erfassen von Bewegungen

Die Bewegung einer Radfahrerin (→**B1**) soll untersucht werden. Dazu markiert man entlang einer geraden Strecke in gleichen Abständen mehrere Orte und misst den Zeitpunkt, zu dem die Radfahrerin diese Orte erreicht. Anschließend trägt man die Messwerte in eine Tabelle ein:

Bei der Beschreibung geradliniger Bewegungen wählt man das Koordinatensystem so, dass sich der Körper parallel zur x-Achse bewegt. Der Ort des Körpers ist dann eindeutig durch die Koordinate $s = s_x$ beschrieben.

Zeitpunkt t in s	0	0,4	0,9	1,3	1,8	2,2
Ort s_x in m	0	2,0	4,0	6,0	8,0	10,0

Es ist zu erkennen, dass die Radfahrerin für jeden Streckenabschnitt von 2 m etwa die gleiche Zeit benötigt hat.

Darstellung von Bewegungen

Werden die Orte eines bewegten Körpers mit den zugehörigen Zeitpunkten t in ein Koordinatensystem eingetragen, so entsteht ein **Zeit-Ort-Diagramm** (t-s-Diagramm) der Bewegung. Bei geradlinigen Bewegungen in eine Richtung steigen mit wachsenden Werten von t auch die Werte von s an (→**B2a**).

Messungen liefern nur einzelne Punkte im t-s-Diagramm. Sie werden zu einem sinnvollen zusammenhängenden Graphen ergänzt.

Ist der Graph im t-s-Diagramm eine Gerade wie in Abbildung **B2b**, so gehören zu beliebig gewählten, aber gleich großen Differenzen $\Delta t = t_2 - t_1$ der Zeitpunkte t_1 und t_2 stets gleich große Differenzen $\Delta s = s_2 - s_1$ der Ortskoordinaten s_1 und s_2. (Δt wird „Delta-t" gelesen und bezeichnet eine Zeitdauer, Δs eine Weglänge.) Eine solche Bewegung heißt dann **gleichförmige Bewegung**.

Unterschiedliche gleichförmige Bewegungen führen im t-s-Diagramm zu Geraden mit unterschiedlichen Steigungen. Je größer die Steigung ist, desto größer ist die in gleichen Zeitdauern Δt zurückgelegte Weglänge Δs (→**B2c**). Die zugehörige Bewegung läuft schneller ab.

Der Graph im Zeit-Ort-Diagramm beschreibt den zeitlichen Ablauf einer Bewegung. Bewegungen mit konstanter Geschwindigkeit ergeben im t-s-Diagramm Geraden.

A1 ○ Bei einem Sessellift benötigt jeder Sessel für eine Weglänge von 1 500 m eine Zeitdauer von 3 min. Zeichnen Sie das t-s-Diagramm für die Bewegung eines Sessels.

A2 ○ Eine Schülerin geht von einer Wand weg. Ein Sensor registriert zu jedem Zeitpunkt ihren Abstand zur Wand. Erklären Sie das in **B3** gezeigte t-s-Diagramm dieser Bewegung.

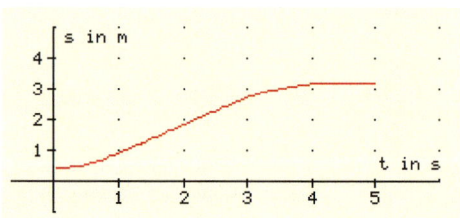

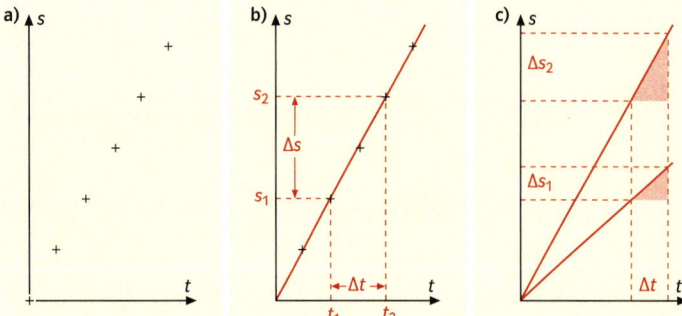

B2 Vom Messwert zum Graph im Zeit-Ort-Diagramm

B3 Diagramm zu Aufgabe 2

Bewegungen

Die Geschwindigkeit

Die Darstellung einer gleichförmigen Bewegung im t-s-Diagramm ergibt eine Gerade. Die Weglängen Δs und die zugehörigen Zeitdauern Δt sind zueinander proportional. Der Quotient $\Delta s/\Delta t$ ist die Steigung der Geraden.

Man definiert: Die Geschwindigkeit v einer gleichförmigen Bewegung ist der konstante Quotient aus Weglänge Δs und zugehöriger Zeitdauer Δt:

$v = \dfrac{\Delta s}{\Delta t} = \dfrac{s_2 - s_1}{t_2 - t_1}$. Die gesetzliche Einheit ist $1\,\dfrac{m}{s}$.

Zur Geschwindigkeitsangabe wird häufig die Einheit $1\,km/h$ verwendet. Für die Umrechnung der Einheiten gilt:

$1\,\dfrac{m}{s} = 3\,600\,\dfrac{m}{h} = 3{,}6\,\dfrac{km}{h}$

Das Diagramm **B2** beschreibt die gleichförmige Bewegung zweier Fahrzeuge, die sich zwischen den Orten A und B in entgegengesetzter Richtung bewegen. Es ergibt sich:

$v_{A \to B} = \dfrac{\Delta s}{\Delta t} = \dfrac{40\,km}{0{,}5\,h} = 80\,\dfrac{km}{h}$

$v_{B \to A} = \dfrac{\Delta s}{\Delta t} = \dfrac{-60\,km}{1{,}0\,h} = -60\,\dfrac{km}{h}$

Die Definition der Geschwindigkeit als Steigung des Graphen führt im zweiten Fall zu einem negativen Vorzeichen. Abbildung **B3** zeigt das zugehörige t-v-Diagramm.

Eine andere Sichtweise

Bei der Untersuchung von Bewegungen fallen der Beginn der Bewegung und der Beginn der Messung nicht immer zusammen. Man sagt, die Anfangsbedingungen sind verschieden. **B1** zeigt drei t-s-Diagramme desselben Bewegungsvorganges, die durch unterschiedliche Anfangsbedingungen entstanden sind.

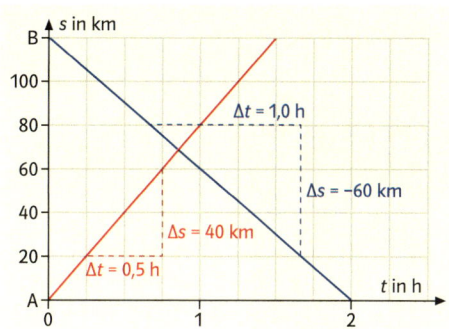

B2 Zwei entgegengesetzt gerichtete Bewegungen

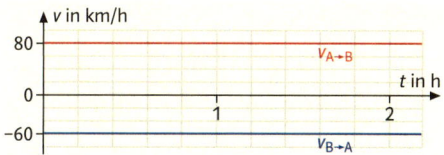

B3 t-v-Diagramme mit positiver und negativer Geschwindigkeit

Die Beobachtung beginnt jeweils zum Zeitpunkt $t_0 = 0$, wobei die Orte s_0 in den unterschiedlichen Koordinatensystemen verschieden sind. Alle Geraden haben dieselbe Steigung, sodass sich die t-v-Diagramme a), b) und c) nicht unterscheiden (→**B1** rechts).

Alle diese Geraden werden durch die Gleichung $s(t) = v \cdot t + s_0$ beschrieben. Sie heißt **Zeit-Ort-Gesetz** der Bewegung und ordnet der Bewegung für jeden Zeitpunkt t einen Ort s zu und erfasst auch den Fall der Ruhe mit $v = 0\,m/s$.

Geradlinige Bewegungen mit konstanter Geschwindigkeit bezeichnet man als geradlinig gleichförmige Bewegungen. Sie werden beschrieben durch das Zeit-Ort-Gesetz:

$s(t) = v \cdot t + s_0$

Dabei ist die Geschwindigkeit v der konstante Quotient aus zurückgelegter Weglänge und benötigter Zeitdauer:

$v = \dfrac{\Delta s}{\Delta t}$

A1 ⊖ Beschreiben Sie ein Verfahren zur Überprüfung der Geschwindigkeitsanzeige eines Autotachos.

A2 ○ Ein Radfahrer fährt eine Strecke von $5\,km$ mit näherungsweise konstanter Geschwindigkeit $v = 15\,km/h$. Zeichnen Sie ein t-s-Diagramm dieser Bewegung.

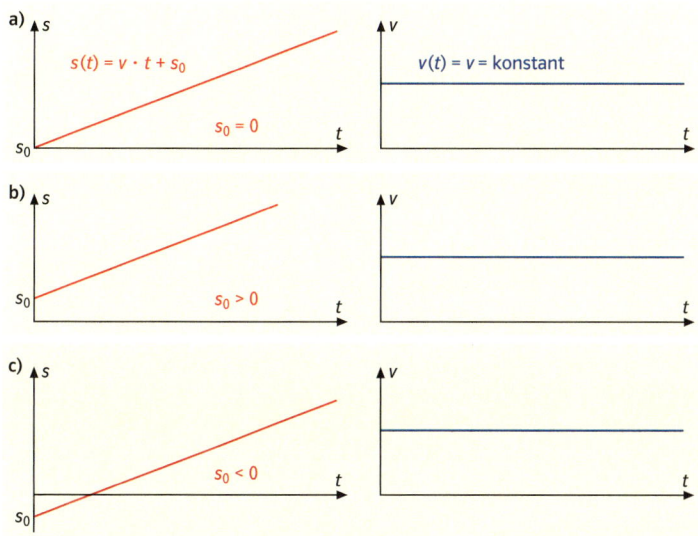

B1 Unterschiedliche Anfangsbedingungen bei der Beobachtung einer Bewegung

Methode: Koordinatentransformation beim Wechsel des Bezugssystems

B2 Abstände zu Beginn bzw. am Ende des Überholvorganges

B1 Überholvorgang

Überholen? ... Im Zweifel nie!
Eine Fahrschulregel lautet: „Mindestabstand zum vorausfahrenden Fahrzeug gleich halbe Tacho-Anzeige in Metern". Ein Pkw, der mit $v_P = 80{,}0\,\text{km/h} = 22{,}2\,\text{m/s}$ einen mit $v_L = 60{,}0\,\text{km/h} = 16{,}7\,\text{m/s}$ vor ihm fahrenden Lkw überholen will, sollte spätestens 40 m hinter dem Lkw aus- und frühestens 30 m vor diesem wieder einscheren (→B2). Nun soll ermittelt werden, wie lange der Überholvorgang dauert und welche Strecke er erfordert. Es wird angenommen, dass sich die Fahrzeuge ausschließlich gleichförmig bewegen.

Grafische Lösung
Ersetzt man ausgedehnte Körper durch einen Punkt, so werden gleichförmige Bewegungen im t-s-Diagramm durch Geraden beschrieben. Im vorliegenden Fall ist es günstig, am Lkw einen Punkt L auf der vorderen und am Pkw einen Punkt P auf der hinteren Stoßstange zu wählen (→B2).

Zunächst soll der Vorgang im Bezugssystem Straße betrachtet werden: Als Beginn der Beobachtung mit $t = 0$ wird der Zeitpunkt gewählt, an dem sich P bei $s = 0$ und L bei $s = 5\,\text{m} + 40\,\text{m} + 10\,\text{m} = 55\,\text{m}$ befinden (→B2, B3). Die Geraden haben aufgrund der unterschiedlichen Geschwindigkeiten verschiedene Steigungen (→B3). Der 30 m große Sicherheitsabstand des Lkw wird durch eine gestrichelte Parallele zum Graphen des Lkw angezeigt. Im Diagramm B3 ergeben sich Schnittpunkte, die folgende Ereignisse markieren:

A Hintere Stoßstange des Pkw und vordere Stoßstange des Lkw befinden sich zur gleichen Zeit am gleichen Ort, d.h., der Pkw ist gerade am Lkw vorbeigefahren.

B Die hintere Stoßstange des Pkw hat den Sicherheitsabstand vor dem Lkw erreicht, der Überholvorgang ist beendet. Die Koordinaten von B liefern somit die Werte für Länge und Dauer des Überholvorgangs:

$t_{\ddot{U}} = 15{,}5\,\text{s}$ und $s_{\ddot{U}} = 344\,\text{m}$

Der Pkw benötigt 15,5 s und eine Weglänge von 344 m, um den Lkw zu überholen.

Betrachtet man den Vorgang im Bezugssystem Pkw ergibt sich das Diagramm B4. Da der Pkw in diesem Bezugssystem ruht, liegt sein Graph $s_P = 0$ auf der t-Achse. Die Geschwindigkeit des sich zunächst nähernden Lkw ist negativ, die Graphen verlaufen daher nach unten. Die Werte für Überholdauer und -strecke ergeben sich wiederum aus dem Schnittpunkt der Geraden zu $t_{\ddot{U}} = 15{,}5\,\text{s}$ und $s_P(t_{\ddot{U}}) = 85\,\text{m}$.

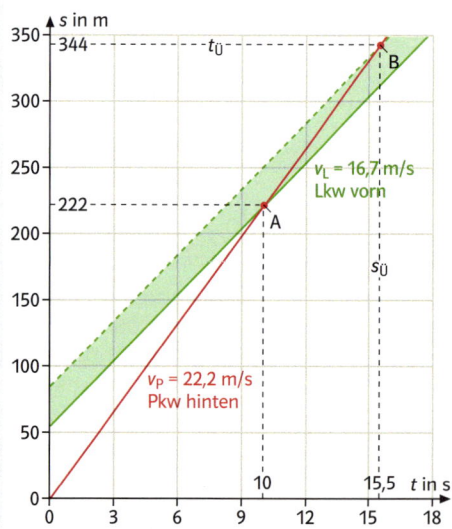

B3 Überholvorgang im Bezugssystem Straße

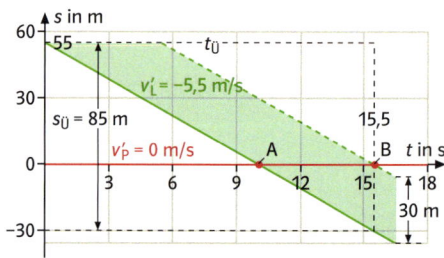

B4 Überholvorgang im Bezugssystem Pkw

Rechnerische Lösung
Für diesen Lösungsweg werden die Bewegungsgleichungen der Fahrzeuge zunächst im Bezugssystem Straße erstellt. Unter der Bedingung, dass sich Punkt P zum Zeitpunkt $t = 0$ bei $s = 0$ und Punkt L bei $s = 55\,\text{m}$ befinden (→B2), ergeben sich die

folgenden Bewegungsgleichungen für Pkw und Lkw:

$s_P(t) = v_P \cdot t = 22{,}2 \frac{m}{s} \cdot t$

$s_L(t) = v_L \cdot t + 55\,m = 16{,}7 \frac{m}{s} \cdot t + 55\,m$

Der Überholvorgang ist abgeschlossen, wenn der Abstand zwischen Lkw und Pkw 30 m beträgt. Es gilt also:

$s_P(t_\text{Ü}) = s_L(t_\text{Ü}) + 30\,m$

$22{,}2 \frac{m}{s} \cdot t_\text{Ü} = 16{,}7 \frac{m}{s} \cdot t_\text{Ü} + 55\,m + 30\,m$

Daraus folgt: $t_\text{Ü} = 15{,}5\,s$ und

$s_P(t_\text{Ü}) = s_\text{Ü} = 22{,}2 \frac{m}{s} \cdot 15{,}5\,s = 344\,m$.

Die Überholdauer berechnet sich zu 15,5 s, der vom Pkw zurückgelegte Weg zu 344 m.

Wechsel des Bezugssystems Nun soll der Überholvorgang im Bezugssystem Pkw betrachtet werden (→B1). In diesem ruht der Pkw, während sich Lkw und Umgebung bewegen. Da der Pkw seinen Ort nicht ändert, lautet seine Bewegungsgleichung $s'_P(t') = 0$.
Der Lkw bewegt sich mit der Geschwindigkeit

$v'_L = v_L - v_P = 16{,}7 \frac{m}{s} - 22{,}2 \frac{m}{s} = -5{,}5 \frac{m}{s}$

auf den Pkw zu. Da sich der Punkt L zum Zeitpunkt $t' = 0$ am Ort $s'_L(t'=0) = 55\,m$ befindet, lautet die Bewegungsgleichung für den Lkw:

$s'_L(t') = v'_L \cdot t' + 55\,m = -5{,}5 \frac{m}{s} \cdot t' + 55\,m$

Am Ende des Überholmanövers beträgt der Fahrzeugabstand 30 m, im Bezugssystem Pkw ist der Punkt L dann am Ort $s'_L(t'_\text{Ü}) = -30\,m$.

Die Überholdauer ergibt sich nach

$s'_L(t'_\text{Ü}) = -5{,}5 \frac{m}{s} \cdot t'_\text{Ü} + 55\,m = -30\,m$

zu $t'_\text{Ü} = 15{,}5\,s$. Die vom Lkw zurückgelegte Weglänge beträgt:

$\Delta s'_L = 55\,m - (-30\,m) = 85\,m$

Die Rechnungen ergeben, dass der Überholvorgang in beiden Bezugssystemen gleich lang dauert. Im Bezugssystem Straße legt der Pkw eine Weglänge von $\Delta s_P = 344\,m$ zurück. Für den Lkw ist $\Delta s_L = v_L \cdot t_\text{Ü} = 16{,}7\,m/s \cdot 15{,}5\,s = 259\,m$. Die Differenz der Weglängen von Pkw und Lkw beträgt $344\,m - 259\,m = 85\,m$.

Im Bezugssystem Pkw beträgt die zurückgelegte Weglänge des Lkw $\Delta s'_L = 85\,m$, für den Pkw beträgt sie 0 m. Es ergeben sich also unterschiedliche Werte für die Weglängen von Pkw und Lkw, deren Differenz ist aber in beiden Bezugssystemen gleich groß.

Koordinatentransformation Die Koordinaten des Lkw bzw. des Pkw unterscheiden sich, je nachdem, in welchem Bezugssystem man den Überholvorgang betrachtet. Allerdings können sie auseinander berechnet werden. Da sich das Bezugssystem Pkw gegenüber dem Bezugssystem Straße mit der konstanten Geschwindigkeit v_P bewegt, gilt für den Zusammenhang zwischen den Koordinaten:

$s'_P(t') = s_P(t) - v_P \cdot t$ wobei $t' = t$

$s'_L(t') = s_L(t) - v_P \cdot t$

Die Koordinaten der Fahrzeuge im Bezugssystem Pkw ergeben sich aus denen im Bezugssystem Straße also dadurch, dass die gleichförmige Bewegung des Koordinatensystems s'/t' durch den Term $-v_P \cdot t$ berücksichtigt wird. Setzt man nun die Gleichungen für Pkw und Lkw im Bezugssystem Straße ein, erhält man:

$s'_P(t') = v_P \cdot t - v_P \cdot t = 0$

$s'_L(t') = v_L \cdot t + 55\,m - v_P \cdot t = (v_L - v_P) \cdot t + 55\,m$

$\qquad = -5{,}5 \frac{m}{s} \cdot t + 55\,m$

Man bezeichnet diese Umrechnung von Koordinaten zwischen zwei Bezugssystemen als **Koordinatentransformation**.

A1 ● Bestimmen Sie die Gleichungen für die Koordinatentransformation vom Bezugssystem Straße ins Bezugssystem Lkw.

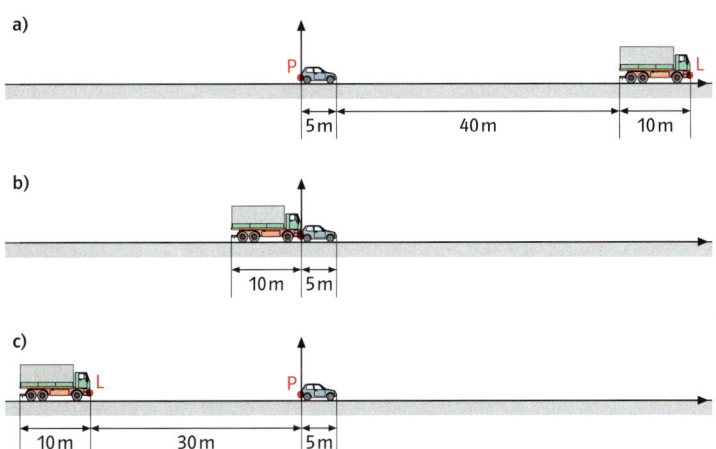

B1 Überholvorgang im Bezugssystem Pkw

Training Bewegungen mit konstanter Geschwindigkeit

Beispiel ● Ein Radfahrer fährt eine Straße entlang. Am Straßenrand steht eine Bank, auf der eine Person sitzt. Der Radfahrer fährt mit konstanter Geschwindigkeit an der Person vorbei. **B1** zeigt die Bahnkurve, die das Fahrradventil beschreibt.

B2 Bewegung des Fahrradventils im Bezugssystem Straße

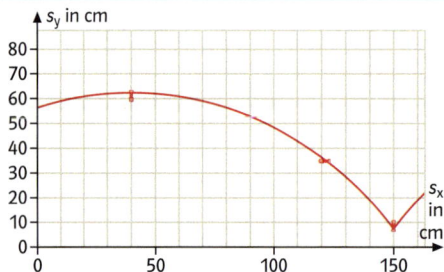

B1 Bahnkurve des Fahrradventils

a) Im Beispiel gibt es zwei relevante Bezugssyteme, nennen Sie diese. Geben Sie an, in welchem Bezugssystem das Ventil die in Diagramm **B1** gezeigte Bahnkurve erzeugt. Begründen Sie Ihre Antwort.
b) Skizzieren Sie das s_x-s_y-Diagramm der Ventil-Bewegung für das andere Bezugssystem.
c) Erklären Sie an diesem Beispiel, was unter einem Bezugssystem zu verstehen ist.

b) Siehe Diagramm in **B3**

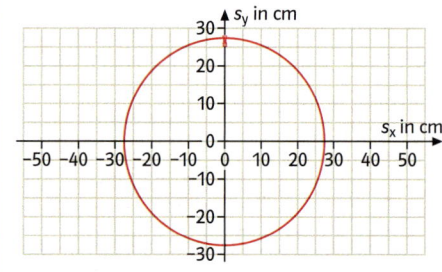

B3 s_x-s_y-Diagramm der Bewegung im Bezugssystem Fahrrad

Lösung a) Die relevanten Bezugssysteme im Beispiel sind die Straße und das Fahrrad selbst. Im Letzteren ruht das Rad, für einen Beobachter dort drehen sich nur die Reifen, ohne dass sich das Fahrrad fortbewegt. Das Ventil durchläuft in diesem Fall eine Kreisbahn. Im Bezugssystem Straße bewegt sich das Fahrrad und damit das Ventil fort (→**B2**), die Kreisbahn wird in eine bogenförmige Bahn überführt. Das Diagramm beschreibt also die Ventilbewegung im Bezugssystem Straße.

c) Als Bezugssystem bezeichnet man das mit einem Bezugspunkt verbundene Koordinatensystem, in dem die Bewegung eines Körpers beschrieben wird. Im Beispiel gibt es das Bezugssystem Fahrrad, in dem das Koordinatensystem mit einem festen Punkt z. B. am Fahrradrahmen verbunden ist. Das zweite Bezugssystem ist die Straße, das Koordinatensystem ist hier fest mit einem Punkt auf der Straße verbunden. Zu einer eindeutigen Beschreibung einer Bewegung muss das zugehörige Bezugssystem angegeben werden.

A1 ● Der Aufzug in einem Einkaufscenter verbindet das Erdgeschoss mit weiteren fünf Stockwerken. Der Aufzug startet zu einer Fahrt, die durch Diagramm **B4** beschrieben wird.
a) Zeichnen Sie das zugehörige t-v-Diagramm unter der Annahme, dass sich der Aufzug durchweg gleichförmig bewegt.
b) Für eine weitere Fahrt des Aufzugs wurden die Messwerte in folgender Tabelle notiert.

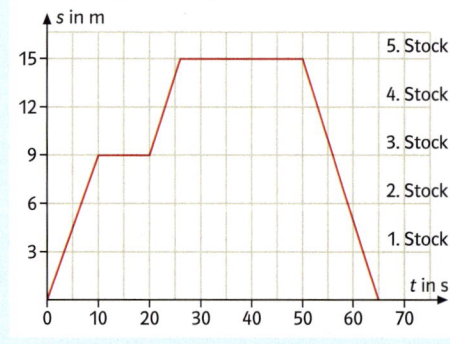

B4 t-s-Diagramm der Fahrt des Aufzugs

t in s	0	3,8	7,4	8,3	11,3
s in m	15,0	10,0	5,2	4,0	0

16 | Bewegungen

Analysieren Sie, ob die Werte zu einer gleichförmigen Bewegung gehören. Stellen Sie das Zeit-Ort-Gesetz auf. Nutzen Sie zur Lösung ein Tabellenkalkulationsprogramm.

A2 ⊖ Der folgende Zeitungsausschnitt beschreibt eine Situation kurz vor Ende der Finalpartie der Rugby-WM (→**B1**).

Entscheidung in letzter Sekunde

Die Finalbegegnung der Rugby-WM endet dramatisch. Der Engländer Lewis löst sich eine Minute vor Abpfiff mit dem Ball aus dem Spielerknäuel und rennt so schnell er kann auf die 80 m entfernte Torlinie zu. Erst drei Sekunden später bemerkt dies der Neuseeländer Davis und sprintet mit Höchstgeschwindigkeit hinterher.

B1

Bearbeiten Sie mit Hilfe der Informationen aus dem Artikel sowie den Spieler-Steckbriefen die folgenden Aufgaben.
a) Untersuchen Sie mit Hilfe einer Rechnung, ob Davis den „Drop-Down" hinter der Torlinie verhindern kann. Führen Sie den Zeitungsartikel mit einer passenden Abschlussszene zu Ende.
b) Zeichnen Sie ein Diagramm zur graphischen Lösung der Aufgabe.
c) Erläutern Sie, welche Idealisierungen bei der Rechnung vorgenommen wurden.

A3 ⊖ a) Sechs Schülerinnen und Schüler mit Stoppuhren haben für den 200-m-Lauf einer Mitschülerin folgende Zeiten *t* in s gemessen:

Messung Nr.	1	2	3	4	5	6
t in s	29,3	29,5	29,3	29,4	29,2	29,4

Berechnen Sie daraus den Mittelwert und beurteilen Sie dessen Unsicherheit.
b) Bei einem internationalen Leichtathletik-Wettkampf wird die Zeit für die Siegerin mit 21,82 s angegeben. Die Zweitplatzierte folgt mit 21,83 s. Geben Sie an, was die Differenz von 0,01 s für den Abstand der Läuferinnen bedeutet.
c) Ursache für den Abstand zwischen den Läuferinnen könnten auch unterschiedliche Bahnlängen sein. Die Überprüfung der Länge der Laufbahnen durch Kampfrichter ergibt unterschiedliche Messwerte (→**B2**).

Berechnen Sie die Abweichungen vom Mittelwert und beurteilen Sie deren Einfluss auf das Ergebnis des 200-m-Laufs.

A4 ● Überholvorgänge können gefährlich sein, wenn die hierfür nötige Strecke falsch eingeschätzt wird.

B3 Überholvorgang auf einer Landstraße

Das Foto **B3** zeigt eine Situation, bei der ein Pkw (v_P = 80 km/h, Länge: 5 m) einen Traktor (v_T = 40 km/h, Länge: 6 m) überholen will. Der Pkw schert 40 m hinter dem Traktor aus und ordnet sich 20 m vor ihm wieder ein. Es gilt die Annahme, dass sich die Fahrzeuge gleichförmig bewegen.
Zur Bestimmung des Überholwegs kann ein rechnerisches (I) oder ein graphisches (II) Verfahren verwendet werden.
I Betrachten Sie den Überholvorgang im Bezugssystem des Traktors. Berechnen Sie in diesem System die Dauer des Überholvorgangs und anschließend die gesuchte Strecke im ursprünglichen „System Straße".
II Zeichnen Sie ein *t*-*s*-Diagramm, in dem Sie die Bewegung des Pkw als Ursprungsgerade darstellen. Ergänzen Sie anschließend die Bewegung des Traktors unter Beachtung der oben angegeben Längenmaße.
a) Wählen Sie ein Verfahren aus und bestimmen Sie den Überholweg.
b) Julian meint: „Also dann muss man in diesem Fall etwa 142 m freie Bahn zum Gegenverkehr haben, damit es zu keinem Zusammenstoß kommt." Beurteilen Sie Julians Aussage.
c) Leiten Sie mit Hilfe von Verfahren I die folgende Formel für den Überholweg $s_Ü$ her:

$$s_Ü = \frac{v_1}{v_1 - v_2} \cdot L$$

L: Summe der Sicherheitsabstände und Fahrzeuglängen
v_1: Geschwindigkeit des überholenden Fahrzeugs
v_2: Geschwindigkeit des überholten Fahrzeugs

Theo Lewis
Team: England
Position: Sturm
Sprint-Bestzeit (100 m): 12,9 s

Pete Davis
Team: Neuseeland
Position: Abwehr
Sprint-Bestzeit (100 m): 11,0 s

Messwerte für die 200-m-Bahn
s_1 = 200,01 m
s_2 = 199,99 m
s_3 = 200,04 m
s_4 = 199,96 m
s_5 = 200,02 m
s_6 = 199,99 m
s_7 = 199,95 m
s_8 = 200,00 m
s_9 = 200,02 m
s_{10} = 200,01 m

B2 Messwerte

Experiment: Untersuchung nicht gleichförmiger Bewegungen

Aufgabe: Auf einer reibungsarmen geneigten Unterlage bewegt sich ein Körper mit zunehmender Geschwindigkeit. Diese Bewegung soll genauer untersucht werden (→B1).
Eine Bewegung zu untersuchen heißt, eine Bahnkurve zu ermitteln sowie die zeitliche Entwicklung von Ort und Geschwindigkeit zu erfassen, z. B. in entsprechenden Diagrammen. In diesem Fall ist die Bahnkurve (eine Gerade) vorgegeben. Für ein t-s-Diagramm muss die Zeitdauer vom Start bis zu verschiedenen Orten ermittelt werden, für ein t-v-Diagramm die Geschwindigkeit zu verschiedenen Zeitpunkten der Bewegung.

Material: Rollenfahrbahn mit Haltemagnet, Wagen mit Blende (Breite b = 0,01 m), 4 Lichtschranken, Zeitmessgerät

Durchführung: Entlang der Rollenfahrbahn werden die Lichtschranken in etwa gleichen Abständen an den Punkten P_1 bis P_4 angebracht und mit dem Zeitmessgerät verbunden. Der Wagen wird am erhöhten Ende auf die Bahn gesetzt, wo er zunächst vom Magneten gehalten wird.
Nun misst man die Weglängen, die der Wagen vom Startpunkt bis zu den Lichtschranken zurücklegt und notiert die Werte in einer Tabelle. Anschließend wird die Messung gestartet, indem der Wagen vom Magneten gelöst wird.

Messung: a) Im ersten Versuch werden die Zeiten t gemessen, die der Wagen benötigt, um von seinem Startpunkt bei s = 0 die Punkte P_1 bis P_4 zu erreichen.
Man wiederholt die Messung mehrmals und bildet jeweils den Mittelwert für die Zeit:

Messpunkte	P_0	P_1	P_2	P_3	P_4
s in m	0,0	0,2	0,5	0,8	1,1
t in s	0,0	1,7	2,7	3,5	4,1

b) Im zweiten Versuch wird das Zeitmessgerät so eingestellt, dass es die durch die Blende verursachten Verdunklungszeiten Δt der Lichtschranken misst. Da die Breite b der Blende bekannt ist, kann daraus die Geschwindigkeit des Wagens an den Punkten P_1 bis P_4 bestimmt werden. Die Tabelle enthält Mittelwerte mehrerer Messungen:

s in m	0,2	0,5	0,8	1,1
Δt in s	0,39	0,26	0,21	0,18

Auswertung: Zunächst werden die Messwerte aus Versuch (a) in ein Diagramm übertragen (→B2). Der Graph zeigt, dass die in gleichen Zeitdauern zurückgelegten Weglängen zunehmen.
Anschließend werden aus den Verdunklungszeiten nach $v = b/\Delta t$ die Geschwindigkeiten des Wagens berechnet:

s in m	0,2	0,5	0,8	1,1
Δt in s	0,39	0,26	0,21	0,18
v in m/s	0,026	0,038	0,048	0,056

B2b zeigt das zugehörige t-v-Diagramm. Die Rechnung bestätigt, dass die Geschwindigkeit des Wagens zunimmt. Das t-v-Diagramm zeigt einen linearen Verlauf des Graphen, d. h., dass die Geschwindigkeit in gleichen Zeitabschnitten um den gleichen Betrag ansteigt.

Nun lässt sich noch der Wert der Geschwindigkeitsänderung des Wagens berechnen. Dazu bildet man den Quotienten $\Delta v/\Delta t$ (→B2b):

$$\frac{\Delta v}{\Delta t} = \frac{0{,}035\,\frac{m}{s}}{2{,}5\,s} = 0{,}014\,\frac{m}{s^2}$$

Die Geschwindigkeit wächst pro Sekunde um 0,014 m/s an.

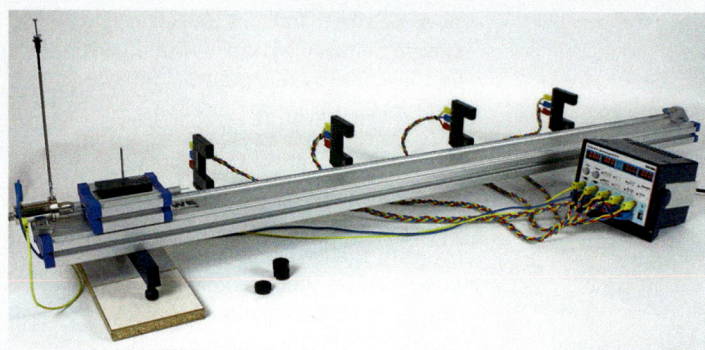

B1 Aufbau zur Untersuchung von Bewegungen mit zunehmender Geschwindigkeit

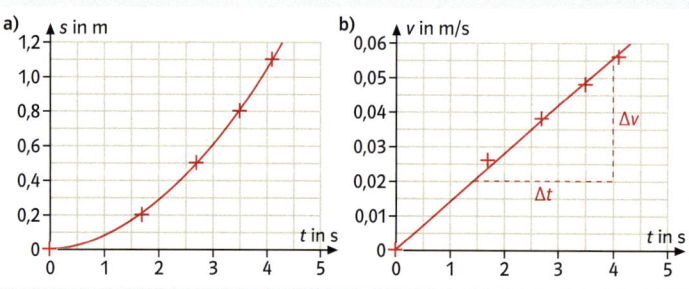

B2 t-s-Diagramm (a), t-v-Diagramm des Wagens (b)

1.3 Geradlinige Bewegungen mit veränderlicher Geschwindigkeit

In vielen Freizeitparks oder Vergnügungsbädern gibt es Rutschen, die die Besucher aus dem Zustand der Ruhe auf Geschwindigkeit bringen.

B3

Die Beschleunigung

Bewegungen mit sich ändernder Geschwindigkeit heißen **beschleunigte Bewegungen**. Die meisten Bewegungen in unserer Umwelt sind beschleunigt. Oft ändert sich sogar die Beschleunigung während der Bewegung.

Um zu untersuchen, wie sich die Geschwindigkeit bei beschleunigten Bewegungen mit der Zeit verändert, führt man z. B. den in **B2** abgebildeten Versuch durch: An einem zunächst ruhenden Holzklotz wird gezogen, bis er sich mit konstanter Geschwindigkeit über den Tisch bewegt. Auf dem Klotz ist ein Beschleunigungssensor befestigt, ein daran angeschlossener Taschencomputer liefert das Zeit-Geschwindigkeit- und das Zeit-Beschleunigung-Diagramm (→**B4**) der Bewegung.

Im ersten Abschnitt sind Beschleunigung und Geschwindigkeit null, der Körper ruht. Von 0,2 s bis 0,5 s ist die Beschleunigung etwa konstant.

Im t-v-Diagramm zeigt sich dies durch eine ansteigende Gerade. Die Geschwindigkeitsänderung erfolgt gleichmäßig. Daher heißt eine Bewegung mit konstanter Beschleunigung **gleichmäßig beschleunigte Bewegung**. Im dritten Abschnitt (ab 0,5 s) ist die Beschleunigung etwa null. Die Steigung des Graphen im t-v-Diagramm ist ebenfalls ungefähr null. Die Geschwindigkeit bleibt auf ihrem bis dahin erreichten Wert (ca. 1,2 m/s).

Im Falle einer gleichmäßig beschleunigten Bewegung kann die Beschleunigung aus einem Steigungsdreieck im t-v-Diagramm berechnet werden. Dem Diagramm **B1** ist zu entnehmen, dass die Geschwindigkeit v in $\Delta t = 3$ s um $\Delta v = 12$ m/s gestiegen ist. Also ist $a = \Delta v/\Delta t = 4$ m/s², d. h., die Geschwindigkeit nimmt in einer Sekunde um 4 m/s zu.

Ändert sich die Geschwindigkeit eines Körpers, spricht man von einer beschleunigten Bewegung. Die Beschleunigung a ist der Quotient aus Geschwindigkeitsänderung Δv und zugehöriger Zeitdauer Δt:

$$a = \frac{\Delta v}{\Delta t} = \frac{v_2 - v_1}{t_2 - t_1}$$

Die Einheit der Beschleunigung ist $1\frac{m}{s^2}$.

A1 ○ Ein Auto benötigt 8 s, um aus dem Stand $v = 72$ km/h zu erreichen. Zeichnen Sie ein t-v- und ein t-a-Diagramm der Bewegung, wenn das Auto gleichmäßig beschleunigt. Berechnen Sie a in m/s².

A2 ◐ Ein reibungsarm gelagerter Wagen wird von Luft angetrieben, die aus einem Luftballon ausströmt. Ersetzen Sie im zugehörigen t-v-Diagramm (→**B5**) Teile der Kurve durch Geradenstücke und bestimmen Sie jeweils die Beschleunigung. Beschreiben Sie, wie sich diese mit der Zeit verändert.

B1 Beschleunigung

Beschleunigungssensor
Interface (CBL)
B2

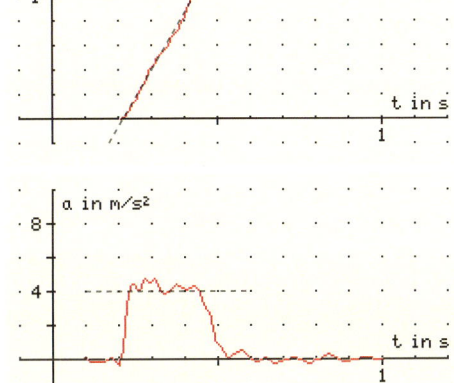
B4 Zeit-Geschwindigkeit-Diagramm (oben)
Zeit-Beschleunigung-Diagramm (unten)

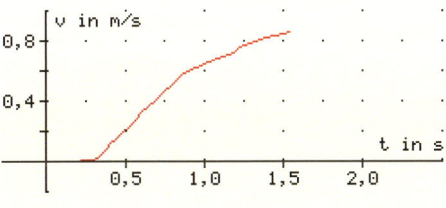
B5 Zu Aufgabe 2

Bewegungen | 19

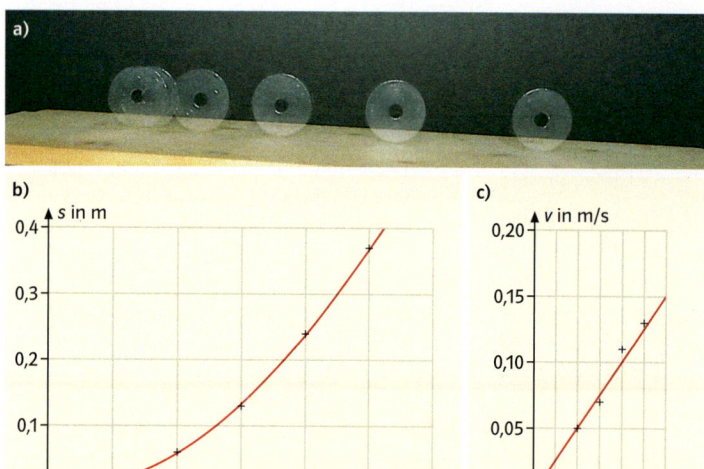

B1 Gleichmäßig beschleunigte Bewegung (a), t-s-Diagramm (b), t-v-Diagramm (c)

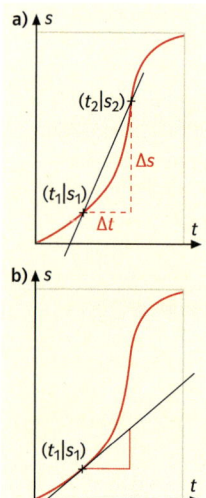

B2 Definition von Durchschnitts- (a) und Momentangeschwindigkeit (b)

für die Geschwindigkeit des Körpers:

$v(t) = a \cdot t$

und für seinen Ort:

$s(t) = \frac{1}{2} a \cdot t^2$

Bei der Beschreibung einer Bewegung muss das Bezugssystem nicht unbedingt so gewählt werden, dass sich der Körper zum Zeitpunkt $t = 0$ in Ruhe am Ort $s = 0$ befindet. Im betrachteten Bezugssystem können die Anfangsbedingungen $s(0) = s_0 \neq 0$ und $v(0) = v_0 \neq 0$ gelten. Die Bewegungsgleichungen lauten dann:

$v(t) = a \cdot t + v_0$ und

$s(t) = \frac{1}{2} a \cdot t^2 + v_0 \cdot t + s_0$

Beschleunigung und Weg

Beschleunigungen sind daran zu erkennen, dass ein Körper in gleichen Zeitdauern unterschiedliche Weglängen zurücklegt.
Das t-s-Diagramm **B1b** stammt von der Bewegung eines Zylinders, der eine schiefe Ebene hinabrollt. Der Graph ähnelt einem Parabelstück, das durch die Gleichung $s = k \cdot t^2$ beschrieben werden kann.

Die Überprüfung mit Hilfe der Messdaten nach **B1b** zeigt, dass k im Rahmen der Ablesegenauigkeit eine Konstante ist.

t in s	0	1,0	2,0	3,0	4,0	5,0
s in m	0	0,01	0,06	0,13	0,24	0,37
$k = \frac{s}{t^2}$ in $\frac{m}{s^2}$	–	0,010	0,015	0,014	0,015	0,015

Da k mit 1m/s^2 dieselbe Einheit wie die Beschleunigung hat, ist ein Zusammenhang zu vermuten. Zur Klärung werden in einem Experiment zugleich $s(t)$ zur Bestimmung von k und $v(t)$ zur Bestimmung von a gemessen.

Es ergibt sich im t-v-Diagramm (→**B1c**) näherungsweise eine Gerade mit der Steigung

$a = \frac{\Delta v}{\Delta t} = 0{,}03 \frac{m}{s^2}$.

Ein Vergleich zeigt, dass $k = \frac{a}{2}$ ist.

Dieser Zusammenhang gilt für jede Bewegung, deren Graph im t-v-Diagramm eine Gerade durch den Ursprung ist. Beginnt eine geradlinige Bewegung aus der Ruhe mit konstanter Beschleunigung a bei $t = 0$ und $s = 0$, so gilt

Geschwindigkeit für einen Zeitpunkt

Bei gekrümmten Graphen sind die Quotienten $\Delta s / \Delta t$ nicht mehr konstant und die bisherige Definition für die Geschwindigkeit v ist so nicht mehr anwendbar. Folgendes Beispiel zeigt, wie die Definitionen erweitert werden können.

1 Der Graph der Bewegung wird zwischen zwei Ortskoordinaten s_1 und s_2 durch ein Geradenstück ersetzt. Die tatsächliche Bewegung wird also durch eine Bewegung mit konstanter Geschwindigkeit angenähert (→**B2a**). Diese Geschwindigkeit heißt **Intervall-** oder **Durchschnittsgeschwindigkeit** $\bar{v}$:

$\bar{v} = \frac{s_2 - s_1}{t_2 - t_1}$

2 Wird der Punkt $(t_2 | s_2)$ an den Punkt $(t_1 | s_1)$ angenähert, geht die Näherungsgerade in die Tangente des Graphen im Punkt $(t_1 | s_1)$ über (→**B2b**). Die Steigung dieser Tangente (sie entspricht der Steigung des Graphen) ist die **Momentangeschwindigkeit** $v(t)$ zum Zeitpunkt t_1.

Bewegungen mit konstanter Änderungsrate der Geschwindigkeit heißen gleichmäßig beschleunigte Bewegungen.
Für sie gelten das Zeit-Ort-Gesetz:

$s(t) = \frac{1}{2} a \cdot t^2 + v_0 \cdot t + s_0$

sowie das Zeit-Geschwindigkeit-Gesetz:

$v(t) = a \cdot t + v_0$

A1 ○ Planen Sie ein Experiment, z. B. mit Hilfe einer Fahrbahn, um den Zusammenhang zwischen der Konstanten k und der Beschleunigung a zu überprüfen.

Bremsvorgänge

Bislang wurden nur Bewegungen mit zunehmender Geschwindigkeit aus der Ruhe heraus betrachtet. Nun sollen Bremsvorgänge untersucht werden, bei denen andere Ausgangsbedingungen vorliegen: Zum einen nimmt die Geschwindigkeit ab, zum anderen besitzt der Körper zu Beginn des Bremsvorgangs bereits eine Geschwindigkeit.

Im Folgenden soll anhand eines t-s- und eines t-v-Diagramms gezeigt werden, wie diese veränderten Ausgangsbedingungen in die entsprechenden Bewegungsgesetze eingehen.

Bremsen im t-s-Diagramm

Beim Bremsen nimmt die Geschwindigkeit eines Fahrzeuges ab, sie ändert sich also. Man spricht von einer beschleunigten Bewegung mit negativer Beschleunigung bzw. einer verzögerten Bewegung. Ändert sich der Betrag der Beschleunigung dabei nicht, spricht man von einer **gleichmäßig verzögerten Bewegung**.

B2 zeigt den t-s-Graphen für ein Fahrzeug, das zum Zeitpunkt $t = 0$ gleichmäßig zu bremsen beginnt. Da sich der Wegzuwachs im Laufe des Bremsvorgangs verringert, nimmt die Steigung des Graphen im Diagramm ab.

Das Zeit-Ort-Gesetz einer gleichmäßig beschleunigten Bewegung aus der Ruhe lautet:

$$s(t) = \tfrac{1}{2} a \cdot t^2$$

Zu Beginn des Bremsvorgangs besitzt das Fahrzeug aber bereits die Geschwindigkeit v_0. Dies wird durch den zusätzlichen Term $v_0 \cdot t$ in der Bewegungsgleichung berücksichtigt.

$$s(t) = \tfrac{1}{2} a \cdot t^2 + v_0 \cdot t$$

Die Verzögerung erfasst man durch einen negativen Wert der Beschleunigung, z. B. $a = -1{,}5 \,\text{m/s}^2$. Damit ergibt sich für eine Anfangsgeschwindigkeit $v_0 = 25 \,\text{m/s}$:

$$s(t) = -0{,}75 \tfrac{\text{m}}{\text{s}^2} \cdot t^2 + 25 \tfrac{\text{m}}{\text{s}} \cdot t$$

t	$s(t)$
0	0
5	106,25
10	175
15	206,25

B1 Wertetabelle zum Diagramm **B2**

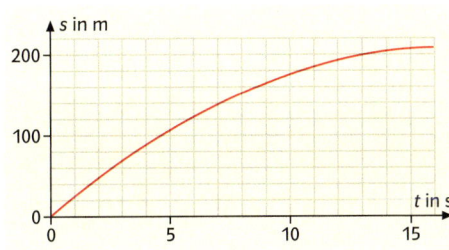

B2 Eine verzögerte Bewegung

Die Gleichung beschreibt eine nach unten geöffnete Parabel. Man kann sie z. B. mittels einer Wertetabelle (→**B1**) zeichnen. Am Scheitel (16 s | 208 m) hat die Parabel die Steigung null, d. h., die Geschwindigkeit ist null, der Bremsvorgang ist beendet. Er hat 16 s gedauert und der Bremsweg beträgt 208 m.

Bremsen im t-v-Diagramm

Das Zeit-Geschwindigkeit-Gesetz für gleichmäßig beschleunigte Bewegungen lautet:

$$v(t) = a \cdot t$$

Aufgrund der negativen Beschleunigung ergibt sich im t-v-Diagramm eine Gerade mit negativer Steigung.

Das Fahrzeug beginnt den Bremsvorgang mit der Geschwindigkeit v_0, daher wird die Gleichung ergänzt zu:

$$v(t) = a \cdot t + v_0$$

Mit den Werten des Beispiels lautet sie:

$$v(t) = -1{,}5 \tfrac{\text{m}}{\text{s}^2} \cdot t + 25 \tfrac{\text{m}}{\text{s}}$$

Im Diagramm beträgt der y-Achsenabschnitt also 25 m/s.

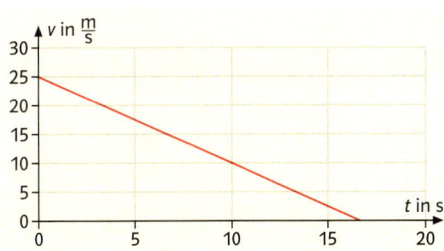

B3 Gleichmäßig verzögerte Bewegung

Das Ende des Bremsvorganges ergibt sich aus der Bedingung $v(t) = 0$. Auflösen nach t liefert

$$t = \frac{-25 \,\text{m/s}}{-1{,}5 \,\text{m/s}^2} = 16{,}67 \,\text{s}$$

Der Bremsweg wird nach

$$s(t) = \tfrac{1}{2} \cdot a \cdot t^2 + v_0 \cdot t$$

zu $s(16{,}67 \,\text{s}) = 208{,}3 \,\text{m}$ berechnet.

A1 Jemand behauptet: Beim Bremsen nimmt die Geschwindigkeit erst am Ende des Bremsweges deutlich ab.
a) Bestimmen Sie $s(t)$ und $v(t)$ für $a = -5 \,\text{m/s}^2$ und $v_0 = 12 \,\text{m/s}$.
b) Begründen Sie mit Hilfe eines s-v-Diagramms die obige Aussage.

Methode: Auswerten von Beschleunigungsvorgängen

Mit einem Ultraschallsensor eines Messdatenerfassungssystems (z.B. Computer-Algebra-System CAS oder Computer mit entsprechender Software) kann der Anfahrvorgang eines Fahrzeuges erfasst werden (→**B3**).

B3

B1 CAS

t in s	s in m
0	1,336
0,269	1,400
0,323	1,422
0,538	1,540
0,806	1,751
1,075	2,041
1,344	2,406
1,613	2,858
1,882	3,379
1,935	3,500
2,150	3,985
2,419	4,663
2,688	5,398
2,957	6,242
3,226	7,132

B2

Das Datenerfassungssystem speichert die Messergebnisse für den Zeitpunkt t und den Ort s in zwei Listen. Die verwendeten Messwerte für eine Straßenbahn sind in Tabelle **B2** angegeben.

Darstellen als Diagramm Im Menü zur Grafikansicht werden Listen für die x- und y-Achse gewählt (→**B4a**). Die Zeitpunkte sollten auf der x-Achse aufgetragen werden. Anschließend wird das Fenster auf eine passende Größe eingestellt. **B4b** zeigt die Messpunkte.

Regression Die Software bietet mathematische Funktionen an, die jeweils bestmöglich an die Messwerte angepasst werden. Dies sagt jedoch nichts darüber aus, ob die Funktion überhaupt zur Beschreibung der Werte geeignet ist. **B4c** zeigt eine lineare Anpassung für die Messwerte der Straßenbahn. Zwar liegen ungefähr gleich viele Werte oberhalb und unterhalb der Ausgleichsgeraden, jedoch wird der Verlauf der Werte nicht wiedergegeben. Der Verlauf des Graphen ähnelt einer Parabel, wie sie bei einer gleichmäßig beschleunigten Bewegung entsteht. Mit einer quadratischen Funktion (→**B4d**) gelangt der Rechner zu $y = 0{,}529 x^2 + 0{,}091 x + 1{,}336$ (gerundet).

Der Graph passt augenscheinlich sehr gut zu den Messwerten. Physikalisch gedeutet, stehen x und y für die Größen t und s. Jedes Glied der Summe muss die Einheit Meter ergeben:
$s(t) = 0{,}529\,\text{m/s}^2 \cdot t^2 + 0{,}091\,\text{m/s} \cdot t + 1{,}336\,\text{m}$
$s_0 = 1{,}336\,\text{m}$ gibt den Abstand der Bahn zum Messgerät zur Zeit $t = 0$ an (→**B2**). Der Term $0{,}529\,\text{m/s}^2 \cdot t^2$ hat die Form $\tfrac{1}{2} a \cdot t^2$ und steht für den Ort s bei einer gleichmäßig beschleunigten Bewegung. Durch Vergleich mit $s = v_0 \cdot t$ lässt sich $0{,}091\,\text{m/s} \cdot t$ als Ort s bei einer gleichförmigen Bewegung deuten. Daraus ergibt sich eine Verallgemeinerung des Zeit-Ort-Gesetzes für gleichmäßig beschleunigte Bewegungen: $s(t) = \tfrac{1}{2} a \cdot t^2 + v_0 \cdot t + s_0$. v_0 ist die Anfangsgeschwindigkeit vor dem Beschleunigungsvorgang. Die Bahn befand sich jedoch bei Messbeginn in Ruhe. Der Term $0{,}091\,\text{m/s} \cdot t$ ist also sinnlos und wird gelöscht.

Jetzt passt der Graph nicht mehr ganz so gut wie vorher (→**B4e**). Daher wird die Konstante a so verändert, dass die Ausgleichsfunktion durch den größten Teil der Punkte verläuft. Sie könnte lauten:

$s(t) = 0{,}56\,\tfrac{\text{m}}{\text{s}^2} \cdot t^2 + 1{,}336\,\text{m}$ (→**B4f**)

Die Auswertung hat ergeben: Die Straßenbahn fährt gleichmäßig beschleunigt mit $a = 1{,}12\,\text{m/s}^2$ an.

A1 Untersuchen Sie anhand von Messungen weitere beschleunigte Bewegungen (z.B. Auto, Motorroller, Fahrrad, gehende Person ...) und bestimmen Sie jeweils eine mögliche Ausgleichsfunktion.

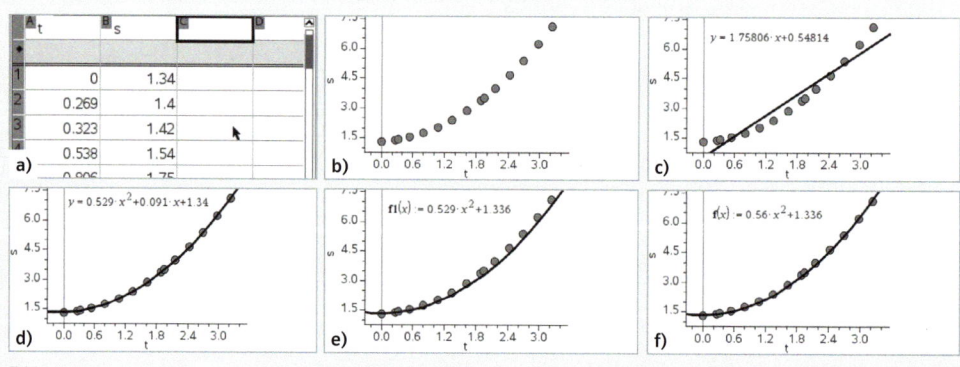

B4

Training
Bewegungen mit veränderlicher Geschwindigkeit

Beispiel ● Ein Schlitten gleitet auf einer schräg gestellten Luftkissenfahrbahn. Da der Gleiter keinen Tachometer hat, lässt man ihn mit Hilfe einer Schnur ein Rad antreiben. Über dieses Rad kann man die Geschwindigkeit und die zurückgelegte Weglänge messen. Die Abbildungen **B2 – B4** zeigen die Messwerte, die über ein Computerinterface aufgezeichnet wurden.

a) Beschreiben Sie die Bewegung, die durch die drei Graphen dargestellt wird. Geben Sie für jeden der Graphen eine Gleichung an.
b) Stellen Sie für alle drei Diagrammtypen die Merkmale einer gleichmäßig beschleunigten Bewegung kurz dar.

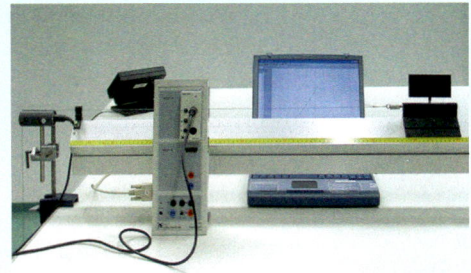

B1 Gleiter auf Luftkissenfahrbahn

Lösung a) Aus dem t-s-Diagramm (→**B2**) ist zu erkennen, dass der Gleiter keine gleichförmige Bewegung ausführt, denn der Graph ist keine Gerade, sondern wird mit zunehmender Zeit immer steiler. Der Gleiter legt also in gleichen Zeitabständen immer größere Wege zurück. Während er in der ersten Sekunde 15 cm zurücklegt, sind es in der zweiten Sekunde etwa 30 cm, d.h., seine Geschwindigkeit hat zugenommen. Die zugehörige Bewegungsgleichung lautet:

$$s(t) = 0{,}11 \tfrac{m}{s^2} \cdot t^2$$

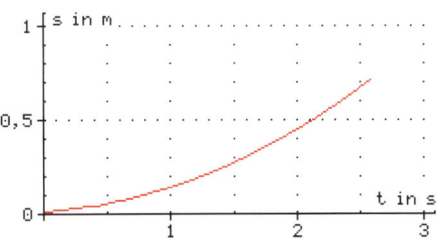

B2 t-s-Diagramm

Der Graph im t-v-Diagramm ist hier keine horizontale Gerade mehr (→**B3**), denn er zeigt ja die Veränderung der Geschwindigkeit an. Je steiler der Graph im t-v-Diagramm verläuft, desto größer ist der Geschwindigkeitszuwachs, also die Beschleunigung der Bewegung. Die Geschwindigkeit nimmt gleichmäßig zu, was man daran erkennt, dass der Graph eine Gerade ist. Sie lässt sich beschreiben durch:

$$v(t) = 0{,}22 \tfrac{m}{s^2} \cdot t$$

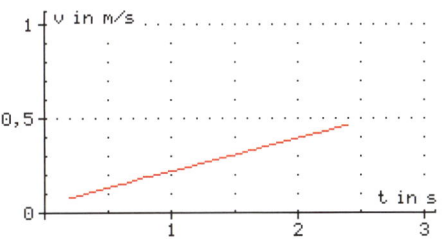

B3 t-v-Diagramm

Wie im t-a-Diagramm (→**B4**) zu erkennen, ist die Beschleunigung bei dieser Bewegung konstant, denn der Graph ist eine nahezu horizontal verlaufende Strecke mit

$$a(t) = 0{,}22 \tfrac{m}{s^2}$$

Eine solche Bewegung, bei der die Beschleunigung konstant ist, heißt gleichmäßig beschleunigte Bewegung. Im t-v-Diagramm erkennt man dies auch daran, dass der Graph eine Gerade ist (→**B3**).

b) Das t-s-Diagramm einer gleichmäßig beschleunigten Bewegung weist einen parabelförmigen Verlauf auf.

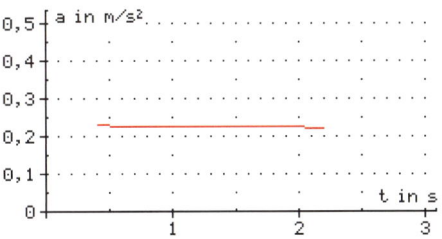

B4 t-a-Diagramm

Die Steigung des Graphen im t-v-Diagramm gibt die Beschleunigung an. Je größer die Steigung ist, desto größer ist die Beschleunigung. Der Graph im t-a-Diagramm einer gleichmäßig beschleunigten Bewegung ist eine horizontale Gerade. Die Beschleunigung hat bei dieser Bewegung einen konstanten Wert.

A1 Abbildung **B2** zeigt einen Skateboarder auf der Bahn eines Skateparks.

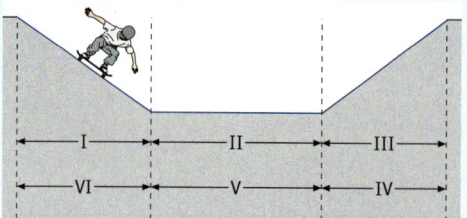

B2 Bahn in einem Skatepark

a) Beschreiben Sie die Abschnitte I bis VI der Hin- und Rückfahrt des Skateboarders. Gehen Sie dabei auf seine Geschwindigkeit ein und auf die Beschleunigung, die er erfährt. Berücksichtigen Sie jeweils das Vorzeichen der beiden Größen.
b) Skizzieren Sie das t-v-Diagramm für alle Bewegungsabschnitte.

A2 Eine Autofahrerin nähert sich mit der zulässigen Höchstgeschwindigkeit einer ampelgesteuerten Kreuzung. Als sich das Fahrzeug 30 m vor der Ampel befindet, springt diese von Grün auf Gelb um.
a) Diskutieren Sie, unter welchen Bedingungen die Autofahrerin anhalten oder weiterfahren sollte. Verwenden Sie dazu das Diagramm **B3**.
b) Bestätigen Sie anhand einer Rechnung, dass das Fahrzeug innerhalb einer Ortschaft bei einer Bremsverzögerung von 8 m/s² (trockener Asphalt) noch vor der Kreuzung stehen bleibt. Die Reaktionszeit der Fahrerin beträgt eine Sekunde.

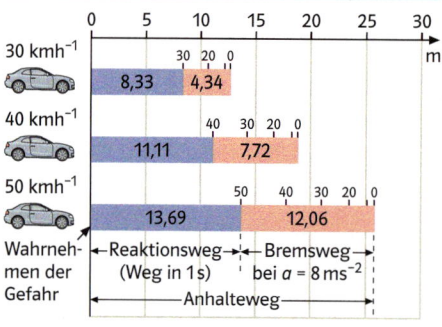

B3 Anhaltewege bei unterschiedlichen Fahrzeuggeschwindigkeiten

c) Erklären Sie die Staffelung der Übergangszeiten, wie sie in der Verwaltungsvorschrift zur Straßenverkehrsordnung angegeben ist (→**B4**).

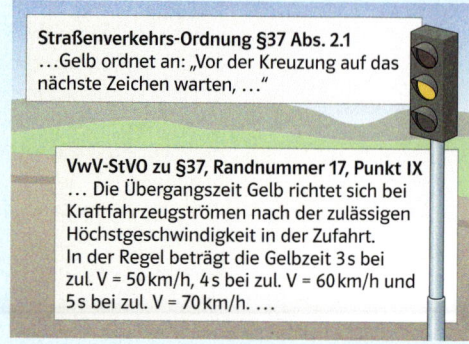

Straßenverkehrs-Ordnung §37 Abs. 2.1
…Gelb ordnet an: „Vor der Kreuzung auf das nächste Zeichen warten, …"

VwV-StVO zu §37, Randnummer 17, Punkt IX
… Die Übergangszeit Gelb richtet sich bei Kraftfahrzeugströmen nach der zulässigen Höchstgeschwindigkeit in der Zufahrt.
In der Regel beträgt die Gelbzeit 3 s bei zul. V = 50 km/h, 4 s bei zul. V = 60 km/h und 5 s bei zul. V = 70 km/h. …

B4 Auszug aus der Verwaltungsvorschrift zur Straßenverkehrsordnung

Berechnen Sie für jede angegebene Geschwindigkeit, wie weit das Fahrzeug höchstens von der Ampel entfernt sein darf, damit es noch bei Gelb vor der Ampel zum Stehen kommt.
d) Die Bremsverzögerung ist unter anderem von der Beschaffenheit der Fahrbahn abhängig. Bei Schnee kann sie auf ein Viertel des Wertes absinken, der auf trockenem Asphalt gilt. Bestimmen Sie, wie sich die Strecken aus der vorherigen Teilaufgabe bei schneebedeckter Fahrbahn verändern.

A3 Auf dem Rand ist ein Messstreifen abgebildet (→**B1**), der bei Versuchen auf einer Fahrbahn benutzt wurde. Die Zeitdauer zwischen den einzelnen Markierungen beträgt 0,2 s.
a) Zeichnen Sie das t-s-Diagramm der mit dem Messstreifen registrierten Bewegung.
b) Geben Sie an, welche Art der Bewegung zwischen den Zeitpunkten t_0 bis t_5 und zwischen t_5 bis t_8 vorliegt. Begründen Sie Ihre Antwort.
c) Formulieren Sie das Zeit-Ort-Gesetz zwischen den Zeitpunkten t_0 bis t_5 bzw. t_5 bis t_8 für diese Bewegung.
d) Berechnen Sie die Geschwindigkeiten zu den Zeitpunkten t_4 bis t_8.
e) Zeichnen Sie das zugehörige t-v-Diagramm der Bewegung.

A4 Ein Fahrzeug bewegt sich geradlinig. Messungen führen zu folgenden Werten:

t in s	0,00	0,80	2,40	3,60	5,20
s in m	0,00	4,80	43,3	97,5	203

Überprüfen Sie, ob das Fahrzeug eine Bewegung mit konstanter Beschleunigung ausführt! Bestimmen Sie die t-s- und t-v-Gesetze.

B1 Messstreifen

Experiment

Untersuchung von Fallbewegungen

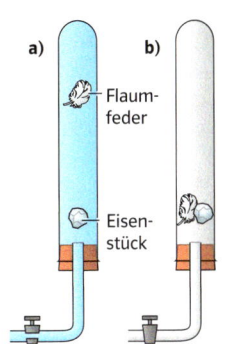

B1 Zu Versuch a)

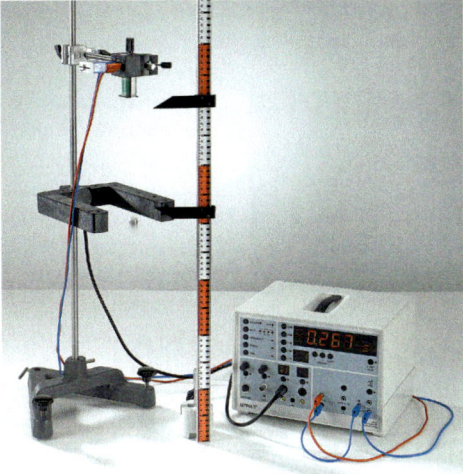

B4 Versuch b)

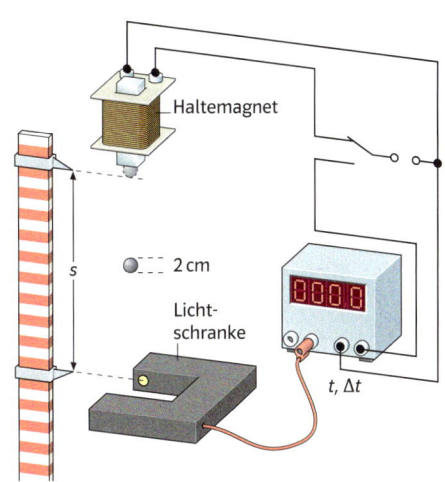

B5 Schematischer Versuchsaufbau

Aufgabe: Es sollen die Fallbewegungen unterschiedlicher Körper unter verschiedenen Bedingungen untersucht werden.

Material: Eisenkugel, Flaumfeder, evakuierbare Glasröhre, Pumpe, Lichtschranke, Stativstange, Haltemagnet, Maßstab, Zeitmessgerät

Durchführung: a) Man legt die Eisenkugel und die Flaumfeder in die Glasröhre und verschließt diese mit dem Stopfen. Zunächst hält man die Röhre senkrecht, dann dreht man sie schlagartig um, sodass beide Körper in der Röhre nach unten fallen.
Nun wird die Luft aus der Röhre gepumpt und der Versuch wiederholt (→B1). Die Ergebnisse beider Versuche werden notiert.

b) In einem weiteren Versuch soll der Zeitpunkt t bestimmt werden, zu dem ein fallender Körper den Ort s erreicht.
Dazu befestigt man an einer Stativstange zunächst den Haltemagnet für die Eisenkugel. Die Lichtschranke wird am Ort s unterhalb der Kugel angebracht. Anschließend wird die Lichtschranke an das Zeitmessgerät angeschlossen (→B4 und B5).
Die Zeitmessung startet, wenn der Strom für den Haltemagnet abgeschaltet wird, die Kugel also zu fallen beginnt. Sie stoppt, sobald die Kugel die Lichtschranke unterbricht. Damit wird die Fallzeit gemessen.
Die Messung wird für verschiedene Orte s durchgeführt. Tabelle **B2** zeigt beispielhaft einige Messwerte.

c) Aus den bisher aufgenommenen Messwerten lassen sich die Durchschnittsgeschwindigkeiten des Körpers bestimmen. Werte zur Berechnung der Momentangeschwindigkeit liefert ein Versuch, bei dem die Zeitdauer Δt gemessen wird, für die die Lichtschranke durch den fallenden Körper verdunkelt wird.
Im Beispiel sei der Durchmesser der Kugel d = 2 cm. Wählt man die Orte s der Lichtschranke wie im vorangegangenen Versuch, kann man aus $d/\Delta t$ die Geschwindigkeit der Kugel zum jeweiligen Zeitpunkt berechnen:

t in s	0,20	0,29	0,35	0,40	0,45
Δt in ms	10,0	7,2	5,8	5,0	4,6
$v = d/\Delta t$ in m/s	2,0	2,8	3,4	4,0	4,3

Das Diagramm in **B3** zeigt den zeitlichen Verlauf der Geschwindigkeit.

Auswertung: Versuch a) zeigt, dass die beiden Körper, sofern sie nicht dem Einfluss der Luftreibung unterliegen, aus der Ruhe heraus gleiche Weglängen in gleichen Zeitdauern durchfallen.
Die graphische Darstellung der zeitabhängigen Geschwindigkeit aus Versuch c) ergibt eine Gerade. Das bedeutet, dass v in gleichen Zeiten um gleiche Beträge zunimmt. Die Körper erfahren also eine konstante Beschleunigung.

A1 ○ Bestimmen Sie die Beschleunigung der fallenden Kugel rechnerisch aus den Messwerten zu Versuch b).

s in m	t in s
0,20	0,20
0,40	0,29
0,60	0,35
0,80	0,40
1,00	0,45

B2

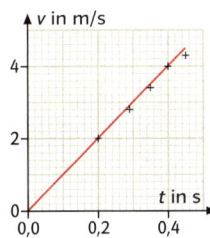

B3 t-v-Diagramm

1.4 Fallbewegungen

Beim Formationsspringen großer Gruppen lassen sich die Fallschirmspringer rasch nacheinander aus dem Flugzeug fallen. Die ersten breiten Arme und Beine aus, während die folgenden Springer die Arme anlegen und die Beine schließen, bis alle Springer gleichauf sind. Dann fallen alle mit derselben Geschwindigkeit. Wovon hängt diese ab?

B3

Der freie Fall

Lässt man ein Blatt Papier und eine Eisenkugel aus gleicher Höhe fallen, so kommt das Blatt deutlich später am Boden an als die Kugel, denn es schwebt unregelmäßig taumelnd nach unten. Knüllt man das Papier zu einer festen Kugel, unterscheidet sich seine Fallzeit auf kurzen Fallwegen nur noch geringfügig von der der Eisenkugel. In Luft wird der Fall eines Körpers behindert, dabei spielt seine äußere Form eine wichtige Rolle. Wie würde die Bewegung ablaufen, wenn der Einfluss der Luft ausgeschaltet wäre?

Galileo Galilei (1564–1642) stellte im Jahre 1636 in den „Discorsi" seine Überlegungen zur Fallbewegung dar: *„Angesichts dessen glaube ich, dass, wenn man den Widerstand der Luft ganz aufhöbe, alle Körper ganz gleich schnell fallen würden."*

Der Versuch mit der luftleeren Fallröhre bestätigt Galileis Hypothese (→B2). Ohne den Einfluss der Luft benötigen alle vom gleichen Ort aus fallenden Körper aus der Ruhe heraus für gleiche Weglängen die gleiche Zeitdauer. Diese Bewegung heißt **freier Fall**.

Beim freien Fall ohne Luftreibung spielen also Masse und Gestalt des Körpers keine Rolle.

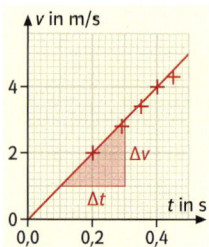

B1 Messwerte

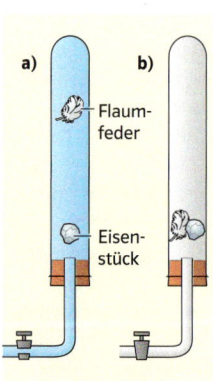

B2 In der luftleeren Röhre fallen alle Körper gleich schnell.

Die Beschleunigung beim freien Fall

Untersucht man den Fall einer Eisenkugel über eine kurze Strecke, so kann man von der Luftreibung absehen. Mit Lichtschranken lässt sich zu jeder Weglänge Δs die Dauer Δt bestimmen. Die Geschwindigkeit v kann, wie auf S. 25 beschrieben, ermittelt werden. Im t-v-Diagramm ergibt sich eine Gerade (→B1). Beim freien Fall ist die Geschwindigkeit also proportional zur Fallzeit, d.h., es liegt eine gleichmäßig beschleunigte Bewegung vor. Die Beschleunigung wird **Fallbeschleunigung** g genannt. Sie kann aus dem t-v-Diagramm bestimmt werden zu:

$$g = \frac{\Delta v}{\Delta t} = 9{,}9 \, \frac{m}{s^2}.$$

Genauere Messungen liefern $g = 9{,}81 \, \frac{m}{s^2}$.

Gesetzmäßigkeiten beim freien Fall

Das t-s-Diagramm in **B4** zeigt die Messwerte aus dem Experiment auf der vorherigen Seite. Im gewählten Bezugssystem liegt der Startpunkt der Bewegung im Nullpunkt des Koordinatensystems und die nach unten zunehmenden Weglängen werden positiv notiert.
Für eine gleichmäßig beschleunigte Bewegung sollte sich eine Parabel ergeben. **B4** lässt erkennen, dass die Punkte eventuell eine Parabel bilden. Diese Annahme soll rechnerisch überprüft werden.
Eine Parabel lässt sich durch eine Gleichung der Form $s = k \cdot t^2$ beschreiben. Wir berechnen k mit Hilfe der Messwerte und erhalten die in der Tabelle angegebenen Werte:

s in m	0,20	0,40	0,60	0,80	1,00
t in s	0,20	0,29	0,35	0,40	0,45
$k = s/t^2$ in m/s²	5,00	4,76	4,90	5,00	4,94

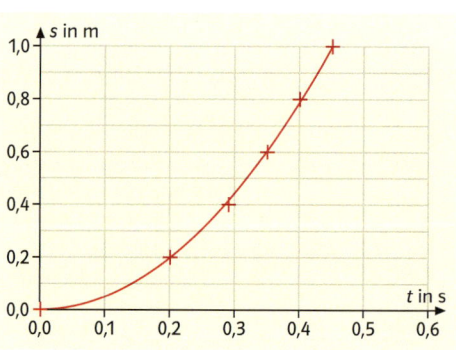

B4 t-s-Diagramm für den freien Fall

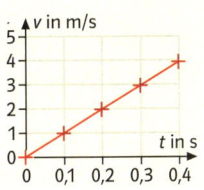

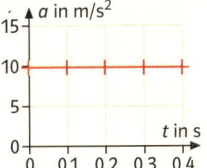

B1 *t-v-* und *t-a-*Diagramm für den freien Fall

Als Mittelwert für k ergibt sich: $k = 4{,}92 \, \text{m/s}^2$. Es fällt auf, dass dieser Wert sehr nahe an der halben Fallbeschleunigung $g/2 = 4{,}95 \, \text{m/s}^2$ liegt. Die Einheiten stimmen ebenfalls überein. Daraus folgert man, dass $k = g/2$ ist. Es resultiert das **Zeit-Ort-Gesetz** der Fallbewegung:

$$s(t) = \tfrac{1}{2} g \cdot t^2$$

Dabei wurde davon ausgegangen, dass s und v zum Zeitpunkt $t = 0$ beide null sind und die Fallstrecke nach unten positiv gezählt wird.

Für einen Körper, der aus der Ruhe heraus frei fällt, lautet das **Zeit-Geschwindigkeit-Gesetz** der Fallbewegung:

$$v(t) = g \cdot t$$

Beim freien Fall kann das Bezugssystem auch so gewählt werden, dass der Nullpunkt auf dem Erdboden liegt. Eine Bewegung vom Startpunkt s_0 nach unten erhält dann aufgrund der abnehmenden Höhe ein negatives Vorzeichen. Damit lauten die Bewegungsgleichungen:

$$s(t) = -\tfrac{1}{2} g \cdot t^2 + s_0 \quad \text{und} \quad v(t) = -g \cdot t$$

Ort	g in m/s²
Äquator	9,78
Pole	9,83
Mond	1,62
Mars	3,69
Sonne	274

B2 Werte für g an verschiedenen Orten (jeweils an der Oberfläche)

Ortsabhängigkeit der Fallbeschleunigung

Die Fallbeschleunigung g hängt von der geografischen Breite des Ortes auf der Erde und von seiner Höhe über dem Meeresspiegel ab. In Deutschland beträgt sie auf Meereshöhe $g = 9{,}81 \, \text{m/s}^2$.
Auf anderen Himmelskörpern hat die Fallbeschleunigung einen anderen Wert (→B2).

Luft verzögert Bewegungen

Bewegt sich ein Körper durch die Luft, so verzögert sich seine Bewegung. Messungen zeigen, dass die Verzögerung a_L proportional zum Quadrat der Geschwindigkeit v des Körpers ist.

$$a_L = k_L \cdot v^2$$

In die Konstante k_L gehen verschiedene Eigenschaften des fallenden Körpers ein, z. B. seine Form und Oberflächenbeschaffenheit, seine wirksame Querschnittsfläche und seine Masse. Außerdem spielt die Dichte des Mediums, in dem der Körper fällt, eine Rolle. All diese Einflüsse werden durch folgende Formel erfasst:

$$k_L = c_w \cdot \varrho \cdot \tfrac{A}{2m}$$

c_w: Luftwiderstandsbeiwert
ϱ: Dichte des Mediums
A: wirksame Querschnittsfläche
m: Masse des Körpers

Körper	k_L in 1/m	v_{Grenz} in m/s
Mensch	0,003	57
Fußball	0,025	20
Golfball	0,008	36
Regentropfen	0,25 – 0,12	6 – 9

B3 Grenzgeschwindigkeiten fallender Körper in Luft

Der Fall in Luft wird nicht beliebig schnell, der Körper erreicht seine Grenzgeschwindigkeit v_{Grenz} (→B3), sobald die Verzögerung durch die Luft und die Fallbeschleunigung betragsmäßig gleich groß sind, also $a_L = -g$.

Der freie Fall ist eine gleichmäßig beschleunigte Bewegung. Die Beschleunigung ist an einem Ort für alle Körper gleich, hat aber an verschiedenen Orten unterschiedliche Werte.

Für einen Körper, der aus der Ruhe frei fällt, gelten das Zeit-Ort-Gesetz:

$$s(t) = \tfrac{1}{2} g \cdot t^2$$

sowie das Zeit-Geschwindigkeit-Gesetz:

$$v(t) = g \cdot t$$

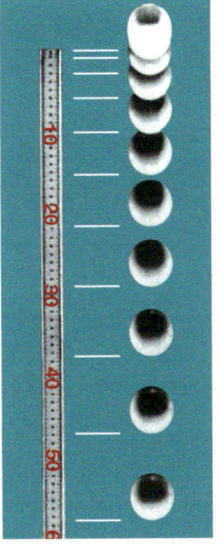

B4 Fallbewegung einer Kugel (Aufnahme mit 30 Bildern pro Sekunde)

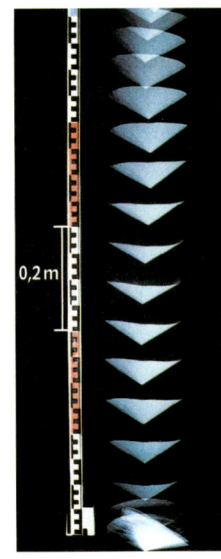

B5 Fall eines Papiertrichters (Aufnahme mit 20 Bildern pro Sekunde)

A1 B4 und B5 zeigen Mehrfachbelichtungen (Stroboskopaufnahmen) von fallenden Körpern. Vergleichen Sie die beiden Fallvorgänge, indem Sie Diagramme zeichnen und diese interpretieren. Formulieren Sie die Bewegungsgesetze – falls möglich.

Methode — Die numerische Rechenmethode durch Schrittverfahren

Gleichförmige und gleichmäßig beschleunigte Bewegungen lassen sich aufgrund der Bewegungsgesetze in ihrem Ablauf vorhersagen. Für beliebige Bewegungen gelingt das näherungsweise. Diagramm **B2** zeigt die Grundidee: Ein beliebig gekrümmter t-s-Graph wird durch einen Streckenzug ersetzt, d.h., man nimmt in den Zeitdauern Δt eine Bewegung mit konstanter Geschwindigkeit an. Eine Bewegung mit wechselnder Beschleunigung würde entsprechend durch Abschnitte mit konstanter Beschleunigung angenähert. Die erforderlichen Rechenschritte ergeben sich aus den Definitionen der Größen:

Aus $v = \frac{s_2 - s_1}{\Delta t}$ folgt $s_2 = s_1 + v \cdot \Delta t$

Aus $a = \frac{v_2 - v_1}{\Delta t}$ folgt $v_2 = v_1 + a \cdot \Delta t$

Die Gleichungen zeigen: Wenn zu einem Zeitpunkt t der Ort s, die Geschwindigkeit v und die Beschleunigung a eines Körpers bekannt sind, dann lassen sich diese Größen zum Zeitpunkt $t + \Delta t$ wie folgt berechnen:

Zeit t:
$t_{neu} = t_{alt} + \Delta t$

Beschleunigung a:
$a_{neu} = a_{alt}$ = konstant = $3\,\text{m/s}^2$

Geschwindigkeit v:
$v_{neu} = v_{alt} + a_{alt} \cdot \Delta t$

Ort s:
$s_{neu} = s_{alt} + v_{alt} \cdot \Delta t$

Hinweis:
Bevor Sie diese Seite durcharbeiten, sollten Sie sich ein handelsübliches Programm zur Tabellenkalkulation besorgen und die Bedienung mit Texteingabe und Formeln sowie die Wiedergabe der Berechnungen in Diagrammen beherrschen.

Bemerkung:
Beachten Sie, dass beim Euler-Verfahren die Werte v_{neu} und s_{neu} noch mit den Werten a_{alt} sowie v_{alt} bestimmt werden, obwohl man bereits die Werte für a_{neu} und v_{neu} aus den vorherigen Rechenschritten kennt.

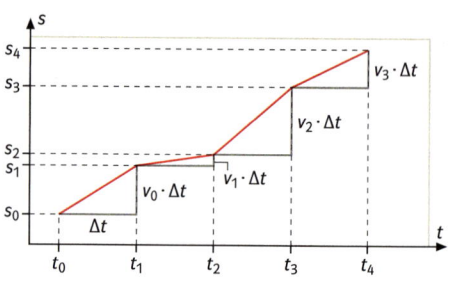

B2

Die Beschleunigung a wird durch die Art des physikalischen Vorganges bestimmt. Im Beispiel ist sie konstant.

Dieses Verfahren heißt „Euler-Verfahren". Zur Steigerung der Genauigkeit wurden andere Verfahren entwickelt. Alle beruhen aber auf der Grundidee, die sich wie folgt formulieren lässt:

Physikalisch: Ein komplexer Vorgang wird auf eine Folge von Vorgängen mit bekannten Gesetzmäßigkeiten zurückgeführt.

Mathematisch: Ein gekrümmter Funktionsgraph wird durch einen Streckenzug angenähert.

Die erforderlichen sich wiederholenden Rechnungen können mit einer Tabellenkalkulation durchgeführt werden. An einem Beispiel wird das gezeigt (→**B1**):

In Zelle A9 wird „0",
in Zelle B9 wird „=a",
in Zelle C9 entsprechend „=v0" und
in Zelle D9 „=s0" eingetragen.

In Zelle A10 wird „=A9+Δt",
in Zelle B10 wird wiederum „=a",
in Zelle C10 nun „=C9+B9*Δt" und
in Zelle D10 „=D9+C9*Δt" eingetragen.

Anschließend werden die Rechenschritte aus A10, B10, C10, D10 nach A11 bis A18 bzw. B11 bis B18 bzw. C11 bis C18 bzw. D11 bis D18 übertragen.

A1 ○ Für dieses Beispiel gilt auch:

$s(t) = 1{,}5\,\frac{\text{m}}{\text{s}^2} \cdot t^2 + 10\,\frac{\text{m}}{\text{s}} \cdot t + 2\,\text{m}$

Vergleichen Sie hieraus bestimmte Werte mit denen aus der Näherung.

	A	B	C	D
1	Bewegung mit konstanter Beschleunigung			
2				
3	$s(0) =$	2	m	
4	$v(0) =$	10	m/s	
5	$a =$	3	m/s²	
6	$\Delta t =$	0,2	s	
7				
8	t in s	a in m/s²	$v(t)$ in m/s	$s(t)$ in m
9	0	3	10	2
10	0,2	3	10,6	4
11	0,4	3	11,2	6,12
12	0,6	3	11,8	8,36
13	0,8	3	12,4	10,72
14	1	3	13	13,2
15	1,2	3	13,6	15,8
16	1,4	3	14,2	18,52
17	1,6	3	14,8	21,36
18	1,8	3	15,4	24,32

B1 Euler-Verfahren bei der gleichmäßig beschleunigten Bewegung

Methode

Videoanalyse

Möglichkeiten des Verfahrens Bei vielen Bewegungen ist eine direkte Messung des Ortes in Abhängigkeit von der Zeit nicht möglich. Eine Video- oder Bildanalyse erlaubt es, solche Bewegungen physikalisch zu untersuchen. Dabei kann es sich um Vorgänge wie z. B. die Schwingung eines Pendels oder den Flug eines Balls handeln, aber auch um Alltagsereignisse wie z. B. den Sprung eines Skateboarders oder das Abbremsen eines Radfahrers.

Mit entsprechenden Apps bzw. Programmen lassen sich Video- und Bildanalysen am Tablet, Smartphone oder Computer durchführen. Die moderne Technologie der Smartphones ermöglicht es außerdem, Videos in Zeitlupe aufzunehmen und damit auch sehr schnelle Bewegungen zu untersuchen.

Vorbereitung Um Bewegungsabläufe aufnehmen zu können, benötigt man eine digitale Filmkamera. Auch die Kamera eines Smartphones oder Tablets ist zur Aufnahme der Videos gut geeignet. Neben der Videoanalyse-Software bzw. -App ist gegebenenfalls ein Programm zur Auswertung von Messtabellen erforderlich.

Vor der Aufnahme der Videos sollte ein Maßstab im Bild platziert werden. Dies ist nötig, um die bei der Analyse erfassten Positionen in die tatsächlichen Ortskoordinaten umzurechnen. Alternativ kann ein Gegenstand oder ein Objekt mit bekannten Abmessungen, wie z. B. ein Garagentor (siehe Abbildung B2) als Referenz dienen.

B2 Beispiel für ein Referenzobjekt: Die Breite des Garagentors ist bekannt

Die spätere Auswertung der Bilder wird einfacher, wenn ein möglichst großer Kontrast zwischen dem bewegten Körper und dem Hintergrund besteht. **B1** zeigt als Beispiel den schiefen Wurf eines Tennisballs, der sich aufgrund seiner hellen gelben Farbe deutlich von der dunkelgrünen Tafel abhebt.

Möchte man die Bewegung eines ausgedehnten Körpers, z. B. eines Fahrrads (→B2), untersuchen, wird vor der Aufnahme des Videos eine deutlich sichtbare Markierung am Körper (z. B. am Lenker) angebracht. Dies erleichtert die Erfassung des Objekts und die Aufzeichnung der Messwerte.

Aufnahme des Videos Im nächsten Schritt wird die Bewegung gefilmt. Während der Aufnahme ist es wichtig, die Kamera ruhig zu halten und ihren Abstand zum Körper nicht zu verändern.
Am besten montiert man die Kamera dazu auf einem Stativ und richtet sie senkrecht zur Bewegungsebene aus. Der Abstand zwischen Kamera und Bewegungsebene sollte ausreichend groß gewählt werden, um eine Verfälschung der Messwerte durch perspektivische Verzerrung zu vermeiden.

Nach der Aufnahme ist zu überprüfen, ob
- die Bewegung über den gesamten Zeitraum ausreichend scharf ist,
- der zu untersuchende Körper dauerhaft im Video sichtbar ist,
- die Bewegung, die untersucht werden soll, vollständig gespeichert wurde.

Sollte eines der Kriterien nicht erfüllt sein, muss die Aufnahme wiederholt werden.

Es empfiehlt sich, das Video bereits auf dem Aufzeichnungsgerät so zu schneiden, bzw. zu kürzen, dass nur der zu analysierende Bewegungsausschnitt gespeichert ist.

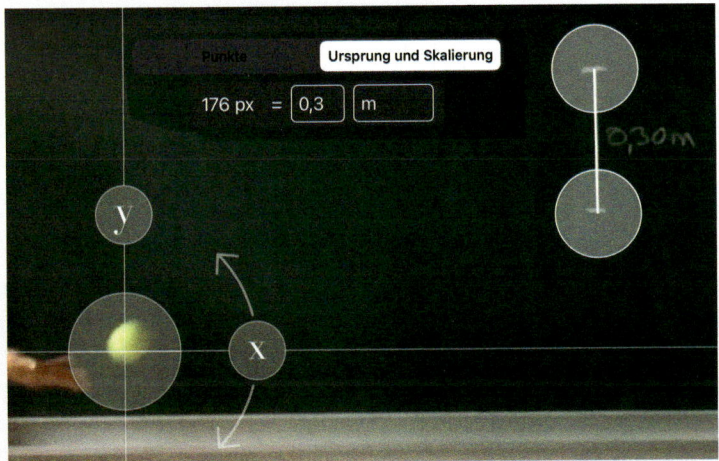

B1 Ein guter Kontrast erleichtert die Erfassung des Messobjekts.

Aufnahme der Messdaten Zur Vorbereitung der Messdatenaufnahme gehören die Positions-, Längen- und selten auch die Zeitkalibrierung des Videos. Werden die Messdaten mit einer Smartphone- oder Tablet-App erfasst, entfällt die Zeitkalibrierung, da in der Videodatei die Anzahl der Bilder pro Sekunde bereits hinterlegt ist. Damit kann das Programm für jeden Messpunkt den Zeitwert genau berechnen.

Zur Längenkalibrierung muss die Länge der Referenzstrecke angegeben werden. Im Beispiel (→**B1** auf der vorhergehenden Seite) beträgt diese 0,3 Meter.
Durch die Positionskalibrierung legt man den Ursprung des Koordinatensystems und die Ausrichtung der Achsen fest. Im Beispiel wird der Ursprung des Koordinatensystems auf die Position des Balls zum Zeitpunkt $t = 0$ gelegt. Die x-Achse zeigt parallel zur Tafelkante nach rechts und die y-Achse senkrecht dazu nach oben.

Nun wird für jedes Einzelbild des Videos die Position des Körpers durch Berühren mit dem Tablet-Stift, bzw. per Mausklick erfasst. Einige Anwendungen verfügen über eine automatische Erkennung des Körpers. Sie setzt voraus, dass der Kontrast zwischen bewegtem Körper und Hintergrund groß genug ist und die Bewegung nicht zu schnell abläuft.

Nach dieser Positionserfassung lässt sich die Bewegung darstellen, in dem Beispiel **B1** ist die Flugbahn des Balles sehr gut zu erkennen.

Übernahme der Messwerte und Auswertung
Einige Videoanalyse-Anwendungen verfügen über die Möglichkeit, die Messdaten als Diagramm auszugeben und eine Anpassung (Regression) durchzuführen (→**B2**). Dabei wird nach der Auswahl eines Funktionstyps (z. B. linear, quadratisch oder exponentiell) eine Gleichung erzeugt, die den Messwerten möglichst genau entspricht.

Andernfalls stellen die gängigen Videoanalyse-Anwendungen die Messdaten als Tabellen in einem Format zur Verfügung, die in jedes Tabellenkalkulationsprogramm übernommen und dort ausgewertet werden kann (→**B3**).

A1 ◔ Nehmen Sie den freien Fall eines Balls auf und analysieren Sie die Bewegung mit einer entsprechenden App.

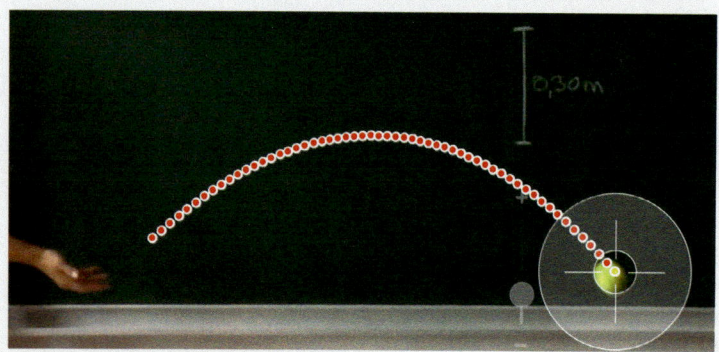

B1 Darstellung der erfassten Messwerte

B2 Aus den Messwerten erzeugtes Diagramm

B3 Tabelle der erfassten Messwerte

		VideoAnalysis		
	Time (s)	X (m)	Y (m)	X Velocity (m/s)
1	0	-0,0002302	-0,004594	3,496
2	0,005833	0,02224	0,0182	3,116
3	0,01417	0,04471	0,041	2,897
4	0,0225	0,06895	0,0638	2,863
5	0,03083	0,09319	0,0866	2,767
6	0,03917	0,1139	0,1076	2,803
7	0,0475	0,1399	0,1304	2,838
8	0,05583	0,1624	0,1497	2,761
9	0,06417	0,1848	0,1689	2,785
10	0,0725	0,2091	0,1864	2,779
11	0,08083	0,2316	0,2039	2,744
12	0,08917	0,254	0,2213	2,779
13	0,0975	0,2783	0,237	2,779
14	0,1058	0,3007	0,2545	2,744

1.5 Bewegungen in zwei Dimensionen

Seitenwind ist für Fahrzeuge gefährlich, er kann zu plötzlichen Änderungen der Fahrtrichtung führen. Windrichtung und Windstärke beeinflussen Richtung und Betrag der Geschwindigkeit des Fahrzeuges.

Bewegung und Richtung

Entlang einer Geraden gibt es für einen Körper nur zwei Bewegungsrichtungen. Zur vollständigen Angabe seiner Geschwindigkeit reicht eine **skalare** Größe aus. Ihr Betrag gibt an, wie schnell sich der Körper bewegt, ihr Vorzeichen gibt die Bewegungsrichtung an (→B2).

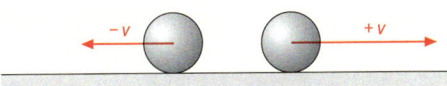

B2

Zum Vergleich betrachtet man für eine Zeitdauer von 10 s die Bewegung eines Hasen, der sich mit einer Geschwindigkeit von 5 m/s auf einer Wiese „tummelt". Welche Angaben kann man zu seinem Aufenthaltsort machen? Vom Startpunkt aus gesehen, hält sich der Hase innerhalb eines Kreises mit einem Radius von 50 m auf. Eine genauere Ortsangabe ist ohne Beachtung der Bewegungsrichtungen des Hasen nicht möglich. In der Ebene gibt es nicht nur zwei, sondern beliebig viele verschiedene Bewegungsrichtungen.

Größen, die durch die Angabe eines Betrags nicht vollständig charakterisiert sind, sondern auch eine Information über die Richtung benötigen, werden durch Vektoren beschrieben. Die Geschwindigkeit ist also eine vektorielle Größe, ebenso wie z. B. die Kraft.
Ein Pfeil über dem Formelzeichen zeigt an, dass eine vektorielle Größe vorliegt, z. B. bezeichnet $\vec{v}$ den Vektor der Geschwindigkeit. Für ihren Betrag (die „Schnelligkeit") schreibt man $|\vec{v}|$ oder kürzer v. In Zeichnungen werden Vektoren durch Pfeile dargestellt.

Die Länge des Pfeiles gibt den Betrag der Größe in einem bestimmten Maßstab wieder.

Schlägt der Hase Haken, so ändert sich die Richtung seiner Bewegung. Damit ändert sich der Vektor $\vec{v}$ und auch der Vektor $\vec{s}$, der vom Startpunkt der Bewegung zum aktuellen Aufenthaltsort zeigt (→B3).
Um Änderungen der Bewegungsrichtung erfassen zu können, werden die Definitionen von Weglänge, Geschwindigkeit und Beschleunigung erweitert. Bewegt sich ein Körper auf einer gekrümmten Bahn von A nach B (→B4), so beschreibt die Tangente an die Kurve die tatsächliche Bewegungsrichtung im Punkt A. Seine Geschwindigkeit in diesem Punkt erhält man näherungsweise durch den Quotienten

$$\vec{v} = \frac{\Delta \vec{s}}{\Delta t}$$

Je näher die Punkte A und B beieinander liegen, desto genauer ergibt dieser Quotient die Momentangeschwindigkeit. Im Grenzfall zeigt der Vektor $\vec{v}$ der Geschwindigkeit in jedem Punkt der Bahnkurve in Richtung der zugehörigen Tangente.

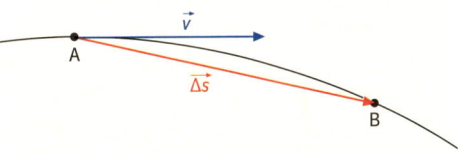

B4 Bahnkurve und Vektor der Geschwindigkeit

Die Richtung der Beschleunigung

Ein Magnet beeinflusst die Bewegung einer vorbei rollenden Eisenkugel (→B1). Ihre Bewegungsrichtung wird geändert. Auch dann spricht man von Beschleunigung. Die Betrags- und Richtungsänderung der Geschwindigkeit lassen sich für kleine Zeitdauern Δt durch einen Vektor $\Delta \vec{v}$ hinreichend genau beschreiben. Die Definition der Beschleunigung wird erweitert:

$$\vec{a} = \frac{\Delta \vec{v}}{\Delta t}$$

Der Vektor für die Beschleunigung $\vec{a}$ zeigt stets in die gleiche Richtung wie der Vektor der Geschwindigkeitsänderung $\Delta \vec{v}$.

Physikalische Größen, die sowohl einen Betrag als auch eine Richtung besitzen, werden durch Vektoren beschrieben.

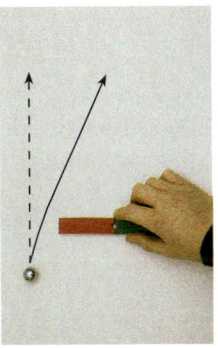

B1

B3

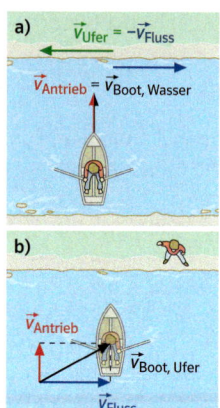

B1

Bezugssysteme und Vektoren

Ein Boot überquert einen Fluss. Der Ruderer treibt es mit der Geschwindigkeit $\vec{v}_{Antrieb}$ im Wasser an. Die Insassen geben die Geschwindigkeit des Bootes als $\vec{v}_{Boot,\,Wasser}$ an, weil sie sich dabei auf das Wasser beziehen, unabhängig von dessen Bewegung (→**B1a**). Für sie ist das Flusswasser das **Bezugssystem**.

Die Bootsinsassen stellen außerdem fest, dass sich das Ufer zusätzlich zur Bootsgeschwindigkeit $\vec{v}_{Boot,\,Wasser} = \vec{v}_{Antrieb}$ mit der Geschwindigkeit $\vec{v}_{Ufer} = -\vec{v}_{Fluss}$ bewegt. Ihre eigene Geschwindigkeit können sie also auch folgendermaßen angeben:

$$\vec{v}_{Boot,\,Wasser} = \vec{v}_{Boot,\,Ufer} - \vec{v}_{Fluss}$$

Beobachter am Ufer (→**B1b**) stellen dagegen eine andere Geschwindigkeit des Bootes fest. Für sie ist das Ufer Bezugssystem. Aus dieser Sicht lässt sich $\vec{v}_{Boot,\,Ufer}$ vektoriell aus der Geschwindigkeit des Flusswassers $\vec{v}_{Fluss}$ und der Geschwindigkeit $\vec{v}_{Boot,\,Wasser}$ zusammensetzen, sodass folgende Gleichung gilt:

$$\vec{v}_{Boot,\,Ufer} = \vec{v}_{Boot,\,Wasser} + \vec{v}_{Fluss}$$

Allgemein gilt: Bewegt sich ein Körper mit der Geschwindigkeit $\vec{v}_B$ in einem Bezugssystem B und bewegt sich dieses mit der Geschwindigkeit $\vec{v}_0$ gegenüber einem Bezugssystem A, so hat der Körper in Bezug auf das System A die Geschwindigkeit $\vec{v}_A$, für die gilt:

$$\vec{v}_A = \vec{v}_B + \vec{v}_0$$

Ein Wechsel des Bezugssystems drückt sich also in der Addition eines Geschwindigkeitsvektors aus.
Bewegt sich das Bezugssystem B mit $\vec{a}_0$ beschleunigt gegenüber A, dann sind auch die Beschleunigungen $\vec{a}_A$ und $\vec{a}_B$ vektoriell mit $\vec{a}_0$ zu verknüpfen:

$$\vec{a}_A = \vec{a}_B + \vec{a}_0$$

A1 ⊖ Die Definition der Beschleunigung lautet:
$$\vec{a} = \frac{\Delta\vec{v}}{\Delta t} = \frac{\vec{v}_2 - \vec{v}_1}{\Delta t}$$
Betrachten Sie die Geschwindigkeitsdifferenz in zwei Bezugssystemen, die sich mit konstantem $\vec{v}_0$ gegeneinander bewegen, und zeigen Sie, dass die Beschleunigung unabhängig vom Bezugssystem ist.

Methode

Regeln für den Umgang mit Vektoren

Vektoren werden durch Pfeile dargestellt. Die Multiplikation eines Vektors $\vec{a}$ mit einer positiven reellen Zahl k ergibt einen Vektor mit dem k-fachen Betrag und gleicher Richtung. Ist k negativ, so bedeutet dies eine Umkehrung der Richtung von $\vec{a}$.

Die Addition zweier Vektoren erfolgt mittels eines Vektorparallelogramms. Vereinfachend kann der zweite Pfeil an die Spitze des ersten angefügt werden. Der Vektor $\vec{c}$ vom Anfangspunkt des ersten Vektors $\vec{a}$ zur Spitze des zweiten Vektors $\vec{b}$ ist die Summe $\vec{a} + \vec{b}$.

Entgegengesetzte Richtungen werden durch verschiedene Vorzeichen gekennzeichnet. Bei der Addition ergibt sich ein Vektor, dessen Betrag die Differenz ist und der die Richtung des Vektors mit dem größeren Betrag hat.

Ferner gilt: $\vec{a} - \vec{b} = \vec{a} + (-\vec{b})$

Ebenfalls gilt: $|\vec{a}| + |\vec{b}| \geq |\vec{c}| = |\vec{a} + \vec{b}|$

Wenn $\vec{c} = \vec{a} + \vec{b}$ ist, nennt man $\vec{a}$ und $\vec{b}$ auch Komponenten von $\vec{c}$. Während der Summenvektor bei gegebenen Summanden eindeutig bestimmt ist, ergeben sich für die Zerlegung von $\vec{c}$ in Komponenten viele Möglichkeiten. Die Zerlegung ist eindeutig, wenn man z. B. die Richtung der Komponenten vorgibt.

In Abbildung **B2** sind $\vec{v}_A$ und $\vec{v}_B$ Komponenten der Geschwindigkeit $\vec{v}$, mit der sich ein Körper bewegt. Ein Beobachter, der sich mit $\vec{v}_A$ bewegt, sieht, dass sich der Körper mit $\vec{v}_B$ von ihm entfernt. Entsprechend registriert der Beobachter, der sich mit $\vec{v}_B$ bewegt, $\vec{v}_A$ als Geschwindigkeit des Körpers.

B2

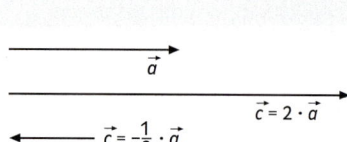
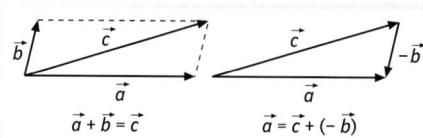
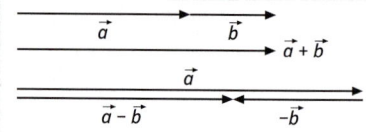

1.6 Wurfbewegungen

Das Werfen, mit Stein oder Speer, machte den Menschen zum erfolgreichen Jäger, da er über größere Entfernungen Ziele treffen konnte.

B1 Sprung mit Anlauf

Der waagerechte Wurf
Christian steht auf der Plattform eines 10-m-Turms im Freibad. Besteht die Gefahr, dass er bei schnellem Anlauf den gegenüberliegenden Beckenrand erreichen könnte? Wenn er losspurtet und an der Kante des Sprungbretts nach vorne abspringt, beschreibt Christian eine gekrümmte Flugbahn. **B4** zeigt den Verlauf seiner Bewegung.

Im Koordinatensystem benötigt man zwei Ortsachsen, die s_x-Achse in waagerechter und die s_y-Achse in senkrechter Richtung. Der Ursprung des Koordinatensystems wurde in den Startpunkt der Bewegung gelegt. In diesem Diagramm hat die Zeit t keine eigene Achse, trotzdem gehört zu jedem Punkt der Bahnkurve genau ein Zeitpunkt.

Die Bewegung, die Christian ausführt, heißt **waagerechter Wurf**. Wird ein waagerechter Wurf genau von vorn oder von sehr weit oben betrachtet, so scheint es sich jeweils um eine geradlinige Bewegung zu handeln. Man sieht entweder nur die Veränderung der s_x- oder der s_y-Koordinate mit der Zeit. Der zeitliche Verlauf der Bewegung wird deshalb in beiden Richtungen getrennt untersucht. Dazu werden die Messwerte aus **B4** verwendet.

Das t-s_x-Diagramm (→**B2**) zeigt einen linearen Zusammenhang zwischen dem Weg in waagerechter Richtung s_x und der Zeit t. Dies deutet auf eine **gleichförmige Bewegung** hin. In waagerechter Richtung bewegt sich Christian also mit konstanter Geschwindigkeit, in diesem Fall mit 7 m/s.

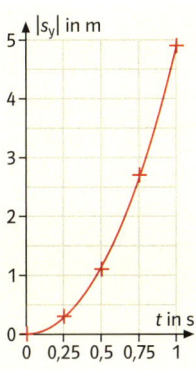

B2

B3

Springt Christian waagerecht vom Plattformrand ab, kommt er zum gleichen Zeitpunkt im Wasser an, wie wenn er sich einfach nur fallen lässt (→**B4**), obwohl sein Weg länger ist.
Das zugehörige t-s_y-Diagramm **B3** zeigt eine Parabel. Es handelt sich bei der Bewegung in senkrechter Richtung um eine **gleichmäßig beschleunigte Bewegung**. Die Beschleunigung beträgt etwa 10 m/s².
Das heißt, dass ein waagerecht in s_x-Richtung geworfener Gegenstand in s_y-Richtung eine reine Fallbewegung ausführt, sofern man vom Luftwiderstand absieht.
Der waagerechte Wurf setzt sich also aus zwei Bewegungen zusammen, die sich nicht beeinflussen: einer gleichförmigen Bewegung in waagerechter Richtung und einem freien Fall.

Bewegungsgesetze
Die Analyse von Christians Bewegung ergibt für die Bewegungsgleichungen in x-Richtung:

$s_x = v_0 \cdot t$; $v_x = v_0$; $a_x = 0$ (1)

In y-Richtung bewegt sich Christian nach den Gesetzen des freien Falls:

$s_y = \frac{1}{2} \cdot g \cdot t^2$; $v_y = g \cdot t$; $a_y = g$ (2)

Lösen wir die erste Gleichung von (1) nach t auf und setzen sie in (2) ein, so erhalten wir:

$t = \frac{s_x}{v_0}$ in (2) ⇒ $s_y = \frac{1}{2} \cdot g \cdot \frac{s_x^2}{v_0^2}$ (3)

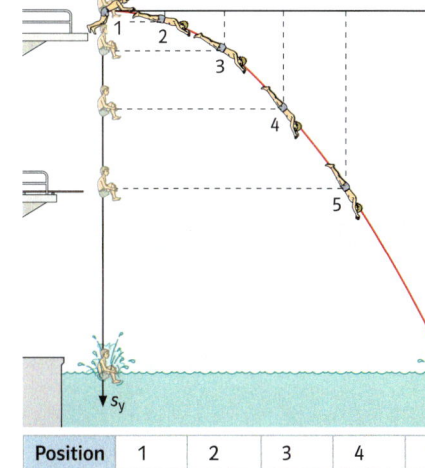

Position	1	2	3	4	5
t in s	0,0	0,25	0,50	0,75	1,0
s_x in m	0	1,8	3,5	5,2	7,0
s_y in m	0	0,3	1,1	2,7	4,9

B4

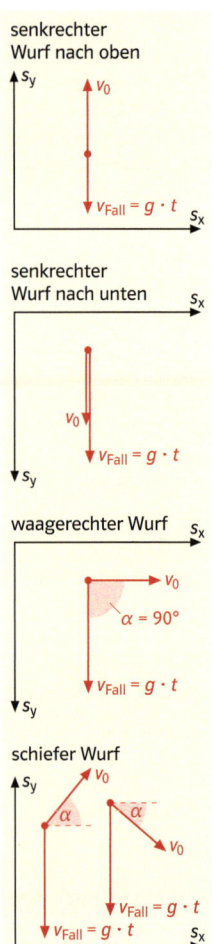

B1

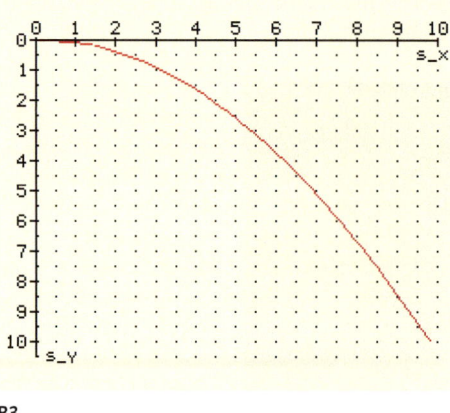

B3

Wegen $s_y \sim s_x^2$ ist dies die Gleichung einer Parabel, der sogenannten **Wurfparabel**.

Vergleichen wir noch die in der Tabelle aufgeführten Werte von s_y (= $s_{y;\,exp}$) mit den nach der Formel (3) berechneten ($s_{y;\,ber}$), so finden wir eine gute Übereinstimmung.

$s_{y;\,exp}$ in m	0	0,3	1,1	2,7	4,9	9,75
$s_{y;\,ber}$ in m	0	0,31	1,23	2,76	4,90	9,61

Wurfweite

Interessant ist die Ausgangsfrage, wie weit Christian maximal in waagerechter Richtung kommen könnte, welche Wurfweite $s_{x,\,max}$ also erreicht würde. Da Christian aus 10 m Höhe abspringt, können wir die Fallzeit berechnen:

$$h = \frac{1}{2} \cdot g \cdot t^2 \Rightarrow t = \sqrt{2 \cdot \frac{h}{g}} = \sqrt{2 \cdot \frac{10\,\text{m}}{9{,}81\,\frac{\text{m}}{\text{s}^2}}} = 1{,}4\,\text{s}$$

In dieser Zeit erreicht er in x-Richtung

$$s_{x,\,max}(t = 1{,}4\,\text{s}) = x_W = v_0 \cdot t = 7\,\tfrac{\text{m}}{\text{s}} \cdot 1{,}4\,\text{s} = 9{,}8\,\text{m}$$

Die Wurfweite beträgt hier also knapp 10 m. Berücksichtigt man, dass die Plattform aus Sicherheitsgründen etwa 3 m über den Beckenrand ragt, würde Christian bei 13 m im Wasser auftreffen.

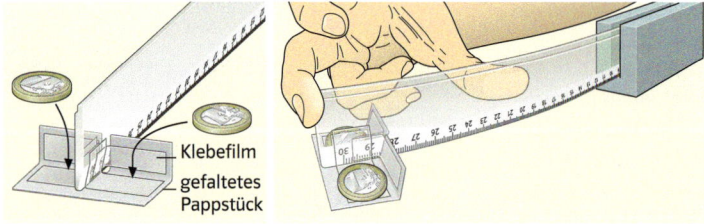

B2 Versuch zum waagerechten Wurf

Ein zugelassenes Sprungbecken ist mindestens 18 m lang, sodass er ungefähr 5 m vor dem gegenüberliegenden Beckenrand ins Wasser tauchen würde.

Weitere Wurfbewegungen

Allgemein bezeichnet man als Wurf die Bewegung eines Körpers, bei der eine geradlinig gleichförmige Bewegung mit der Abwurfgeschwindigkeit v_0 und eine geradlinig gleichmäßig beschleunigte Bewegung zum Erdmittelpunkt (die Fallbewegung) gleichzeitig ablaufen, ohne sich zu beeinflussen.

Ohne Erdanziehung würde sich der Körper mit seiner Anfangsgeschwindigkeit v_0 geradlinig weiterbewegen, bis er irgendwo anstößt.

Betrachtet man die Richtung, die die Anfangsgeschwindigkeit eines Körpers hat, kommen zum waagerechten Wurf noch weitere Wurfarten hinzu (→**B1**). Dies sind
- der senkrechte Wurf nach oben,
- der senkrechte Wurf nach unten und
- der schiefe Wurf.

Bei zahlreichen Sportarten, wie z.B. Basketball und Hochsprung, findet man diese Bewegungen wieder.

Der senkrechte Wurf nach oben

Ein Pfeil wird vom Ort s_0 mit einer Anfangsgeschwindigkeit v_0 senkrecht nach oben geschossen. Er führt eine gleichförmige Bewegung aus, der eine Fallbewegung überlagert ist. Es gilt:

$$v = v_0 - g \cdot t \quad \text{und} \quad s = s_0 + v_0 \cdot t - \frac{g}{2} \cdot t^2$$

Im höchsten Punkt ist die Geschwindigkeit null. Es ist $v_0 = g \cdot t_h$. Dieser Punkt wird nach der Zeit $t_h = v_0/g$ erreicht. Der Körper befindet sich dann in der Position

$$s_h = s_0 + v_0 \cdot \frac{v_0}{g} - \frac{g}{2} \cdot \frac{v_0^2}{g^2} = s_0 + \frac{v_0^2}{2g}$$

Alle Wurfbewegungen setzen sich aus einer gleichförmigen Bewegung und einer Fallbewegung zusammen. Die Bewegungen überlagern sich, ohne sich gegenseitig zu beeinflussen.

A1 a) Führen Sie den in **B2** gezeigten Versuch durch. Beschreiben und vergleichen Sie die Bewegungen der beiden Münzen nach dem Loslassen des Lineals.
b) Filmen Sie die Bewegungen und werten Sie die Einzelbilder aus.

Methode: Konstruktion von Bahnkurven beim schiefen Wurf

Der Wurf im Experiment Kugelstoßer möchten eine möglichst große Weite erzielen. Physiker haben verschiedene Methoden, solche Probleme zu bearbeiten. Eine davon ist das Experiment: Eine Wurfmaschine schießt einen Gegenstand mittels einer gespannten Feder ab. Die erzielte Wurfweite $s_{x,max}$ wird abhängig vom Abwurfwinkel α gemessen (→B1).

Man erkennt: Gleiche Weiten lassen sich bei verschiedenen Winkeln erzielen und es gibt günstige Winkel. Der optimale Winkel liegt um 45°. Wenn man im Experiment die Abwurfgeschwindigkeit v_0 verändert, zeigt sich: Je größer v_0, desto größer ist die Wurfweite.

Konstruktion der Bahnkurve Beim waagerechten Wurf zeigen Experimente, dass die Bahnkurve Teil einer Parabel ist. Die Erkenntnis, dass der Wurf aus einer geradlinig gleichförmigen Bewegung in der waagerechten und einer gleichmäßig beschleunigten Fallbewegung zusammengesetzt ist, wird auf den schiefen Wurf übertragen. Die geradlinige Bewegung erfolgt jetzt in der Abwurfrichtung. Von dieser Voraussetzung ausgehend kann die Bahnkurve punktweise nach folgender Vorschrift konstruiert werden (→B3).
- Zeichnen Sie eine Gerade g durch den Abwurfpunkt A in Abschussrichtung.
- Zeichnen Sie einen Kreis mit dem Radius $s = v_0 \cdot t$ um A.
- Der Kreis schneidet die Gerade g in D.
- Zeichnen Sie parallel zur senkrechten Achse von D aus eine Gerade mit der Länge $s_y = g/2 \cdot t^2$.

Daraus ergibt sich mit F der Ort, den der mit der Geschwindigkeit v_0 schräg abgeworfene Körper zum Zeitpunkt t erreicht.

Grafik **B3** zeigt die Ausführung dieser Vorschrift mit einem dynamischen Geometriesystem, **B2** ein Ergebnis. In **B2** ist außerdem die experimentell gewonnene Parabel eingezeichnet. Bei geeigneter Wahl von v_0 und α liefert die Konstruktion diese Parabel.

A1 ⊖ Führen Sie die Konstruktion mit einem Geometrieprogramm durch.
Untersuchen Sie damit den Einfluss von Winkel, Geschwindigkeit und Abwurfhöhe auf die Wurfweite.
Vergleichen Sie dies mit experimentellen Befunden.

α	$s_{x,max}$ in cm
25	31
35	38
40	40
45	40
50	40
55	38
65	31
75	20

B1 Wurfweiten und Winkel

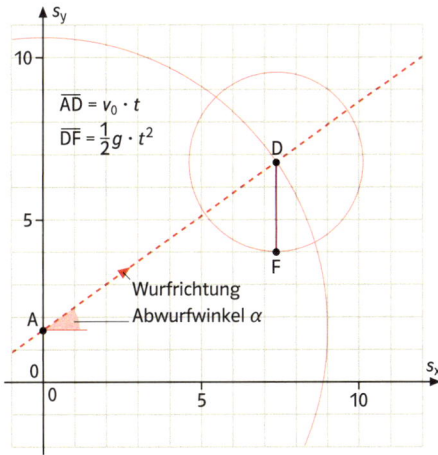

B3 Konstruktion eines Bahnpunktes

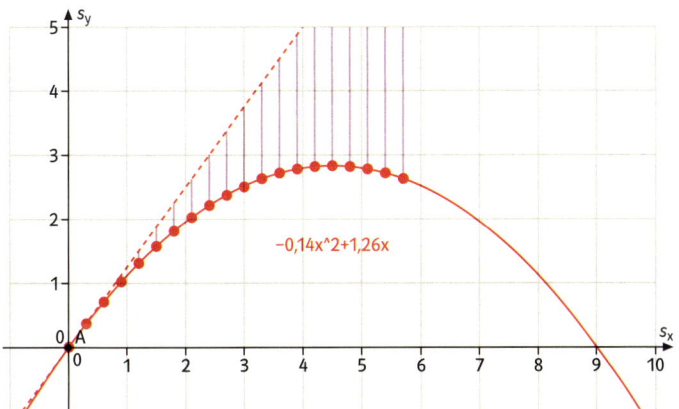

B2 Punktweise Konstruktion der Bahnkurve

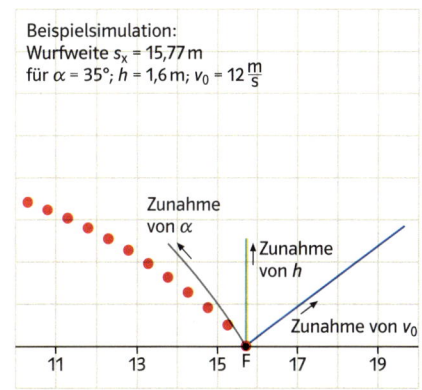

B4 Variation von α (grau) bzw. v (blau), sowie h (grün)

1.7 Die Kreisbewegung

In einem Kettenkarussell bewegen sich alle Mitfahrer in der gleichen Zeit einmal im Kreis herum. Nebeneinander sitzende Personen können sich dabei dauernd an den Händen halten, obwohl die Weglänge weiter außen größer ist als innen.

Kenngrößen der Bewegung

Bewegt sich ein Körper auf einer kreisförmigen Bahn, so spricht man von einer **Kreisbewegung**. Um eine solche Bewegung beschreiben zu können, werden folgende Größen benötigt:

Die **Umlaufdauer** T gibt an, wie lange ein Körper für einen vollen Umlauf benötigt. Ihre Einheit ist 1s.
Die **Frequenz** f gibt an, wie viele Umläufe ein Körper in einer Sekunde ausführt. Ihre Einheit ist 1Hz oder 1/s. Die Frequenz ist der Quotient aus der Anzahl n der Umdrehungen und der dafür benötigten Zeitdauer Δt. Für $n = 1$ ist Δt die Umlaufdauer T. Es gilt:

$$f = \frac{n}{\Delta t} = \frac{1}{T} \quad \text{bzw.} \quad T = \frac{1}{f}$$

Geschwindigkeiten bei der Kreisbewegung

Die **Bahngeschwindigkeit** gibt an, welche Weglänge ein Körper auf seiner Kreisbahn in einer bestimmten Zeit zurücklegt. Sie entspricht dem Begriff „Geschwindigkeit", den wir von geradlinigen Bewegungen kennen, mit dem Unterschied, dass der Weg keine gerade Strecke ist, sondern ein Kreisbogen. Die Einheit der Bahngeschwindigkeit ist 1 m/s.

Wenn sich der Betrag der Geschwindigkeit auf einer bestimmten Kreisbahn mit dem Radius r während der Bewegung nicht ändert, spricht man von einer gleichförmigen Kreisbewegung. Der Betrag der Bahngeschwindigkeit ergibt sich dann aus dem Umfang $2\pi \cdot r$ und der Dauer T eines Umlaufs zu

$$v = \frac{\Delta s}{\Delta t} = \frac{2\pi \cdot r}{T} = \frac{2\pi}{T} \cdot r$$

Der Faktor $2\pi/T$ ist unabhängig vom Radius und daher für alle Karussellfahrer gleich. 2π beschreibt den Winkel von 360° für einen vollen Umlauf im Bogenmaß.

Denkt man sich von jedem Karussellfahrer eine Schnur zum Kreismittelpunkt gespannt, so überstreicht sie in einer Zeitdauer Δt einen Winkel $\Delta\varphi$ (→**B1**). Zur Beschreibung des Ortes bzw. der Ortsänderung eines Körpers bietet sich bei einer Kreisbewegung daher die Betrachtung des Winkels an. Den Quotienten

$$\omega = \frac{\Delta\varphi}{\Delta t}$$

definiert man als **Winkelgeschwindigkeit**.

B3

Wird $\Delta\varphi$ im Bogenmaß gemessen, so hat ω die Einheit 1/s. Es gilt:

$$\omega = \frac{2\pi}{T} = 2\pi \cdot f$$

Die Winkelgeschwindigkeit ist unabhängig vom Radius und zur Beschreibung der periodischen Bewegung geeignet.

Bewegen sich zwei Körper mit gleicher Drehfrequenz auf Kreisbahnen mit unterschiedlichen Radien, so benötigen beide für einen Umlauf die gleiche Zeit, haben also die gleiche Umlaufdauer und die gleiche Winkelgeschwindigkeit.
Da die beiden Kreisbahnen jedoch unterschiedliche Radien haben und damit auch unterschiedliche Umfänge ($U = 2\pi \cdot r$), legt der Körper auf der äußeren Bahn somit in der gleichen Zeitdauer eine größere Weglänge zurück, er besitzt also eine größere Bahngeschwindigkeit. Für die Bahngeschwindigkeit gilt

$$v = \frac{2\pi}{T} \cdot r = \omega \cdot r.$$

Für die Bahngeschwindigkeit v einer Kreisbewegung gilt:

$$v = \frac{\Delta s}{\Delta t} = \frac{2\pi \cdot r}{T} = \omega \cdot r$$

Die Winkelgeschwindigkeit ω berechnet sich nach:

$$\omega = \frac{\Delta\varphi}{\Delta t} = \frac{2\pi}{T} = 2\pi \cdot f$$

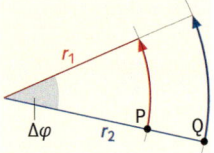

B1 P und Q haben die gleiche Winkelgeschwindigkeit, aber verschiedene Bahngeschwindigkeiten.

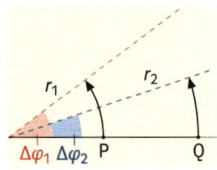

B2 P und Q haben die gleiche Bahngeschwindigkeit, aber verschiedene Winkelgeschwindigkeiten.

A1 ○ Berechnen Sie die Bahn- und die Winkelgeschwindigkeit für den kleinen und großen Zeiger einer Armbanduhr. Begründen Sie, ob diese Werte für die entsprechenden Zeiger einer großen Turmuhr gleich sind oder nicht.

1.8 Beschleunigung bei der Kreisbewegung

Für geradlinige Bewegungen wurde ganz allgemein festgestellt, dass Bewegungen mit sich ändernder Geschwindigkeit als beschleunigte Bewegungen bezeichnet werden.

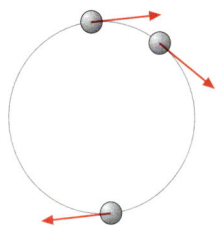

B1 Die Richtung der Bewegung ändert sich ständig.

Kreisbewegung und Beschleunigung
Bewegt sich ein Körper mit konstanter Bahngeschwindigkeit auf einer Kreisbahn, so ändert er dabei doch ständig seine Richtung. Betrachtet man den Vektor der Bahngeschwindigkeit zu verschiedenen Zeitpunkten, so ist dieser zwar immer gleich lang, d.h., sein Betrag ist konstant, er zeigt aber in jedem Punkt der Kreisbahn in eine andere Richtung (→B1).

Jede zeitliche Änderung einer Geschwindigkeit bedeutet eine Beschleunigung, unabhängig davon, ob sich der Betrag oder die Richtung der Geschwindigkeit ändert. Bei jeder Kreisbewegung tritt also eine Beschleunigung auf.

Die Zentripetalbeschleunigung
Eine Astronautin nähert sich mit der Geschwindigkeit v einem Satelliten (→B2). Um ihn zu umrunden, muss sie ihre Bewegungsrichtung ändern. Dies gelingt mit Hilfe einer kleinen Handrakete, mit der die Astronautin ständig auf den Satelliten zu beschleunigt.
Für die Einhaltung der Kreisbahn sorgt die **Zentripetalbeschleunigung** a_Z (auch oft nur **Zentralbeschleunigung** genannt). Sie ist zu jedem Zeitpunkt in Richtung des Kreismittelpunktes gerichtet. Weil der Vektor $\vec{a}$ senkrecht auf dem Vektor der Bahngeschwindigkeit $\vec{v}$ steht, ändert sich nur die Richtung, nicht aber der Betrag der Bahngeschwindigkeit.

Die Astronautin muss die Beschleunigung mit ihrer Handrakete richtig dosieren, um den Abstand r zum Satelliten konstant zu halten.

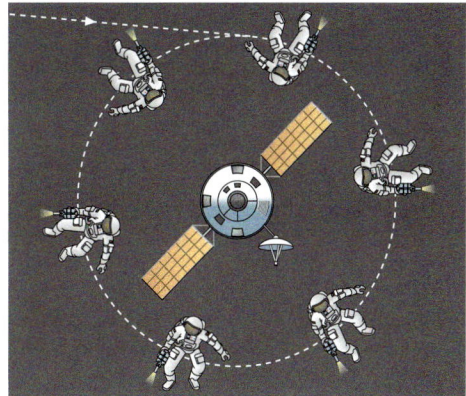

B2

Ist die Beschleunigung zu groß, verringert sich der Abstand, ist sie zu klein, entfernt sich die Astronautin vom Satelliten.

Der Betrag der Zentripetalbeschleunigung hängt also vom Radius und darüber hinaus von der Winkelgeschwindigkeit bzw. Bahngeschwindigkeit ab. Es gilt:

$$a_Z = \omega^2 \cdot r = \frac{v^2}{r}$$

Um einen Körper auf einer Kreisbahn mit konstanter Winkelgeschwindigkeit zu bewegen, ist eine konstante Zentripetalbeschleunigung erforderlich.

A1 ○ Berechnen Sie die Zentripetalbeschleunigung, die der Mond auf seiner Erdumlaufbahn erfährt.

Methode

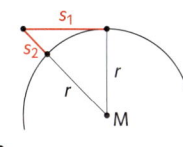

B3

Mathematische Herleitung der Zentripetalbeschleunigung

Wir betrachten die Kreisbewegung, bei der P_1 sich in der Zeit Δt nach P_2 bewegt.

Für $\Delta t \to 0$ darf man die Bewegung in zwei unabhängige Komponenten zerlegen (→B3):

1 Tangential zum Kreis: Dies ist eine gleichförmige Bewegung: $s_1 = v_1 \cdot \Delta t$
2 Zum Kreismittelpunkt: Diese Bewegung erfolgt beschleunigt: $s_2 = \tfrac{1}{2} a_Z \cdot (\Delta t)^2$

Im daraus folgenden rechtwinkligen Dreieck gilt nach Pythagoras:

$(r + s_2)^2 = r^2 + s_1^2$

$r^2 + 2 \cdot s_2 \cdot r + s_2^2 = r^2 + s_1^2$

Mit 1 und 2 folgt

$r^2 + a_Z \cdot (\Delta t)^2 \cdot r + \tfrac{1}{4} a_Z^2 \cdot (\Delta t)^4 = r^2 + v_1^2 \cdot (\Delta t)^2$

und somit

$$a_Z = \frac{v^2 \cdot (\Delta t)^2 - \tfrac{1}{4} a_Z^2 \cdot (\Delta t)^4}{r \cdot (\Delta t)^2}$$

$$= \frac{v^2}{r} - \frac{1}{4} \frac{a_Z^2}{r} \cdot (\Delta t)^2$$

Unter der Anfangsvoraussetzung $\Delta t \to 0$ folgt für die Zentripetalbeschleunigung $a_Z = v^2/r$.

Training: Freier Fall und Kreisbewegung

Beispiel ⊖ Die Tiefe eines Brunnens soll bestimmt werden, indem man einen Stein hineinfallen lässt. Nach 2 s ist der Aufschlag zu hören. Das Diagramm in **B1** ist Teil der Lösung dieser Aufgabe, allerdings fehlt die Skalierung der y-Achse. Auf dieser sollte die Entfernung nach unten vom Rand des Brunnens aus aufgetragen werden.

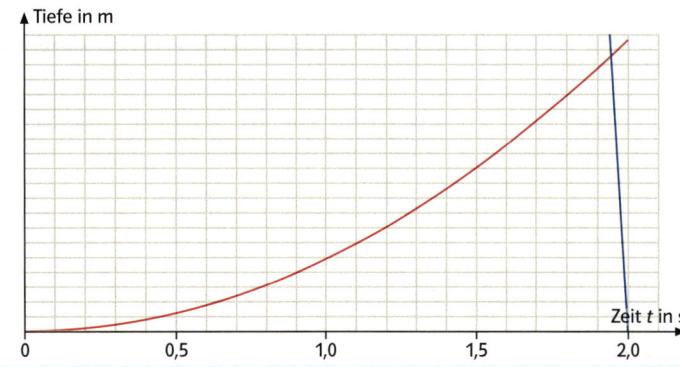

B1 Unvollständiges Diagramm

a) Analysieren Sie das Problem. Deuten Sie anschließend die beiden Graphen im dargestellten t-s-Diagramm.
b) Ermitteln Sie die Skalierung der y-Achse. Entnehmen Sie hierfür dem Diagramm geeignete Werte. Erläutern Sie Ihre Vorgehensweise.
c) Lösen Sie die Aufgabe auf rechnerischem Weg. Vergleichen Sie die Ergebnisse. Begründen Sie eventuelle Abweichungen.

Lösung a) Das in der Aufgabe beschriebene Problem umfasst zwei Vorgänge:
– den Fall des Steins bis zum Boden des Brunnens, wo er beim Aufprall ein Geräusch verursacht,
– die Ausbreitung des Schalls vom Boden bis zum oberen Rand des Brunnens, wo der Aufprall dann nach einer Zeitdauer t wahrgenommen wird.

Diese zwei Vorgänge werden durch die beiden Graphen im t-s-Diagramm beschrieben: Da es sich beim freien Fall des Steins um eine beschleunigte Bewegung handelt, wird diese Bewegung durch den roten parabelförmig verlaufenden Graphen beschrieben. Die gleichförmige Ausbreitung des Schalls gibt die blaue Gerade wieder. Der Schnittpunkt der beiden Graphen markiert den Aufschlag des Steins auf dem Grund des Brunnens, seine y-Koordinate entspricht somit der Tiefe des Brunnens.

b) Aus dem Diagramm lässt sich die Zeitdauer für die Ausbreitung des Schallsignals ablesen: Es startet zum Zeitpunkt $t_1 = 1{,}95$ s und ist zum Zeitpunkt $t_2 = 2{,}0$ s am oberen Brunnenrand zu hören. Aus der Laufzeit des Signals

$$\Delta t = 2{,}0\,\text{s} - 1{,}95\,\text{s} = 0{,}05\,\text{s}$$

berechnet sich die Brunnentiefe zu

$$\Delta s = v_{\text{Schall}} \cdot \Delta t = 340\,\tfrac{\text{m}}{\text{s}} \cdot 0{,}05\,\text{s} = 17{,}0\,\text{m}$$

Mit Hilfe dieses Wertes kann man nun die y-Achse skalieren.

c) Rechnerische Lösung:
Es gilt für den Fall des Steins:

$$s = \tfrac{1}{2} \cdot g \cdot t_1^2 \qquad (1)$$

für die Ausbreitung des Schalls:

$$s = v_{\text{Schall}} \cdot \Delta t_2 \qquad (2)$$

Aus (1) und (2) folgt:

$$\tfrac{1}{2} \cdot g \cdot t_1^2 = v_{\text{Schall}} \cdot \Delta t_2$$

Mit $t_{\text{ges}} = t_1 + \Delta t_2 \Leftrightarrow \Delta t_2 = t_{\text{ges}} - t_1$ folgt:

$$\tfrac{1}{2} \cdot g \cdot t_1^2 = v_{\text{Schall}} \cdot (t_{\text{ges}} - t_1)$$

$$\tfrac{1}{2} \cdot g \cdot t_1^2 + v_{\text{Schall}} \cdot t_1 - v_{\text{Schall}} \cdot t_{\text{ges}} = 0$$

Mit der quadratischen Bestimmungsgleichung („pq-Formel") erhält man:

$$t_1 = -\tfrac{v_{\text{Schall}}}{g} \pm \sqrt{\left(\tfrac{v_{\text{Schall}}}{g}\right)^2 + \tfrac{2 \cdot v_{\text{Schall}} \cdot t_{\text{ges}}}{g}}$$

Nach Einsetzen der Werte ergibt sich:

$$t_1 = 1{,}94\,\text{s} \quad \text{und} \quad t_1 = -71{,}26\,\text{s}$$

Der negative Wert für t_1 ist physikalisch nicht sinnvoll, da der Fall des Steins bei $t = 0$ beginnt. Die Fallzeit des Steins bis zum Boden des Brunnens beträgt also $t_1 = 1{,}94$ s.

Mit Gleichung (1) berechnet sich die Tiefe des Brunnens zu:

$$s = \tfrac{1}{2} \cdot g \cdot t_1^2$$

$$s = \tfrac{1}{2} \cdot 9{,}81\,\tfrac{\text{m}}{\text{s}^2} \cdot (1{,}94\,\text{s})^2 = 18{,}46\,\text{m}$$

Die Rechnung ergibt eine Brunnentiefe von 18,46 m.

Die Differenz zum Wert, der in Teil b) bestimmt wurde ergibt sich durch Ungenauigkeiten beim Ablesen der x-Koordinate des Schnittpunkts.

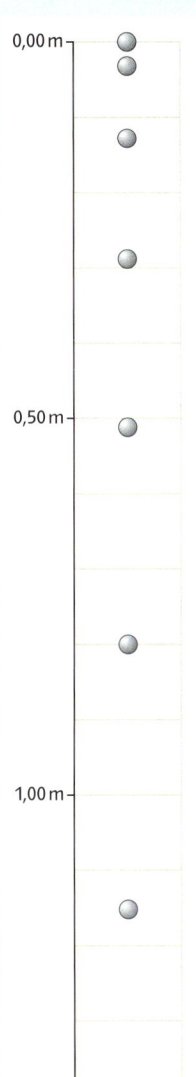

B1 Fall einer Kugel auf unbekanntem Himmelskörper

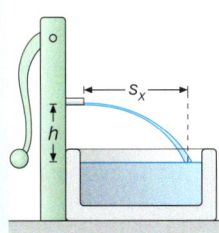

B2 Zu Aufgabe 3

A1 ◐ Eine Metallkugel wird auf einem anderen Himmelskörper aus der Höhe *h* fallen gelassen. Von der Bewegung wird alle 0,20 s eine Aufnahme gemacht. Es ergibt sich die Abbildung **B1**.
a) Erläutern Sie, wie man bereits ohne ausführliche Rechnung erkennen kann, dass die Kugel eine gleichmäßig beschleunigte Bewegung ausführt. Bestimmen Sie anhand der Kugelposition die Fallbeschleunigung auf dem anderen Himmelskörper.
b) Berechnen Sie, nach welcher Zeit die Kugel auf dem Boden auftrifft.
c) Berechnen Sie die Geschwindigkeitszunahme der Kugel zwischen den letzten beiden Messpunkten.

A2 ◐ Ein Pilot steuert sein Flugzeug über den Wolken ohne Funkverbindung mit genau südlichem Kurs. Sein Geschwindigkeitsmesser zeigt $v = 300$ km/h an.

B3

Nach genau 18 min Flugzeit reißt die Wolkendecke auf und er stellt fest, dass ihn in dieser Zeit ein Westwind um 15,0 km nach Osten abgetrieben hat.
a) Skizzieren Sie die beschriebene Situation mit Hilfe von Geschwindigkeitsvektoren.
b) Berechnen Sie die Geschwindigkeit, mit der sich das Flugzeug gegenüber der Erdoberfläche bewegt.
c) Berechnen Sie die in den 18 min zurückgelegte Weglänge auf der Erdoberfläche!
d) Ermitteln Sie den Winkel, um den der Pilot seinen Kurs hätte korrigieren müssen, um bei gleichem Wind über dem Boden genau nach Süden zu fliegen.

A3 ◐ Der Wasserstrahl eines Brunnens tritt 60 cm über der Wasseroberfläche horizontal aus und trifft in der horizontalen Entfernung $s_x = 1,1$ m auf (→**B2**).
a) Berechnen Sie die Geschwindigkeit, mit der der Strahl das Brunnenrohr verlässt.
b) Berechnen Sie auch die Geschwindigkeit in y-Richtung am Auftreffpunkt und ermitteln Sie mit beiden Werten für *v* die Geschwindigkeit in Bewegungsrichtung des Wassers beim Auftreffen.
c) Konstruieren Sie punktweise die Bahn des Wasserstrahls, wenn dieser mit der Geschwindigkeit $v_x = 5$ m/s waagerecht aus dem Brunnenrohr austritt. Wählen Sie dabei $\Delta t = 0,05$ s. Beurteilen Sie, ob eine Erhöhung der Austrittsgeschwindigkeit bei diesem Brunnen sinnvoll ist.

A4 ◐ Ein Sprungbecken mit 10-m-Turm hat die Abmessungen von 18 m mal 18 m. Die 5 m lange und 10 m hohe Plattform ragt 3 m in das Becken hinein. Berechnen Sie die Geschwindigkeit in waagerechter Richtung, mit der ein Turmspringer von der Plattform abspringen müsste, wenn er den gegenüberliegenden Beckenrand erreichen soll.
Beurteilen Sie, ob das Sprungbecken sicher ist.

A5 ◐ Infolge der Drehung der Erde erfährt ein Körper am Äquator eine Beschleunigung.

B4

a) Berechnen Sie die fiktive Länge eines Tages für den Fall, dass diese durch die Erddrehung erzeugte Beschleunigung den gleichen Betrag hätte, wie die Fallbeschleunigung ($g = 9,81$ m/s²).
b) Beschreiben Sie die Folgen, die sich daraus möglicherweise ergeben.

Rückblick

Zusammenfassung

Geradlinige Bewegungen Für die geradlinige Bewegung mit konstanter Geschwindigkeit ist v der Quotient aus Weglänge Δs und zugehöriger Zeitdauer Δt:

$$v = \frac{\Delta s}{\Delta t} = \frac{(s_2 - s_1)}{(t_2 - t_1)}$$

Die Einheit ist $1\frac{m}{s}$ bzw. $1\frac{km}{h}$.

Die Steigung im t-s-Diagramm gibt die Geschwindigkeit an.
Durch das Vorzeichen der Geschwindigkeit werden bei der geradlinigen Bewegung Richtungen unterschieden.

Bei gleichmäßig beschleunigten Bewegungen nimmt die Geschwindigkeit in gleichen Zeitdauern Δt um den gleichen Betrag Δv zu. Die Beschleunigung a berechnet sich als Quotient aus diesen Größen:

$$a = \frac{\Delta v}{\Delta t} = \frac{v_2 - v_1}{t_2 - t_1}$$

Bewegungsgesetze Für die geradlinig gleichförmige Bewegung mit der Geschwindigkeit v gilt das Zeit-Ort-Gesetz

$$s(t) = v \cdot t + s_0$$

Dabei berücksichtigt der Term s_0 den Fall, dass Beginn der Bewegung und Beginn der Messung nicht zusammenfallen.

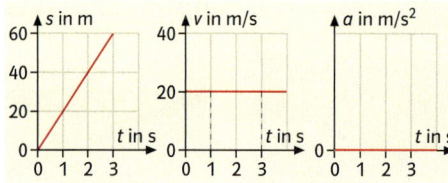

B2 Bewegungsdiagramme für $v_0 = 20\frac{m}{s}$, $a = 0$, $s_0 = 0$

Für eine gleichmäßig beschleunigte Bewegung gelten folgende Gesetze:

Zeit-Ort-Gesetz: $\quad s = \frac{1}{2}a \cdot t^2 + v_0 \cdot t + s_0$

Zeit-Geschwindigkeit-Gesetz: $\quad v = a \cdot t + v_0$

mit a = konstant.

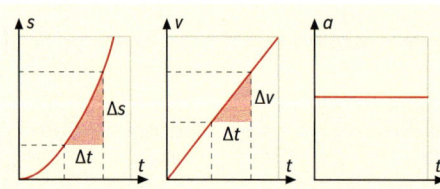

B3 Bewegungsdiagramme einer gleichmäßig beschleunigten Bewegung für $v_0 = 0$ und $s_0 = 0$

Ist die Bewegung nicht geradlinig, so sind bei Weg, Geschwindigkeit und Beschleunigung zusätzlich die Richtungen zu berücksichtigen. Solche Größen sind vektorielle Größen (→**B1**).

Fallbewegungen Vernachlässigt man den Luftwiderstand, so benötigen alle aus der Ruhe heraus fallenden Körper für die gleiche Fallstrecke die gleiche Zeit. Diese Bewegung heißt freier Fall.

Der freie Fall ist eine gleichmäßig beschleunigte Bewegung. Die Beschleunigung wird Fallbeschleunigung g genannt, sie ist an einem Ort für alle Körper gleich.
Das Zeit-Ort-Gesetz für die Fallbewegung aus der Ruhe lautet:

$$s(t) = \frac{1}{2}g \cdot t^2$$

Waagerechter Wurf Der waagerechte Wurf setzt sich aus einer gleichförmigen Bewegung in waagerechter Richtung und einer Fallbewegung in senkrechter Richtung zusammen, die sich gegenseitig nicht beeinflussen. Die Bahnkurve eines idealen waagerechten Wurfs ist eine halbe Parabel.

Die Bewegungsgesetze des waagerechten Wurfs entsprechen denen der beiden bekannten Bewegungsformen. Sie werden in x- und y-Richtung getrennt angegeben:

$s_x = v_0 \cdot t$; $v_x = v_0$; $a_x = 0$ (1)

$s_y = \frac{1}{2} \cdot g \cdot t^2$; $v_y = g \cdot t$; $a_y = g$ (2)

Kreisbewegung Die Geschwindigkeit v, mit der sich ein Körper auf einem Kreis bewegt, heißt Bahngeschwindigkeit. Ihr Betrag lässt sich mit Hilfe des konstanten Abstands r zum Mittelpunkt der Kreisbahn berechnen:

$$v = \frac{\Delta s}{\Delta t} = \frac{2\pi \cdot r}{T} = \frac{2\pi}{T} \cdot r$$

Betrachtet man den Winkel, der in einer bestimmten Zeit durchlaufen wird, erhält man die Winkelgeschwindigkeit ω:

$$\omega = \frac{\Delta \varphi}{\Delta t} = \frac{2\pi}{T} \quad \Rightarrow \quad v = \omega \cdot r$$

Um einen Körper auf einer Kreisbahn mit konstanter Winkelgeschwindigkeit zu bewegen, muss er ständig zum Kreismittelpunkt hin beschleunigt werden. Für diese Zentripetalbeschleunigung a_Z gilt:

$$a_Z = \omega^2 \cdot r = \frac{v^2}{r}$$

2 Ursache von Bewegungen

Warum ist die Fahrt im Karussell spaßig, aber bald schon unbequem?

2.1 Kräfte

Bobfahrer schieben ihren Bob an, ein Torwart lenkt den Ball am Tor vorbei, ein Wanderer hinterlässt einen Schuhabdruck im Schlamm, …

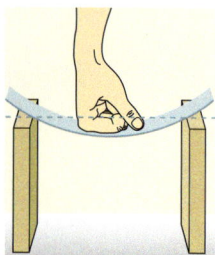

B1 Verformung

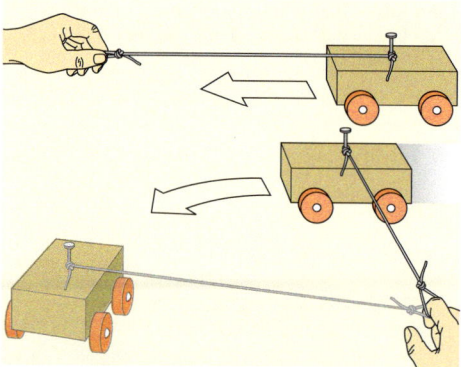

B4 Änderung der Geschwindigkeit: Der Betrag ändert sich (oben), die Richtung ändert sich (unten).

am Körper angreift (→B5). Diese drei Eigenschaften werden durch einen Kraftvektor (→B3) erfasst. Die Länge des Pfeils ist ein Maß für den Betrag der Kraft.

Verformung durch Kräfte
Die Äste eines Baumes werden vom Wind gebogen. Der Tennisschläger wird durch den Schlag auf den Ball verbogen und die Bespannung eingebeult. Beide nehmen in der Regel nach der Verformung ihre ursprüngliche Gestalt wieder an. Man sagt, sie wurden von der Kraft **elastisch** verformt. Wäre jedoch eine Verformung zurückgeblieben, so wären sie von der Kraft **plastisch** verformt worden.

Mit einer Schraubenfeder lässt sich der Zusammenhang zwischen einer Dehnungskraft F und der Verlängerung s bei einer elastischen Verformung gut untersuchen (→B6). Es zeigt sich, dass die Kraft F und die Verlängerung s dann zueinander proportional sind:

$F = D \cdot s$ (Hooke'sches Gesetz)

Die Proportionalitätskonstante D heißt **Federkonstante**.

Kraftwirkungen
Trifft ein Ball auf dem Boden auf, so wird er abgebremst und zusammengedrückt, dann nimmt er seine Form wieder an und beschleunigt in eine andere Richtung. Die Beobachtung, dass ein Körper seine Form oder seine Geschwindigkeit ändert, führt man auf das Wirken einer Kraft zurück.
Mit einem Normkraftmesser (→B2) kann die Krafteinheit 1 Newton (1N) festgelegt werden.

Gewichtskraft
Auf jeden Körper mit der Masse m wirkt eine Gewichtskraft. Diese ist vom Ort abhängig. An einem festen Ort sind Gewichtskraft F_G und Masse proportional. Der Proportionalitätsfaktor g ist der Ortsfaktor. Es ist:

$F_G = m \cdot g$

In Mitteleuropa beträgt der Ortsfaktor $g = 9{,}81 \, N/kg$, auf dem Mond $g = 1{,}62 \, N/kg$.

$F = m \cdot g$

B2 Kraftmesser

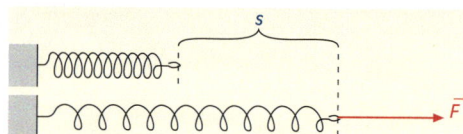

B6 Eine Feder wird elastisch gedehnt.

Kraft als Vektor
Die Wirkung einer Kraft hängt nicht nur davon ab, wie groß ihr Betrag ist, sondern auch davon, in welche Richtung sie wirkt und wo sie

Kräfte können Körper verformen und deren Geschwindigkeit und Bewegungsrichtung verändern. Ihre Wirkung hängt von ihrem Betrag, ihrer Richtung und ihrem Angriffspunkt am Körper ab. Kräfte lassen sich durch Vektoren beschreiben.
Bei einer elastischen Verformung sind Kraft F und Verlängerung s zueinander proportional (Hooke'sches Gesetz).

A1 ○ An einer Fußgängerbrücke steht: Tragkraft 2 000 kg. Erläutern Sie, was damit gemeint ist. Was müsste an der Brücke stehen, wenn sich diese auf dem Mond befände?

A2 ○ Eine Feder verlängert sich bei einer Zugkraft von 4,0 N elastisch um 6,0 cm. Berechnen Sie die Federkonstante. Berechnen Sie anschließend die Verlängerung, die sich bei einer Kraft von 1,5 N ergibt.

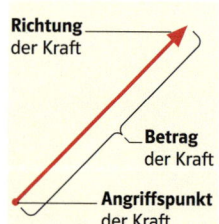

B3 Kräfte werden durch Vektoren dargestellt.

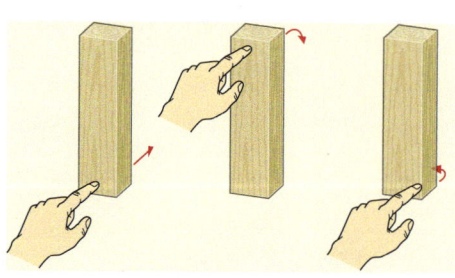

B5 Verschiedene Angriffspunkte der Kraft führen zu unterschiedlichen Wirkungen.

Zusammenwirken von Kräften

Zwei Kräfte, die am selben Punkt angreifen, lassen sich mit der Parallelogramm-Konstruktion zur Gesamtkraft bzw. resultierenden Kraft addieren (→B2).

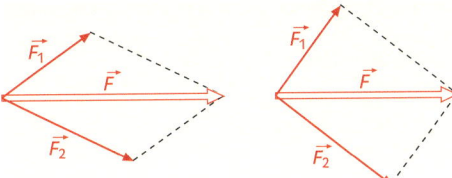

B2 Gesamtkraft F für verschiedene Winkel zwischen den Teilkräften F_1 und F_2

Fallen die Richtungen der beiden Kräfte zusammen, so ist der Betrag der resultierenden Kraft gleich der Summe der Beträge der Teilkräfte (→B3).

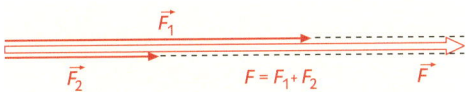

B3 Spezialfall parallele Kräfte: Kräfteaddition bei gleicher Richtung der beiden Kräfte

Bei entgegengesetzt gerichteten Kräften ist die Differenz der Beträge zu bilden. Die Richtung der resultierenden Kraft stimmt in diesem Fall mit der Richtung der größeren der beiden Kräfte überein (→B4).

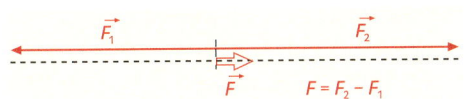

B4 Spezialfall parallele Kräfte: Kräftesubtraktion bei entgegengesetzter Richtung der beiden Kräfte

Kräftegleichgewicht

Liegt ein Körper auf einem Tisch, so bewegt er sich nicht, obwohl die Gewichtskraft auf ihn wirkt. Wird der Körper an eine Feder gehängt, bewegt er sich zunächst nach unten und verformt die Feder. Dann kommt der Körper zur Ruhe. Auf ihn wirken nun zwei Kräfte: die Gewichtskraft nach unten und die Federkraft nach oben (→B1). Die beiden Kräfte sind entgegengesetzt gerichtet und haben dieselben Beträge. Die resultierende Kraft hat daher den Betrag null. Man spricht von einem Kräftegleichgewicht.
Man kann daraus schließen, dass sich der Tisch ebenfalls verformt und wie die Feder eine Kraft auf den Körper ausübt.

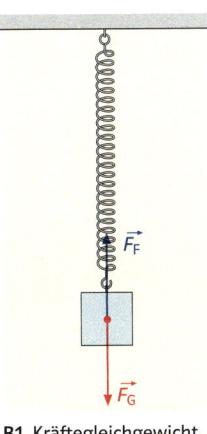

B1 Kräftegleichgewicht

Kraftzerlegung

Eine Kraft lässt sich in vorgegebene Richtungen zerlegen. Dazu kehrt man die Konstruktion beim Zusammenwirken von Kräften um. Abbildung **B5** zeigt die Kraftzerlegung am Tragseil einer Seilbahn: Die Gewichtskraft $\vec{F}_G$ der Gondel wird durch eine Kraft $\vec{F}$ kompensiert. Diese Kraft wird als Diagonale eines Parallelogramms gezeichnet, dessen Seiten den Teilkräften entsprechen, die in Richtung der Seilenden wirken.

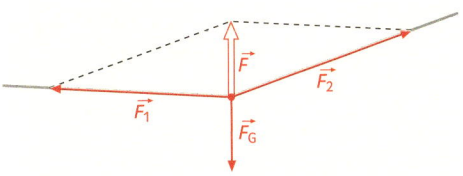

B5 Zerlegung der Kraft $\vec{F}$ in Teilkräfte $\vec{F}_1$ und $\vec{F}_2$

Abbildung **B6** zeigt die Kraftzerlegung am Beispiel eines Wagens auf schiefer Ebene. Sind seine Gewichtskraft $\vec{F}_G$ und der Neigungswinkel α der Ebene bekannt, so erhält man mit Hilfe der Konstruktionsvorschrift die Teilkräfte $\vec{F}_\parallel$ und $\vec{F}_\perp$. Die Teilkraft $\vec{F}_\parallel$ zeigt parallel zur Ebene und bewirkt eine Beschleunigung des Wagens hangabwärts. $\vec{F}_\perp$ zeigt senkrecht zur Ebene. Mit dieser Kraft wird der Wagen auf den Boden gedrückt. Für die Beträge der beiden Teilkräfte gilt:

$F_\parallel = F_G \cdot \sin\alpha$ und $F_\perp = F_G \cdot \cos\alpha$

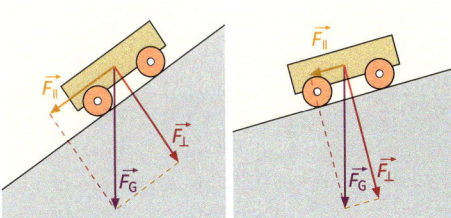

B6 Kraftzerlegung von $\vec{F}_G$

**Greifen mehrere Kräfte am selben Punkt eines Körpers an, so bestimmen ihre Beträge und Richtungen die Gesamtwirkung auf den Körper. Dieselbe Gesamtwirkung lässt sich immer auch durch eine einzelne Kraft (resultierende Kraft) erzielen. Hat die resultierende Kraft den Betrag null, so spricht man von einem Kräftegleichgewicht.
Die Wirkung einer einzelnen Kraft lässt sich immer auch durch die Wirkungen mehrerer Kräfte erzielen (Kraftzerlegung).**

Ursache von Bewegungen | 43

2.2 Reibung

Beim Verschieben eines schweren Schrankes muss man kräftig zupacken. Der Schrank scheint am Boden zu „kleben".

Reibungsarten

Wird an einem ruhenden Gegenstand mit einer langsam von null an wachsenden Kraft gezogen, so bleibt er zunächst noch in Ruhe, er haftet an der Unterlage. Der anwachsenden Zugkraft wirkt eine vom Betrag her immer gleich große **Reibungskraft** F_R entgegen. Die maximal auftretende Reibungskraft bei ruhendem Gegenstand heißt **Haftreibungskraft**. Erst wenn die Zugkraft deren Betrag überschreitet, setzt sich der Gegenstand mit einem Ruck in Bewegung. Sobald der Gegenstand gleitet, nimmt die Reibungskraft ab. Diese Kraft heißt **Gleitreibungskraft**. Abbildung **B2** und Diagramm **B4** zeigen den Vorgang.

Zieht man denselben Gegenstand, wenn er auf Rollen gelagert ist, so wirkt nur die noch kleinere **Rollreibungskraft**.

Schwere Gegenstände erfahren bei gleicher Unterlage eine größere Reibungskraft als leichte. Versuche zeigen, dass sich die Reibungskraft F_R nicht ändert, wenn man denselben Gegenstand mit einer anderen Seite auf die Unterlage legt. Die Reibungskraft nimmt aber zu, wenn die auf die Unterlage wirkende Kraft erhöht wird, indem man z. B. Gewichtsstücke auf den Körper legt (→**B3**).

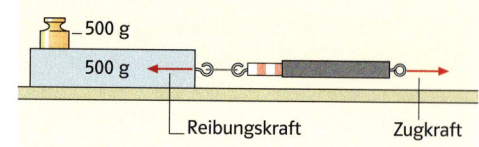

B3 Die Reibungskraft wächst mit der Gewichtskraft.

Die Kraft, die ein Körper senkrecht auf die Auflagefläche ausübt, ist bei einer horizontalen Fläche gleich seiner Gewichtskraft, bei einem Körper auf einer schiefen Ebene ist es die Teilkraft $\vec{F}_\perp$ (→**B1**). Man stellt fest: Der Betrag der Reibungskraft ist proportional zur senkrecht auf die Unterlage wirkenden Kraft:
$F_R = f \cdot F_\perp$

Die Konstante f heißt Reibungszahl. Sie hängt von den reibenden Stoffen und ihrer Oberflächenbeschaffenheit ab. Die Reibungszahl für die Haftreibung ist größer als die für die Gleitreibung und diese ist größer als die für die Rollreibung. Die Tabelle gibt Haft- und Gleitreibungszahlen für verschiedene Stoffkombinationen an:

Reibungszahlen für	Haftreibung	Gleitreibung
Holz auf Metall	0,6 – 0,7	0,4 – 0,5
Holz auf Holz	0,3 – 0,6	0,2 – 0,4
Stahl auf Stahl	0,15 – 0,3	0,05
Stahl auf Eis	0,03	0,01
Autoreifen auf		
– Asphalt	0,4 – 0,8	0,3 – 0,6
– Beton	0,6 – 1	0,33 – 0,7
– Eis	0,2	0,1

Wenn sich zwei Körper berühren, treten Reibungskräfte auf, die eine Bewegung der Körper gegeneinander verhindern oder hemmen.

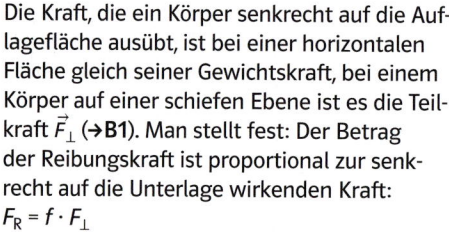
B1 Kräfte an der schiefen Ebene

A1 Ein Holzquader (m = 500 g) liegt auf einem Brett. Hebt man das Brett an einer Seite an, so beginnt der Quader ab einem bestimmten Neigungswinkel zu rutschen und er bleibt wieder stehen, sobald man das Brett unter einen bestimmten Neigungswinkel senkt. Schätzen Sie die beiden Winkel mit Hilfe der in der Tabelle angegeben Reibungszahlen ab.

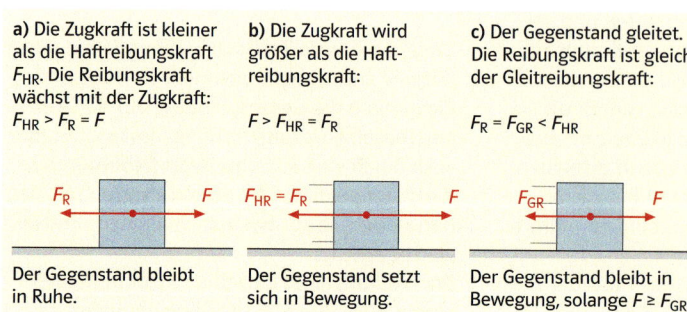

a) Die Zugkraft ist kleiner als die Haftreibungskraft F_{HR}. Die Reibungskraft wächst mit der Zugkraft: $F_{HR} > F_R = F$
Der Gegenstand bleibt in Ruhe.

b) Die Zugkraft wird größer als die Haftreibungskraft: $F > F_{HR} = F_R$
Der Gegenstand setzt sich in Bewegung.

c) Der Gegenstand gleitet. Die Reibungskraft ist gleich der Gleitreibungskraft: $F_R = F_{GR} < F_{HR}$
Der Gegenstand bleibt in Bewegung, solange $F \geq F_{GR}$.

B2 Haft- und Gleitreibung zu Beginn einer Bewegung

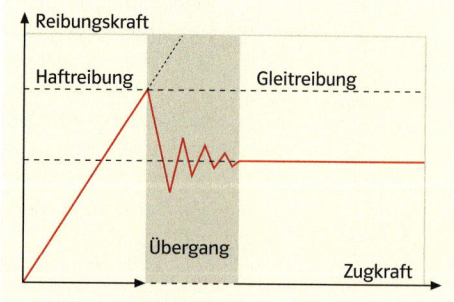

B4 Betrag der Reibungskraft zu Beginn einer Bewegung

Luftreibung

Wenn man mit dem Fahrrad anfährt und kräftig in die Pedale tritt, wird man immer schneller, bis man einen Punkt erreicht, an dem man nur noch eine konstante Geschwindigkeit, die Grenzgeschwindigkeit, halten kann.

Auf das Rad wirken zwei Kräfte: Die Antriebskraft und die Widerstandskraft durch die Reibung. Beide sind entgegengesetzt gerichtet. Bei gleichen Beträgen heben sich ihre Wirkungen gegenseitig auf, es ergibt sich ein Kräftegleichgewicht. Die Geschwindigkeit des Rades ändert sich dann nicht mehr (→B2).

Dass man am Anfang noch beschleunigt, aber später nur noch die Geschwindigkeit halten kann, zeigt, dass die Widerstandskraft mit zunehmender Geschwindigkeit steigen muss. Zwar nimmt auch die Rollreibung gleichmäßig zu, jedoch spielt beim schnellen Fahren die Luftreibung eine viel größere Rolle. Für die Luftwiderstandskraft gilt folgende Formel:

$$F_R = c_W \cdot \frac{1}{2} \cdot \varrho_L \cdot v^2 \cdot A$$

Dabei bedeuten
c_W: Luftwiderstandsbeiwert
ϱ_L: Dichte der Luft
v: Geschwindigkeit des Körpers
A: Stirnfläche (Querschnittsfläche) des Körpers

Der c_W-Wert berücksichtigt, dass die Luftmasse nicht vor dem Körper hergeschoben wird, sondern an ihm vorbeiströmen kann. Somit hängt der c_W-Wert entscheidend von der Form des Körpers ab (→B1).
Für den Betrag der Luftwiderstandskraft ist es egal, ob sich der Körper in der ruhenden Luft mit der Geschwindigkeit v bewegt oder ob die Luft den Körper mit der Geschwindigkeit v anströmt.

Auch Fallschirmspringer erreichen nach kurzer Fallzeit eine konstante Geschwindigkeit (→B3). Aus dem Kräftegleichgewicht $F_R = F_G$ zwischen Luftwiderstandskraft und Gewichtskraft lässt sich die Grenzgeschwindigkeit ermitteln. Für einen Fallschirmspringer ($m = 90$ kg) in stabiler Freifallhaltung ($c_W = 0{,}7$ und $A = 0{,}8$ m²) ergibt sich ein Wert von ca. 180 km/h:

$$F_R = c_W \cdot \frac{1}{2} \cdot \varrho_L \cdot v^2 \cdot A = m \cdot g = F_G$$

$$\Rightarrow \quad v = \sqrt{\frac{2 m \cdot g}{c_W \cdot \varrho_L \cdot A}} \approx 50\,\frac{m}{s} = 180\,\frac{km}{h}$$

Bemerkung:
Die Dichte eines Gases hängt von seiner Temperatur und dem herrschenden Druck ab. Luft hat bei 0 °C und Normaldruck (1013 hPa) eine Dichte von:

$\varrho_L = 1{,}293\,\frac{kg}{m^3}$

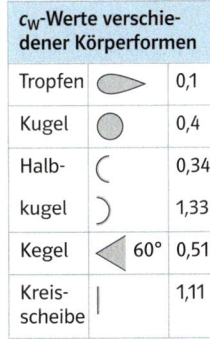

c_W-Werte verschiedener Körperformen		
Tropfen	⬭	0,1
Kugel	⬤	0,4
Halb-	(	0,34
kugel	)	1,33
Kegel	◁ 60°	0,51
Kreisscheibe	|	1,11

B1

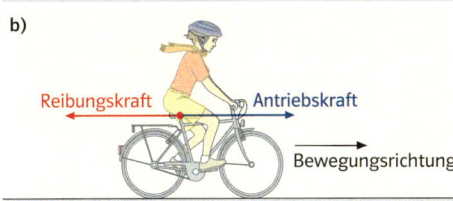

B2 Reibungskräfte hemmen die Bewegung (a); die Antriebskraft wirkt der Reibungskraft entgegen (b).

Auch bei der Bewegung in einer Flüssigkeit tritt eine geschwindigkeitsabhängige Widerstandskraft auf. Diese hängt u.a. von einer weiteren Eigenschaft der Flüssigkeit ab, der Zähigkeit. Es ist z.B. einfacher, mit einem Löffel Wasser umzurühren als Honig umzurühren.

Bewegt sich ein Körper in einem Gas oder einer Flüssigkeit, so wirkt auf ihn eine Widerstandskraft. Deren Richtung ist entgegengesetzt zur Bewegungsrichtung. Ihr Betrag wächst mit zunehmender Geschwindigkeit. Ein mit konstanter Kraft angetriebener Körper erreicht bei der Bewegung eine Grenzgeschwindigkeit.

A1 ○ Ein großes Boot kann man bei Windstille vom Steg wegdrücken, einen Lkw mit gleicher Masse aber nicht wegschieben. Begründen Sie.

A2 ◐ Fallschirmspringer erreichen im Freifall eine Geschwindigkeit von rund 50 m/s. Um gefahrlos landen zu können, muss diese Geschwindigkeit bei geöffnetem Fallschirm unter 5 m/s sinken. Betrachten Sie den Fallschirm als offene Halbkugel und berechnen Sie deren notwendige Querschnittsfläche.

B3 Fallschirmspringer mit konstanter Geschwindigkeit

Ursache von Bewegungen | 45

2.3 Trägheit

Leonhard Euler schrieb 1736: *„Denn es gibt keinen Grund, warum sich ein Körper eher in der einen Richtung bewegen soll als in der anderen ... Die Trägheit in irgendeinem Körper ist proportional zur Quantität der Materie, die der Körper enthält."*

Trägheit und Masse

Bei Windstille kommen Zweige und Blätter der Bäume zur Ruhe. Eine rollende Kugel bleibt irgendwann liegen.
Diese Beobachtungen stimmen scheinbar mit einer These des griechischen Philosophen **Aristoteles** (384–322 v. Chr.) überein: Danach sollte Ruhe der natürliche Zustand aller irdischen Körper sein, Bewegung sollte stets eine Ursache haben.

Genauere Beobachtungen zeigen, dass die Bewegung eines rutschenden Körpers auf einer ebenen Unterlage umso länger anhält, je glatter sie ist.
Galileo Galilei (1564–1642) überlegte sich folgendes Gedankenexperiment (→B3):

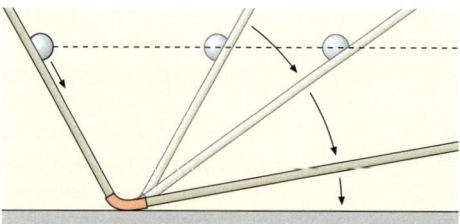

B3 Wie weit rollt die Kugel schließlich?

In einer gebogenen Rinne rollt eine Kugel reibungsfrei hinab und steigt zur Ausgangshöhe zurück. Das gilt auch, wenn der zweite Teil der Rinne so geneigt ist, dass die Weglänge bis zum Erreichen der Ausgangshöhe länger ist. Ist der Steigungswinkel des zweiten Stückes null, sodass die Kugel horizontal in der Rinne weiter rollt, dann müsste ihre Bewegung „unaufhörlich sein".

Isaac Newton (1643–1727) griff diese Vorstellung auf und formulierte: Alle Körper zeigen Trägheit. Ohne äußere Einwirkung verharren sie infolge ihrer Trägheit im Zustand der Ruhe oder der gleichförmig geradlinigen Bewegung.

Diese Festlegung wird als **Trägheitsgesetz** bezeichnet. Körper zeigen eine umso größere Trägheit, je größer ihre Masse ist. Unter gleichen Bedingungen fällt es schwerer, den Körper mit der größeren Masse aus der Ruhe zu beschleunigen oder aus der Bewegung abzubremsen.

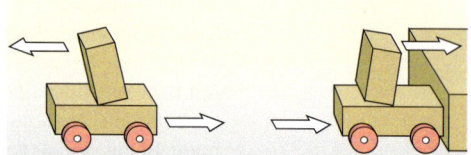

B4 Beschleunigen und Abbremsen eines beladenen Wagens

Inertialsysteme

Alle Aussagen über den Bewegungszustand eines Körpers erfordern ein Bezugssystem: Der Fahrgast im Bus muss sich nicht festhalten, solange der Bus auf der Straße gleichförmig fährt. Bezogen auf den Bus ruht der Fahrgast. Für einen äußeren Beobachter ist der Bus ein Bezugssystem, das sich mit konstanter Geschwindigkeit bewegt.

Bremst oder beschleunigt der Bus, so fällt der Fahrgast nach vorne oder nach hinten, wie es der Versuch in **B4** zeigt. Das Trägheitsgesetz scheint für einen Beobachter im Bus nicht zu gelten, denn die Bewegung des Fahrgastes im Bus ändert sich ohne erkennbare äußere Einwirkung. Fährt der Bus durch eine Kurve, so ergibt sich eine ähnliche Situation.

Deshalb hebt man die Bezugssysteme, in denen das Trägheitsgesetz gilt, hervor. Man bezeichnet sie als **Inertialsysteme**. Beschleunigte Bezugssysteme wie anfahrende Busse oder Züge sind keine Inertialsysteme.

Trägheit ist die Eigenschaft eines Körpers, ohne äußere Einwirkung im Zustand der Ruhe oder der gleichförmig geradlinigen Bewegung zu verharren. Je größer die Masse eines Körpers, desto größer seine Trägheit.

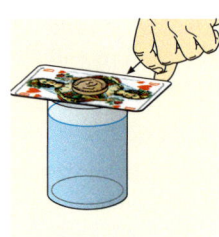

B1

B2

A1 ○ Auf einem Trinkglas liegt eine Spielkarte und darauf ein Geldstück. Nun schlägt man die Karte mit dem Finger seitlich weg (→**B1**). Beschreiben Sie, was passiert, und erklären Sie den Vorgang.

A2 ○ Geben Sie an, ob sich der Junge in **B2** in einem Inertialsystem bewegt. Begründen Sie Ihre Antwort.

Experiment

Kräfte beschleunigen Körper

Aufgabe: Um an einem Körper eine Bewegungsänderung hervorzurufen, muss eine Kraft auf ihn wirken. Wie hängen Kraft, Masse und Beschleunigung des Körpers zusammen?

Material: Luftkissenbahn, Haltevorrichtung, Zeitmessgerät, Gleiter (m_{Gl} = 100 g), 6 Massestücke m_W = 1 g, 2 Massestücke m = 100 g, Lichtschranke, Maßstab

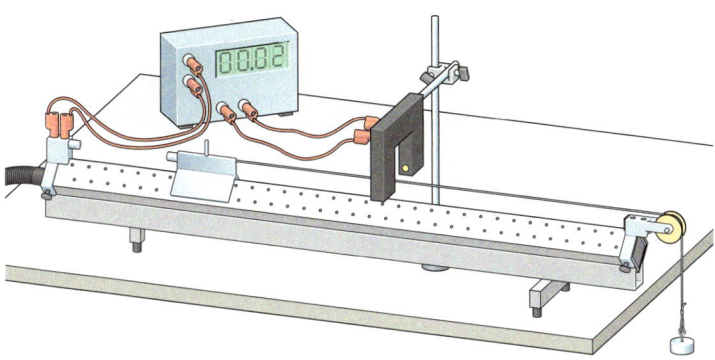

B1 Versuchsaufbau

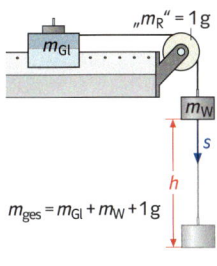

B2

Durchführung: Der Gleiter einer Luftkissenbahn ist durch einen Faden, der über eine Umlenkrolle läuft, mit einem Massestück verbunden. Im Abstand s wird die Lichtschranke an der Bahn angebracht. Bei Freigabe des Gleiters sinkt das Massestück herab und setzt den Gleiter durch seine Gewichtskraft $F_{An} = m_W \cdot g$ in Bewegung (→B1). Gleichzeitig startet die Zeitmessung. Hat der Gleiter die Lichtschranke erreicht, stoppt die Zeitmessung. Aus der Zeit, die der Gleiter benötigt, um die Weglänge Δs zurückzulegen, kann nach dem Zeit-Ort-Gesetz der beschleunigten Bewegung ein Wert für a berechnet werden.

a) Der Versuch wird für verschiedene Antriebskräfte F_{An} durchgeführt. Dazu erhöht man in jedem Durchgang die Anzahl der Massestücke am Faden, also die Masse m_W.

Da in der Anordnung nicht nur der Gleiter, sondern auch die Massestücke selbst beschleunigt werden, setzt sich die gesamte zu beschleunigende Masse m_{ges} aus den Massen des Gleiters m_{Gl} und der herabsinkenden Massestücke m_W zusammen (da $m_W \ll m_{Gl}$, nimmt man zur Auswertung der Versuchsreihe an, dass m_{ges} = konstant).
Außerdem muss die Umlenkrolle in Bewegung gesetzt bzw. beschleunigt werden. Dies berücksichtigt man, indem man die Gesamtmasse in der Berechnung um 1 g erhöht (→B2):

$m_{ges} = m_{Gl} + m_W + 1\,g$

Die Tabelle zeigt für verschiedene Antriebskräfte F_{An} die Messwerte für die Zeitdauer Δt, die ein Gleiter benötigt, um eine Weglänge von Δs = 0,5 m zurückzulegen.

m_W in g	1	2	3	4	5	6
F_{An} in mN	9,81	19,6	29,4	39,2	49,1	58,9
Δt in s	3,20	2,29	1,89	1,64	1,47	1,35
m_{ges} in g	102	103	104	105	106	107

b) In einem zweiten Versuch wird die zu beschleunigende Masse variiert. Dazu legt man zusätzliche Massestücke mit m = 100 g auf den Gleiter, lässt aber die Antriebskraft unverändert bei F_{An} = 49,1 mN (m_W = 5 g). Wieder wird die Zeitdauer gemessen, die der Gleiter benötigt, um Δs = 0,5 m zurückzulegen:

F_{An} in mN	49,1	49,1	49,1
m_{ges} in kg	106	206	306
Δt in s	1,63	2,28	2,78

Auswertung: Aus den Messwerten wird nun jeweils die Beschleunigung nach $a = 2s/t^2$ berechnet. Dann untersucht man die Zusammenhänge zwischen beschleunigender Kraft F_{An} und Beschleunigung a sowie zwischen der Masse des beschleunigten Körpers m_{ges} und der Größe a (→B3).

Aus Versuch a) schließt man, dass die Beschleunigung a bei konstanter Masse proportional zur beschleunigenden Kraft F ist. Die Ergebnisse aus Versuch b) zeigen, dass die Beschleunigung bei konstanter beschleunigender Kraft umgekehrt proportional zur Masse ist.
Ein Vergleich von erster und letzter Zeile der Tabelle zeigt, dass der Quotient F/a etwa denselben Wert hat wie die beschleunigte Masse. Man kann also schließen, dass gilt:
$F \sim m \cdot a$

m_{ges} in g	102	103	104	105	106	107	206	306
F_{An} in mN	9,81	19,6	29,4	39,2	49,1	58,9	49,1	49,1
a in m/s²	0,0976	0,191	0,280	0,372	0,463	0,549	0,236	0,160
F_{An}/a in g	100,5	102,6	105,0	105,4	106,0	107,3	208,0	306,9

B3

2.4 Kraft, Masse, Beschleunigung

„Alle Schwierigkeit der Physik besteht nämlich dem Anschein nach darin, aus den Erscheinungen der Bewegung die Kräfte der Natur zu erforschen und hierauf durch diese Kräfte die übrigen Erscheinungen zu klären ..." Isaac Newton

B1 Auch im schwerelosen Zustand gilt: Zur Beschleunigung sind Kräfte erforderlich.

Grundgleichung der Mechanik

Da Körper träge sind, ändern sie ihre Geschwindigkeit nicht von selbst. Erst Kräfte lassen einen Körper schneller oder langsamer werden oder ändern seine Bewegungsrichtung.

Übt ein Antriebskörper eine Kraft auf den Gleiter einer Luftkissenbahn aus, so verleiht er ihm eine konstante Beschleunigung. Alternativ zum beschriebenen Experiment (vorhergehende Seite) kann die Beschleunigung auch aus t-v-Diagrammen ermittelt werden (→B2 oben).

Wird statt der Zugkraft die bewegte Masse variiert, ergeben sich ähnliche t-v-Diagramme, aus denen wiederum die Beschleunigung bestimmt werden kann (→B2 unten).

Die Versuche zeigen:

1. Bei konstanter Masse ist die Beschleunigung proportional zur Antriebskraft.

   Es gilt: $a \sim F$

2. Bei konstanter Kraft ist die Beschleunigung umgekehrt proportional zur Masse.

   Es gilt: $a \sim \frac{1}{m}$

Insgesamt gilt bei konstanter Masse und konstanter Kraft:

$$a \sim \frac{F}{m}$$

Mathematisch ergibt sich daraus mit k als Konstante: $a = k \cdot \frac{F}{m}$
Die Überprüfung durch Messung liefert z. B. für $F = 1\,\text{N}$ und $m = 1\,\text{kg}$ eine Beschleunigung $a = 1\,\text{m/s}^2$. k hat also den Betrag 1.

Die Kraft F ist gleich dem Produkt aus der Masse des beschleunigten Körpers und seiner Beschleunigung:

$$F = m \cdot a \quad \text{bzw.} \quad \vec{F} = m \cdot \vec{a}$$

Dieses Gesetz heißt **Grundgleichung der Mechanik**.
Auf dieser Beziehung beruht die gesetzliche Definition der Krafteinheit 1 Newton:

$$1\,\text{N} = 1\,\frac{\text{kg} \cdot \text{m}}{\text{s}^2}$$

Die über die Beschleunigung eines Körpers definierte Krafteinheit 1 N hat denselben Wert wie die bisher durch Dehnung einer Normfeder erzeugte Kraft von 1 N.

Kraft beim freien Fall

Auf einen fallenden Körper wirkt nach der Grundgleichung der Mechanik die Kraft $F = m \cdot g$ mit der Fallbeschleunigung $g = 9{,}81\,\text{m/s}^2$. Diese Kraft ist die Gewichtskraft F_G. Als Ortsfaktor hat g den Wert $9{,}81\,\text{N/kg}$. Die Krafteinheit wurde so festgelegt, dass die Einheiten von Ortsfaktor und Fallbeschleunigung übereinstimmen:

$$\frac{1\,\text{N}}{1\,\text{kg}} = \frac{1\,\text{kg} \cdot \text{m}}{1\,\text{kg} \cdot \text{s}^2} = 1\,\frac{\text{m}}{\text{s}^2}$$

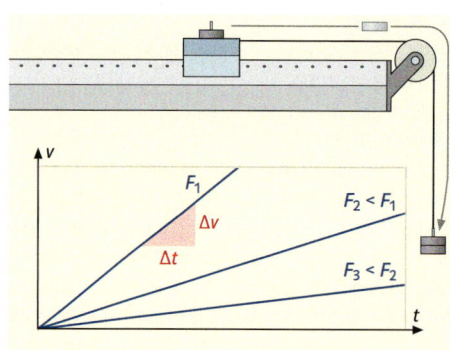

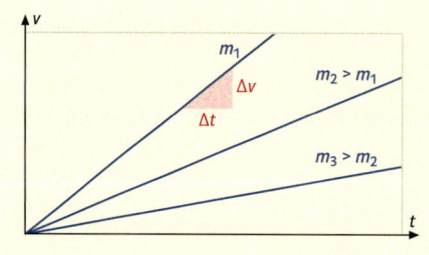

B2 t-v-Diagramme für unterschiedliche Kräfte (oben) und unterschiedliche Massen (unten)

Grundgleichung der Mechanik: Die Kraft F, die einem Körper die Beschleunigung a erteilt, ist gleich dem Produkt aus der Masse des Körpers m und der Beschleunigung:
$F = m \cdot a$

A1 „Von 0 auf 100 km/h in 9,8 s." Berechnen Sie aus dieser Angabe in einem Prospekt die auf den Pkw wirkende Kraft ($m_{\text{Pkw}} = 1500\,\text{kg}$).

A2 Beschreiben Sie zwei unterschiedliche Experimente, durch die sich mit Hilfe eines 1-kg-Massestücks der Ortsfaktor eines fremden Planeten bestimmen lässt.

Experiment

Untersuchung der Wechselwirkung von Körpern

Aufgabe: Mit den folgenden Versuchen soll untersucht werden, welche Kräfte auftreten, wenn ein Körper auf einen anderen einwirkt.

Material: Schiene, Modelleisenbahnwagen, Eisenklotz, Magnet, 2 Skateboards, 2 Kraftmesser, dünner Draht (Länge 2 m), Luftballon, Kunststoffklammer, Trinkhalm, Klebestreifen, zwei Stühle

Durchführung: a) Auf eine ebene, gerade Schiene werden zwei Modelleisenbahnwagen gestellt. Legen Sie auf einen Wagen den Stabmagnet, auf den anderen den Eisenklotz (→B1). Halten Sie die beiden Wagen zunächst in ihrer Position.
Lassen Sie die beiden Wagen nun los und beobachten Sie die Bewegung der Wagen. Prüfen Sie mit einem Kraftmesser die Größe der Kräfte an beiden Wagen.

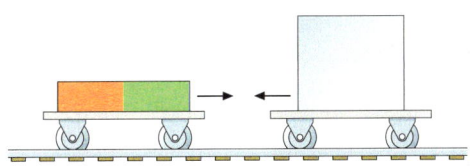

B1 Magnet und Eisenkörper ziehen sich an.

b) Zwei Personen stellen sich auf Skateboards einander gegenüber auf. Sie halten ein gespanntes Seil zwischen sich.
Zuerst zieht eine Person am Seil, während die andere es nur festhält. Anschließend ziehen beide Personen gleichzeitig am Seil. Beobachten Sie die Bewegungen der beiden Personen.
Wiederholen Sie die Versuche nachdem Sie an beiden Seilenden je einen Kraftmesser befestigt haben. Notieren und vergleichen Sie die auftretenden Kräfte.

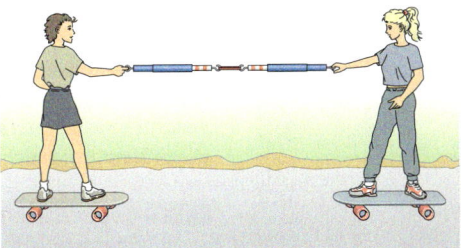

B2

c) Ein dünner Draht wird durch einen Trinkhalm gefädelt und zwischen zwei Stühlen gespannt. Nun wird der Luftballon aufgeblasen, anschließend verschließt man die Öffnung mit der Klammer. Der Ballon wird, wie in **B3** gezeigt, mit dem Klebestreifen an dem Trinkhalm befestigt.
Nun wird die Klammer gelöst. Beobachten Sie, was mit dem Luftballon passiert.

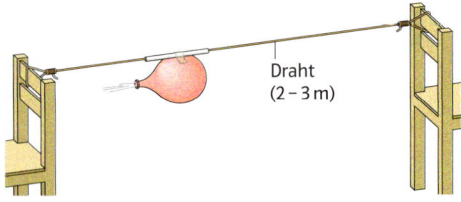

B3 Luftballonrakete

Beobachtung und Messung: In den Versuchen a) und b) beobachtet man, dass sich die beiden Körper aufeinander zu bewegen, auch wenn scheinbar nur einer der beiden eine Kraft ausübt. Es müssen also auf beide Körper Kräfte wirken. Diese Kräfte sind entgegengesetzt gerichtet. Kraftmesser zeigen, dass die Beträge der Kräfte immer gleich groß sind.

In Versuch c) bewegt sich der Ballon entlang des Drahtes, solange die Luft ausströmt.

Ergebnis: Wenn eine Kraft auf einen Körper ausgeübt wird, dann wirkt von diesem gleichzeitig eine gleich große Kraft zurück. Im Fall des Luftballons wirkt über die Haut des Ballons eine Kraft auf die enthaltene Luft, sie wird nach hinten beschleunigt. Gleichzeitig üben die Luftmoleküle eine Kraft auf den Ballon aus, der dadurch nach vorn beschleunigt wird.

Diese wechselseitig wirkenden Kräfte können auch zwischen Körpern auftreten, die sich nicht berühren (z. B. bei sich abstoßenden gleichnamigen Magnetpolen).

A1 ⊖ Erläutern Sie den Unterschied zwischen den hier untersuchten wechselseitig wirkenden Kräften und dem Kräftegleichgewicht, das im Falle eines ruhenden Körpers herrscht.

Ursache von Bewegungen

2.5 Kraft und Gegenkraft

Auf eine weiche Schaumstoffmatte kann man nicht mit der gleichen Kraft drücken wie auf eine Tischplatte. Das liegt daran, dass die Kräfte zwischen zwei miteinander wechselwirkenden Körpern stets paarweise auftreten. Oft sind wir uns dessen gar nicht bewusst.

Wechselwirkung zwischen zwei Körpern

Springt man beim Wandern über einen Wassergraben, drückt die Kraft des Fußes den feuchten Boden zusammen. Der Boden übt eine **Gegenkraft** aus, die das Abspringen ermöglicht (→B1). Auf glattem Eis kann man nicht nach vorne abspringen, weil diese Gegenkraft fehlt. Die Gegenkraft hat den gleichen Betrag wie die Kraft. Diese Beobachtungen fasst das **Wechselwirkungsgesetz** zusammen:
Wirkt ein Körper A auf einen Körper B mit der Kraft F_{AB}, so wirkt der Körper B auf A mit einer gleichen, aber entgegengesetzt gerichteten Gegenkraft F_{BA}.

Bei der Wechselwirkung zwischen zwei Körpern treten also die Kräfte immer als Paar aus Kraft

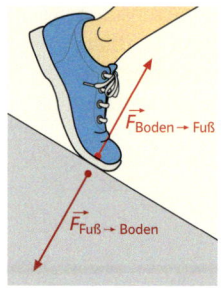

B1 Kräfte beim Absprung

B5 Wechselseitige Abstoßung zwischen Magneten

und Gegenkraft auf. Eine davon wirkt auf den einen Körper und die andere auf den zweiten Körper. Es besteht daher kein Kräftegleichgewicht. Nur wenn an einem einzigen Körper mehrere Kräfte angreifen, kann der Betrag der Ersatzkraft null sein.

Oft berühren sich die miteinander wechselwirkenden Körper, so z. B. beim Springen (→B1). Kraft und Gegenkraft treten bei der Wechselwirkung zweier Körper aber auch dann auf, wenn sich die beiden Körper gar nicht in unmittelbarem Kontakt miteinander befinden. B5 zeigt die Abstoßung zwischen zwei gleichnamigen Magnetpolen: Es wirkt eine Kraft vom Magnet B auf Magnet A und umgekehrt, obwohl sich die Magnete nicht berühren.

Die Abbildungen links zeigen Beispiele:
- Auf das Trampolin wirkt die Gewichtskraft der Personen (→B2). Federn und Bespannung werden **verformt**. Auf die Personen wirkt eine Gegenkraft, die sie nach oben **beschleunigt**.
- Die Wand der gekrümmten Leitung des Rasensprengers übt eine Kraft auf das Wasser aus (→B3). Sie ändert seine Bewegungsrichtung. Das Wasser übt eine Gegenkraft auf die Wand aus und beschleunigt die drehbare Leitung.
- Der Kugelstoßer beschleunigt die Kugel mit seiner Kraft (→B4). Gleichzeitig übt die Kugel eine Gegenkraft auf den Sportler aus, die diesen ebenfalls beschleunigt. Nach diesem **Rückstoßprinzip** funktionieren Raketen.

B2 Die Kraft verformt, die Gegenkraft beschleunigt.

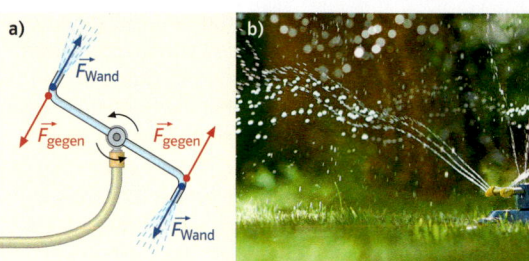

B3 Die Kraft ändert die Richtung, die Gegenkraft beschleunigt.

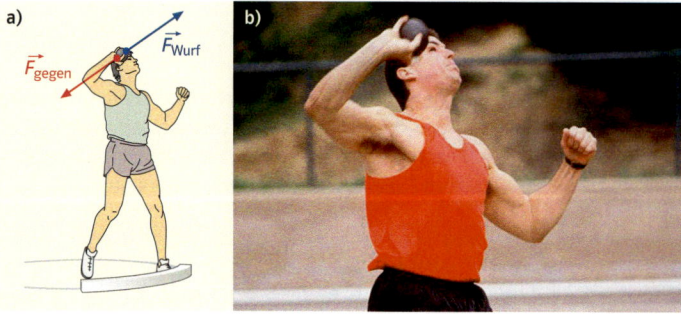

B4 Die Kraft beschleunigt, die Gegenkraft ebenfalls.

Wirkt ein Körper A auf einen Körper B mit der Kraft F_{AB}, so wirkt der Körper B auf A mit einer vom Betrag gleichen aber entgegengesetzt gerichteten Gegenkraft F_{BA}.
(Nach Newton: actio = reactio).

A1 ● Geben Sie für folgende Sportarten an, welcher Körper die Kraft und welcher die Gegenkraft ausübt: 100-m-Lauf, Klettern, Skilanglauf, Stabhochsprung, Schwimmen.

Exkurs

Die Newton'schen Axiome

Warum fällt ein Stein zu Boden? Die Frage mit „warum" bedeutet eine Frage nach den Ursachen. Die Vorstellung, dass jede Wirkung auf einer Ursache beruht, heißt **Kausalitätsprinzip**.

Aristoteles (384 – 322 v. Chr.) sah das Verhalten des Steines in einem übergreifenden Ordnungsprinzip begründet. Danach hat alles seinen natürlichen Platz in der Welt, für schwere Körper ist dies der Erdboden. Der Stein fällt also deswegen, weil er seinem natürlichen Ort zustrebt.

Für **Galileo Galilei** (1564 – 1642) waren Feststellungen über Ruhe oder gleichförmige Bewegung vom Bezugssystem abhängig. Bewegung erforderte keine Ursache.

Isaac Newton (1643 – 1727) sah nicht Zweck oder Ziel als Ursache von Bewegungen. Bewegung und Ruhe gehören zu den Merkmalen von Körpern. Newton formulierte 1687 in „Principia" für die Mechanik drei Axiome (Grundsätze), von denen er glaubte, dass sich aus ihnen der Ablauf aller Bewegungen berechnen ließe.

1. Axiom: *Jeder Körper beharrt in seinem Zustand der Ruhe oder der gleichförmigen geradlinigen Bewegung, wenn er nicht durch einwirkende Kräfte gezwungen wird, seinen Zustand zu ändern.* (**Trägheitssatz**)

Er nannte diese Eigenschaft Trägheit. Die Trägheit eines Körpers hängt von seiner Masse m ab. Bewegungsänderungen, d. h. Beschleunigung, sind die Folge von Wechselwirkungen zwischen Körpern. Die Wechselwirkungen werden durch Kräfte beschrieben.

2. Axiom: *Die Änderung der Bewegung ist der Einwirkung der bewegenden Kraft proportional und geschieht nach der Richtung derjenigen geraden Linie, nach welcher jene Kraft wirkt.*

In heutiger Formulierung heißt dies: Die Beschleunigung ist bei konstanter Masse proportional zum Betrag der wirkenden Kraft und erfolgt in ihre Richtung. Es gilt $\vec{F} = m \cdot \vec{a}$ (**Grundgleichung der Mechanik**).

Nach Newton beruhen Kräfte auf Wechselwirkungen zwischen Körpern, d. h., immer wenn man an einem Körper die Wirkung einer Kraft (z. B. eine Beschleunigung) beobachtet,

Isaac Newton (1643 – 1727)

muss der zweite Körper vorhanden sein. Dabei gilt das

3. Axiom: *Die Wirkung ist stets der Gegenwirkung gleich, oder die Wirkung zweier Körper auf einander sind stets gleich und von entgegengesetzter Richtung.* (**actio = reactio**)

Das heißt: Wenn ein Körper A auf einen Körper B die Kraft $\vec{F}_A$ ausübt, so übt B auf A die Kraft $\vec{F}_B = -\vec{F}_A$ aus.

Actio und reactio oder Kraft und Gegenkraft im 3. Axiom greifen an zwei verschiedenen Körpern an, können also nicht zu einer Gesamtkraft zusammengefasst werden.
Wir betrachten einen am Baum hängenden Apfel. An der Verformung des Zweiges erkennen wir, dass auf ihn eine Kraft nach unten wirkt, die Gewichtskraft des Apfels. Nach Newton übt der Zweig nach oben eine Kraft auf den Apfel aus. Sie ist genauso groß wie die Kraft auf den Zweig, d. h. gleich der Gewichtskraft des Apfels. Auf den Apfel wirken damit zwei Kräfte: Gewichtskraft und Reaktionskraft. Beide zusammen bewirken ein Kräftegleichgewicht und der Apfel bleibt in Ruhe. Die Gewichtskraft selbst beruht auf der Wechselwirkung mit der Erde.

Ein Axiom ist eine nicht weiter beweisbare Aussage. Mehrere Axiome dürfen sich nicht widersprechen.

A1 ○ Sie beobachten, wie ein Auto beschleunigt. Erklären Sie den Vorgang unter Anwendung der Newton'schen Axiome.

A2 ◐ Zeigen Sie, dass das zweite Axiom das erste enthält.

Training — Kräfte, Massen und Beschleunigung

Beispiel ◉ Die Schülerinnen und Schüler einer Klasse haben die Aufgabe, aus geeigneten Materialien einen Kraftmesser zu bauen. Eine Schülerin entscheidet sich für eine Schraubenfeder und nimmt die in der Tabelle angegebenen Messwerte auf:

Kraft F in N							
0,2	0,4	0,6	0,8	1,0	1,2	1,4	1,6
Ausdehnung s in cm							
1,1	2,3	3,8	4,9	6,1	7,1	8,2	9,7

a) Zeichnen Sie aus den Messwerten ein Diagramm.
b) Beurteilen Sie, ob sich die Feder zur Verwendung für einen Kraftmesser eignet. Begründen Sie ihre Angabe.
c) Bestimmen Sie die Ausdehnung der Feder für einen Körper der Masse $m = 50\,\text{g}$.

Lösung a) Zeichnen Sie ein s-F-Koordinatensystem und tragen Sie darin die Messwerte ein. Es ergibt sich das Diagramm in **B1**.
b) Zeichnen Sie eine Gerade so ein, dass die Messpunkte möglichst wenig davon abweichen. Die Gerade beschreibt die gemessenen Werte gut. Sie verläuft durch den Ursprung. Es gilt das Hooke'sche Gesetz.

B1 s-F-Diagramm

Berechnen Sie für jedes Wertepaar $(s|F)$ den Quotienten F/s:

Kraft F in N							
0,2	0,4	0,6	0,8	1,0	1,2	1,4	1,6
Quotient F/s in N/cm							
0,18	0,17	0,16	0,16	0,16	0,17	0,17	0,16

Es ergibt sich als Mittelwert $F/s = 0{,}17\,\text{N/cm}$. Dieses Ergebnis kann man auch aus dem Diagramm als Steigung ablesen.
c) Die Formel lautet $s = F/D$, also wird $s = 0{,}5\,\text{N}/(0{,}17\,\text{N/cm}) = 2{,}9\,\text{cm}$. Bei einer Kraft von 0,5 N wird die Feder um 2,9 cm verlängert.

A1 ◉ An einem geneigten Hang steht ein Anhänger der Masse 250 kg. Die Bremse des Anhängers löst sich, er beginnt, den Hang hinabzurollen und erreicht schließlich einen horizontalen Straßenabschnitt, auf dem er weiterrollt.

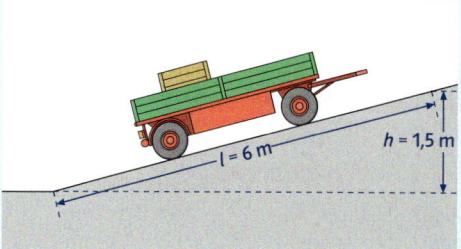

B2

a) Berechnen Sie die Zeit t, die der Wagen benötigt, bis er am Fuß des Hangs ankommt. Entnehmen Sie der Abbildung **B2** die zur Berechnung nötigen Informationen.
b) Berechnen Sie die Geschwindigkeit, die der Anhänger dann besitzt.
c) Führen Sie die Berechnung aus b) erneut unter Berücksichtigung von Reibungskräften durch (Rollreibungskoeffizient $f = 0{,}02$).
d) Geben Sie für den Reibungsfall an, in welcher Entfernung ein geparktes Auto stehen muss, damit der Anhänger nicht darauf auffährt.

A2 ● **B3** zeigt drei verschieden geformte Bahnen, die jeweils den gleichen Höhenunterschied überbrücken. Man lässt auf allen Bahnen Wagen hinabrollen. Der Wagen auf Bahn A kommt als erster unten an.

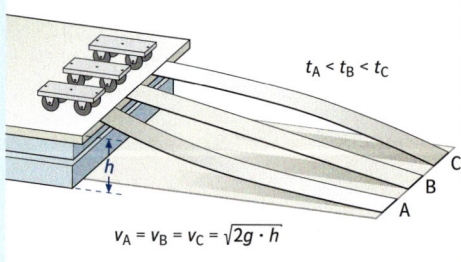

B3

a) Untersuchen Sie, an welchen Stellen der Bahnen die beschleunigende Kraft jeweils besonders groß ist. Erklären Sie anhand Ihrer Erkenntnisse, warum der Wagen auf Bahn A die kürzeste Zeit benötigt.
b) Eine weitere Messung ergibt, dass alle Wagen am Endpunkt der Bahn die gleiche Geschwindigkeit besitzen. Erklären Sie diesen Umstand mit Hilfe der Abbildung B1.

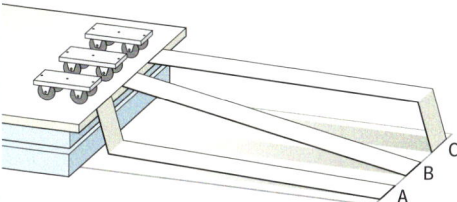

B1

A3 ● Immer mehr Menschen legen bei der Wahl ihres neuen Autos Wert auf Sicherheit. Ein Schwerpunkt der Entwicklung ist das Zusammenwirken von Knautschzone, Sicherheitsgurt und Airbag. Die Bildserie eines Crashtests zeigt die Stabilität des Fahrgastraums (→B2).

Der vordere Teil des Wagens ist dagegen beim Stillstand des Wagens auf einen Bruchteil zusammengeschoben. Von der ersten Berührung des Hindernisses bis zum Stillstand des Fahrzeugs dauert es nur 100 ms. Bereits nach 50 ms hat sich der Airbag vollständig entfaltet. Dabei entspricht die Strecke, die der Fahrgastraum bei einem solchen Unfall zurücklegt, der Verformung im Frontbereich des Wagens.
a) Ermitteln Sie, welche Weglängen der Fahrgastraum in den beiden Phasen des Aufpralls zurücklegt. Verwenden Sie dazu den aufgeklebten Maßstab (ein Segment des Maßstabs entspricht 10 cm) und bestimmen Sie die Strecke, die der Rückspiegel vom rechten Bildrand aus jeweils zurücklegt.

b) Bestätigen Sie, dass
- die durchschnittliche Geschwindigkeit des Fahrgastraums in den beiden Phasen etwa 14 m/s bzw. 5 m/s beträgt und
- die durchschnittliche Verzögerung a des Fahrzeugs etwa 180 m/s² beträgt.

c) Nach einer europäischen Norm soll das Fahrzeug mit einer Geschwindigkeit von 64 km/h aufprallen. Zeigen Sie, dass die Bedingung bei diesem Test erfüllt ist.
d) Prüfen Sie, ob die Insassen einen solchen Aufprall mit Armen und Beinen (Belastbarkeit ca. 6 kN) abfangen können. Berechnen Sie dazu die Kraft, die auf eine Person mit der Masse $m = 70$ kg wirkt.
e) Mit einem Experiment lässt sich die Wirkung einer Knautschzone nachweisen. Planen Sie einen entsprechenden Versuch, bei dem Sie eine Streichholzschachtel als Modell für eine Knautschzone verwenden. Formulieren Sie Aussagen über die Ergebnisse, die Sie erwarten.

A4 ● Ein Körper, der in eine Flüssigkeit eintaucht, erfährt eine Auftriebskraft F_A. Sie ist gleich der Gewichtskraft der verdrängten Flüssigkeitsmenge. In B3 drückt der Junge einen Ball unter Wasser und lässt ihn dann los.

B3

a) Beschreiben Sie die Bewegung des Balls nach dem Loslassen.
b) Skizzieren Sie die auf den Ball wirkenden Kräfte bis zu dem Moment, an dem er auf der Wasseroberfläche schwimmt.
c) Zwei Vollkugeln aus Kork werden unter Wasser gedrückt. Bei der einen ist der Radius doppelt so groß wie bei der anderen. Vergleichen Sie die Beschleunigungen im Moment des Loslassens.

B2

Experiment

Untersuchung von Kreisbewegungen

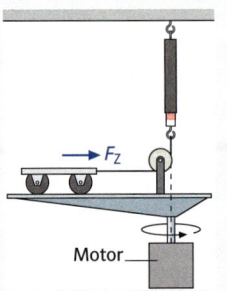

B1 Zentralkraftgerät

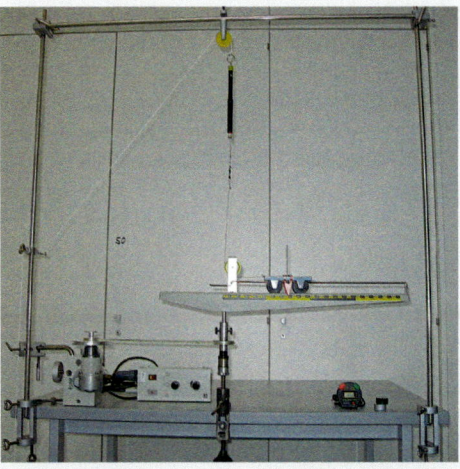

B2 Versuchsaufbau

Aufgabe: In diesem Experiment soll untersucht werden, welche Größen bei der Kreisbewegung eines Körpers Einfluss nehmen.

Material: Zentralkraftgerät, Elektromotor, Kraftmesser, 3 Massestücke (m = 50 g), Stoppuhr

Versuchsaufbau und Durchführung: Das Zentralkraftgerät (→B1) besteht aus einer Schiene, auf der sich ein Wagen annähernd reibungsfrei bewegen kann. An der Schiene ist ein Maßstab angebracht. Sie sitzt auf einer Achse und lässt sich durch einen Elektromotor mit variabler Drehzahl in Rotation versetzen. Der Wagen ist über einen Faden mit einem Kraftmesser verbunden.

Beginnt die Schiene zu rotieren, kann am Kraftmesser die Kraft abgelesen werden, die benötigt wird, um den Wagen bei einer Umlaufdauer T auf einer Kreisbahn mit dem Radius r zu halten. Durch Auflegen von Massestücken auf den Wagen wird die Masse des rotierenden Körpers variiert.
Man misst die auf den Wagen wirkende Kraft F in Abhängigkeit von der Umlaufdauer T, der Masse m und dem Abstand r des Wagens von der Drehachse. Um den Einfluss jeder einzelnen Größe zu untersuchen, werden mehrere Versuche durchgeführt, wobei nur eine Größe variiert, die beiden anderen jeweils konstant gehalten werden.

Hinweis: Soll die Umlaufdauer T des Wagens mit Hilfe der Stoppuhr bestimmt werden, empfiehlt es sich, die Zeit t für mehrere (z. B. 10) Umdrehungen zu messen und die Umlaufdauer dann nach $T = t/10$ zu ermitteln.

Die Versuche liefern z. B. folgende Messwerte:

Versuch a) m = 0,1 kg, T = 0,5 s				
r in m	0,1	0,2	0,3	0,4
F in N	1,5	3,1	4,4	6,1
Versuch b) r = 0,2 m, T = 0,5 s				
m in kg	0,10	0,15	0,20	0,25
F in N	3,2	4,7	6,4	8,1
Versuch c) r = 0,2 m, m = 0,1 kg				
T in s	1,0	0,8	0,6	0,5
F in N	0,7	1,1	2,1	3,0

Auswertung: Versuch a) zeigt, dass die Kraft auf den rotierenden Körper proportional zu seinem Abstand von der Drehachse ist: $F \sim r$

Aus Versuch b) ergibt sich eine Proportionalität zwischen der Kraft und der Masse des rotierenden Körpers: $F \sim m$

Versuch c) zeigt, dass die Kraft zunimmt, wenn die Umlaufdauer T kleiner wird. Die Größen sind aber nicht antiproportional. Vergleicht man jedoch T^2 mit F, dann erhält man einen antiproportionalen Zusammenhang.
Nun betrachtet man anstelle der Umlaufdauer T die Winkelgeschwindigkeit ω, für die gilt: $\omega = 2\pi/T$. Man erhält nach dem Quadrieren:

ω^2 in s^{-2}	39,7	62,4	110,3	158,8
F in N	0,7	1,1	2,1	3,0
F/ω^2	0,018	0,018	0,019	0,019

Die dritte Tabellenzeile zeigt: $F \sim \omega^2$

Die Ergebnisse des Versuches lassen sich zu folgendem Ausdruck zusammenfassen:

$F \sim m \cdot \omega^2 \cdot r$

Durch Einsetzen der Werte erhält man:

$F = m \cdot \omega^2 \cdot r$

A1 ● In der Versuchsanleitung wird empfohlen, bei Messung der Umlaufdauer T großen Wert auf Genauigkeit zu legen. Begründen Sie diese Empfehlung.

2.6 Kräfte bei der Kreisbewegung

Eine Hammerwerferin dreht sich um die eigene Achse und bringt so das Wurfgerät auf eine hohe Geschwindigkeit. Lässt sie los, fliegt der Hammer geradlinig weiter.

B1

Bahnkurve und Kraft

Aufgrund der Trägheit ändern Körper ihren Bewegungszustand nur, wenn eine Kraft auf sie wirkt. Eine geradlinig rollende Stahlkugel verändert daher ihre Richtung, wenn man einen Magnet in ihre Nähe bringt (→B2).

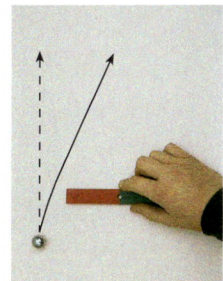

B2 Magnet und Kugel

Gemäß $\vec{F} = m \cdot \vec{a}$ haben Kraft und Beschleunigung stets die gleiche Richtung. Wenn eine Kraft auf einen bewegten Körper wirkt, lassen sich drei Fälle unterscheiden (→B3):

1 $\vec{F} \parallel \vec{v}$: Es ändert sich nur der Betrag der Geschwindigkeit $\vec{v}$.

2 $\vec{F} \perp \vec{v}$: Es ändert sich nur die Richtung der Geschwindigkeit $\vec{v}$.

3 $\vec{F}$ und $\vec{v}$ bilden einen Winkel zwischen 0° und 90°: Die Kraft $\vec{F}$ lässt sich in Komponenten parallel und senkrecht zu $\vec{v}$ zerlegen.

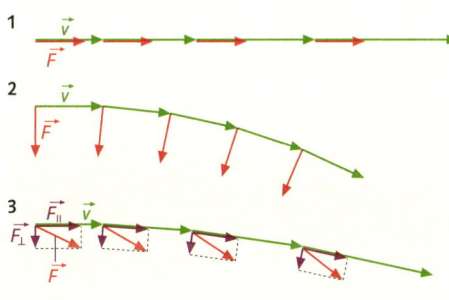

B3 Drei mögliche Fälle für die Richtungen von Kraft und Geschwindigkeit

Die parallele Komponente $\vec{F}_\parallel$ bewirkt eine Betragsänderung, die senkrechte Komponente $\vec{F}_\perp$ eine Richtungsänderung der Geschwindigkeit.

Um den rotierenden Hammer auf der Kreisbahn zu halten, muss die Hammerwerferin eine Kraft auf das Sportgerät ausüben, damit es an jedem Punkt der Bahn zum Mittelpunkt beschleunigt wird (→B1). Diese Kraft ist ebenfalls zum Kreismittelpunkt hin gerichtet. Sie wird als **Zentripetalkraft** F_Z bezeichnet.

Die Grundgleichung der Mechanik gibt einen Zusammenhang zwischen der Zentripetalkraft F_Z und der Zentripetalbeschleunigung a_Z an. Demnach ist:

$$F_Z = m \cdot a_Z = m \cdot \omega^2 \cdot r = m \cdot \frac{v^2}{r} \text{ (mit } v = \omega \cdot r\text{)}$$

Messungen bestätigen diesen Zusammenhang, sie zeigen:

$F_Z \sim m$ bei konstantem r, ω
$F_Z \sim r$ bei konstantem ω, m
$F_Z \sim \omega^2$ bei konstantem r, m

Mit der Formel für F_Z ergibt sich nach Division durch m für die Zentripetalbeschleunigung

$$a_Z = \omega^2 \cdot r = \frac{v^2}{r}$$

Eine Kreisbewegung entsteht durch die zum Mittelpunkt gerichtete Zentripetalkraft. Sie erteilt dem Körper eine Zentripetalbeschleunigung senkrecht zur Bahngeschwindigkeit.

Der Betrag der Zentripetalkraft hängt vom Radius der Kreisbahn und von der Bahn- bzw. Winkelgeschwindigkeit der Kreisbewegung ab.

A1 Der Jupitermond Kallisto umrundet den Planeten in 16 Tagen und 17 Stunden auf einer Kreisbahn mit dem Radius $r = 1{,}88 \cdot 10^6$ m. Berechnen Sie die Zentripetalbeschleunigung.

A2 Für die Zentripetalbeschleunigung a_Z gelten zwei Gleichungen:

$a_Z = \frac{v^2}{r}$ sowie $a_Z = \omega^2 \cdot r$

Aus der ersten Beziehung folgt eine Antiproportionalität zum Bahnradius und aus der zweiten folgt eine Proportionalität. Analysieren Sie diesen scheinbaren Widerspruch.

Ursache von Bewegungen

Experiment

Einsatz von Apps zur Messung physikalischer Größen

In modernen Smartphones sind – je nach Modell – diverse Sensoren verbaut, die die Funktionalitäten des Gerätes unterstützen. Der Wechsel der Bildschirmausrichtung beim Drehen des Gerätes wird z. B. durch Beschleunigungssensoren gesteuert, ein Helligkeitssensor passt die Displaybeleuchtung den Lichtverhältnissen der Umgebung an, ein Näherungssensor schaltet die Berührungssteuerung ab, sobald man das Gerät zum Telefonieren ans Ohr führt.

B1

Hinweis:
Während für Außenstehende die Zentripetalbeschleunigung nach innen wirkt, erfahren Beobachter im rotierenden System eine Zentrifugalbeschleunigung nach außen. Die Bezeichnung hängt vom Bezugssystem ab (siehe S. 58).

Mit Hilfe verschiedener Apps lassen sich die auf dem Smartphone vorhandenen Sensoren anzeigen und ihre Messwerte auslesen. Darüber hinaus gibt es Anwendungen, die die Messwerte und Parameter verschiedener Sensoren verknüpfen und daraus weitere Größen ableiten (z. B. phyphox). Damit wird es möglich, das Smartphone für physikalische Experimente zu nutzen. Das folgende Beispiel soll die Vorgehensweise demonstrieren.

Aufgabe: Untersuchung der Abhängigkeit der Zentrifugalbeschleunigung von der Winkelgeschwindigkeit bei einer Kreisbewegung

Material: Smartphone mit entsprechender App, drehbarer Gegenstand (Drehstuhl, Salatschleuder, etc.), Klebeband oder Schnüre zur Befestigung des Smartphones (**Achtung:** Das Smartphone ist Teil der Versuchsanordnung, bei der Durchführung ist darauf zu achten, dass das Gerät nicht beschädigt wird.)

Versuchsaufbau und Durchführung: Auf dem Smartphone wird zunächst die App aufgerufen und das entsprechende Experiment ausgewählt (→B2).
Es empfiehlt sich, die Anleitung für das Experiment (sofern vorhanden) zu lesen und entsprechend vorzugehen.

B2 Verfügbare Experimente (links), Auswahl „Zentrifugalbeschleunigung" (rechts)

Im Beispiel muss zunächst das Smartphone an einem Drehstuhl befestigt werden, alternativ legt man es in eine ausgepolsterte Salatschleuder (→B1). Anschließend kann man das Experiment starten.

Durch Drücken des Pfeilsymbols beginnt die Aufnahme der Messwerte, anschließend muss man das Smartphone in Drehung versetzen. Erfolgt die Messung über etwa eine halbe Minute bei verschiedenen Drehgeschwindigkeiten, ergibt sich das Diagramm in **B3**:

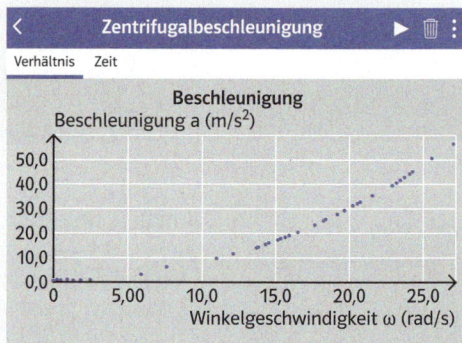

B3

Ermöglicht die App den Export der aufgenommenen Daten, lassen sich die Ergebnisse weiter auswerten und in anderen Programmen darstellen. Manchmal bietet die App selbst weitere Darstellungsmöglichkeiten, im Beispiel die Auftragung der Beschleunigung über dem Quadrat der Winkelgeschwindigkeit (→B4).

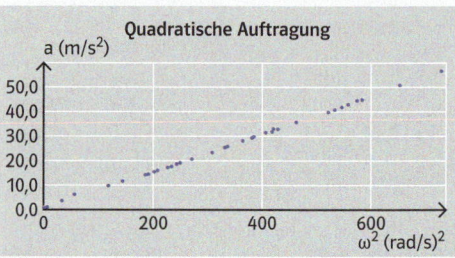

B4

Der lineare Verlauf zeigt, dass zwischen Beschleunigung und Winkelgeschwindigkeit ein quadratischer Zusammenhang besteht:

$a_Z \sim \omega^2$

A1 ● Entwerfen Sie einen Versuch, mit dem sich bei ähnlichem Aufbau der Zusammenhang zwischen Zentripetalbeschleunigung und Radius der Kreisbewegung ermitteln lässt.

Exkurs: Kreisbewegungen im Verkehr

Kurvenfahrt Bei einer Kurvenfahrt muss die Richtung der Geschwindigkeit ständig geändert werden. Dies gelingt nur mit einer geeigneten Zentripetalkraft.

Das Foto **B2** zeigt einen Motorradfahrer, der in extremer Schräglage eine Kurve durchfährt. Dabei neigt er sich um den Winkel α gegen die Vertikale.

B2

Auto- reifen auf	Haft- reibungs- zahl
Asphalt trocken	0,7
Asphalt nass	0,5
Eis	0,2

B1 Haftreibungszahlen

In **B3** sind die unterlegten Dreiecke kongruent.
- $F_N = F_G$
- Gegenkraft zu $F_\parallel$ ist die Zentripetalkraft F_Z

In der Schräglage üben die Reifen im Auflagepunkt A eine Kraft $\vec{F}$ auf die Straße aus. Die Addition der Gegenkraft $\vec{F}_{St}$ und der Gewichtskraft $\vec{F}_G$ ergibt bei richtiger Neigung die notwendige Zentripetalkraft $\vec{F}_Z$. Aus dem Kräfteparallelogramm entnimmt man:

$$F_Z = F_G \cdot \tan\alpha = m \cdot g \cdot \tan\alpha$$

B3

Für eine kreisförmige Kurve ist

$$F_Z = \frac{m \cdot v^2}{r} = m \cdot g \cdot \tan\alpha \Leftrightarrow \tan\alpha = \frac{v^2}{g \cdot r}$$

Ein Vergleich der beiden Seiten der Gleichung zeigt: Bei hoher Geschwindigkeit v oder kleinem Kurvenradius r ist ein großer Neigungswinkel α gegen die Vertikale nötig, um die Zentripetalkraft aufzubringen. Der Motorradfahrer muss sich also schräg in die Kurve legen, um sie mit hoher Geschwindigkeit und kleinem Radius durchfahren zu können.

Geschwindigkeit v in km/h	Neigungswinkel α in Grad	
	$r = 10\,m$	$r = 100\,m$
20	18	2
40	52	7
60	71	16
80	79	27
100	86	38

B4 Neigungswinkel bei verschiedenen Geschwindigkeiten

Die richtige Geschwindigkeit Für eine sichere Kurvenfahrt dürfen die Reifen nicht wegrutschen. Die Haftreibungskraft F_H zwischen Straße und Reifen muss größer oder gleich der Zentripetalkraft F_Z sein.

Eine Kurve wird sicher durchfahren, falls

$$F_Z < F_H$$

Zerlegt man die Kraft F im Auflagepunkt A in die Teilkräfte $F_\parallel$ und F_N, so folgt (→**B3**): Die Normalkraft F_N ist die Gewichtskraft F_G. Diese bestimmt die Haftreibungskraft $F_H = f_H \cdot F_G$. Dabei ist f_H die Haftreibungszahl. Damit ergeben sich für die maximale Geschwindigkeit bzw. für den maximalen Neigungswinkel die folgenden Bedingungen:

$$F_Z \leq F_H \Leftrightarrow \frac{m \cdot v^2}{r} \leq f_H \cdot m \cdot g \Leftrightarrow v \leq \sqrt{f_H \cdot r \cdot g}$$

bzw.

$$F_Z \leq F_H \Leftrightarrow m \cdot g \cdot \tan\alpha \leq f_H \cdot m \cdot g$$
$$\Leftrightarrow \tan\alpha \leq f_H$$

Bei konstanter Haftreibungszahl und konstantem Kurvenradius gilt:

$$v_{max} = \sqrt{f_H \cdot r \cdot g} \quad \text{und} \quad \tan\alpha_{max} = f_H$$

A1 a) Diskutieren Sie die in der Tabelle **B4** angegebenen Neigungswinkel.
b) Anfänger erzielen einen Neigungswinkel von maximal 17°. Berechnen Sie die Geschwindigkeit (in km/h), mit der ein Anfänger bei diesem Neigungswinkel eine Kurve mit dem Radius 200 m durchfährt.

A2 Berechnen Sie die maximalen Geschwindigkeiten und die zugehörigen Neigungswinkel für die in der Tabelle **B1** angegebenen Haftreibungszahlen.
Wählen Sie einen Kurvenradius von 100 m.

Ursache von Bewegungen

Exkurs: Scheinkräfte

Verschiedene Sichtweisen Zwei verschiedene Beobachter A und B beschreiben den Vorgang in Abbildung **B1**. Beobachter A außerhalb der Scheibe stellt fest: „Ich befinde mich in Ruhe. Der Kraftmesser zeigt an, dass auf das Massestück eine Kraft wirkt. Dies erklärt mir die Beschleunigung, die ich beobachte."

Beobachter B auf der Scheibe stellt fest: „Ich befinde mich in Ruhe. Das Massestück ebenfalls. Das wundert mich, denn der Kraftmesser zeigt an, dass eine Kraft auf das Massestück wirkt. Es müsste daher beschleunigt werden. Es muss eine zweite Kraft F' mit gleichem Betrag und entgegengesetzter Richtung auf den Körper wirken."

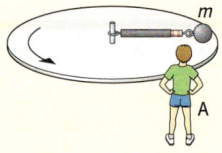
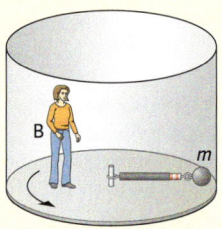

B1 Scheibe mit wegfliegender Kugel

Wenn die Verbindung zwischen Kraftmesser und Kugel durchtrennt wird, zeigt der Kraftmesser nichts mehr an.
A stellt fest: Auf die Kugel wirkt keine Kraft, sie bewegt sich deshalb entsprechend ihrer Trägheit auf einer Geraden. B stellt fest: Es wirkt nur noch die Kraft F'. Deswegen bewegt sich die Kugel beschleunigt von mir weg.

B bezieht seine Aussagen auf die Scheibe als Bezugssystem. Ihre Kreisbewegung ist eine beschleunigte Bewegung. Für Beobachter in einem beschleunigten Bezugssystem wirkt sich die Trägheit eines Körpers so aus, als wirke eine Kraft auf ihn. Solche (Schein-) Kräfte heißen **Trägheitskräfte**. Bei der Kreisbewegung nennt man sie **Fliehkraft** oder auch Zentrifugalkraft. Karussellfahrer spüren diese nach außen weisende Fliehkraft ebenso wie Autofahrer beim Passieren einer Kurve (→B2).

Außenstehende Beobachter schließen bei einem Körper auf einer Kreisbahn auf eine Zentripetalkraft. Beobachter auf einer Kreisbahn erkennen keine Beschleunigung und schließen auf ein Gleichgewicht zwischen Zentripetalkraft und Fliehkraft.

B2 Auto beim Schleudertest

Corioliskraft Auf einer rotierenden Scheibe bewegt sich eine Kugel geradlinig vom Mittelpunkt der Scheibe nach außen. Ihre Bewegung wird einmal von einem außen stehenden Beobachter A und zum anderen von einem sich mit der Scheibe mitdrehenden Beobachter B verfolgt (→B3). Während A eine geradlinige Bewegung der Kugel registriert, erscheint B die Bahn der Kugel gekrümmt und die Kugel erfährt für ihn scheinbar eine Querbeschleunigung, die er auf eine Kraft zurückführen muss.

Diese Scheinkraft, die für diese Scheinbeschleunigung verantwortlich ist, wird nach ihrem Entdecker **Gaspard Coriolis** (1792–1843) **Corioliskraft** genannt, die entsprechende Scheinbeschleunigung **Coriolisbeschleunigung**.

Beide sind nur in rotierenden Systemen vorhanden, in ihnen gilt der Trägheitssatz nicht.

Wir befinden uns auf dem Erdball in einem rotierenden System. Wenn Luft von Hochdruckgebieten in Tiefdruckgebiete strömt, dann erfolgt dies in Nord-Süd-Richtung nicht geradlinig. Winde weichen auf der nördlichen Halbkugel nach rechts, auf der südlichen Halbkugel nach links ab. Tiefdruckgebiete drehen sich daher auf der Nordhalbkugel gegen den Uhrzeigersinn. Ursache sind die Corioliskräfte.

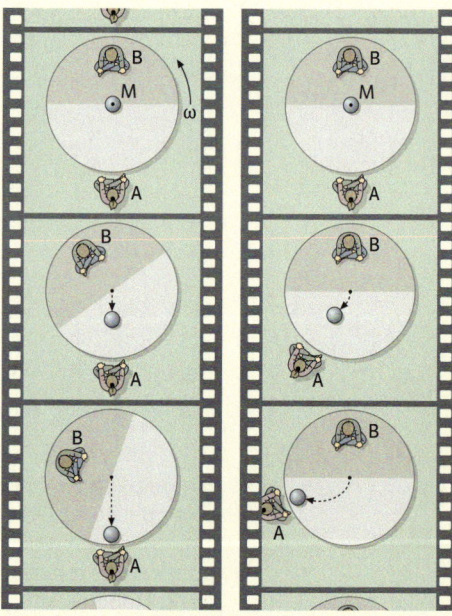

B3 Corioliskraft: Eine Kugel rollt vom Scheibenmittelpunkt zum Rand. Für Betrachter B beschreibt die Kugel eine Kurve, auf Betrachter A rollt sie geradlinig zu.

2.7 Rotation von Körpern

Bisher wurden Körper vereinfacht im Modell als „Massenpunkt" betrachtet. Diese Punkte können nur geradlinig fortschreitende Bewegungen (Translationen) ausführen. Sobald sich der betrachtete Körper dreht, ist das Modell des Massenpunktes nicht mehr anwendbar.

Das Modell des starren Körpers

Zur Beschreibung der Bewegung sich drehender Körper muss das Modell des **starren Körpers** eingeführt werden. Der starre Körper besitzt räumliche Ausdehnung, man denkt ihn sich aus einer Vielzahl von Massenelementen zusammengesetzt (→**B3**). Die gegenseitigen Abstände der Massenelemente sind unveränderlich.

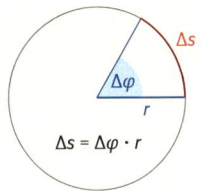

B1 Drehwinkel und Kreisbogen

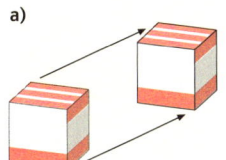 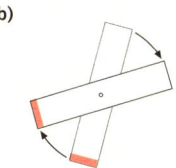 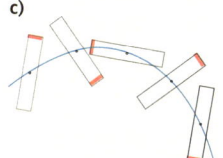

B2 Reine Translation (a); reine Rotation (b); Kombination aus Translation und Rotation (c)

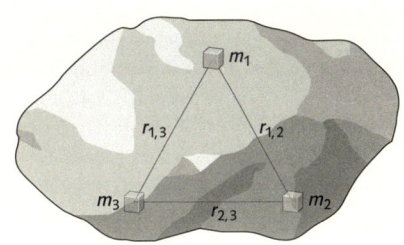

B3 Modell des starren Körpers

Analog zum Zeit-Ort-Gesetz der geradlinigen gleichförmigen Bewegung ergibt sich für die gleichförmige Kreisbewegung das Zeit-Drehwinkel-Gesetz:

$$\varphi = \omega_0 \cdot t + \varphi_0$$

Der von einem Punkt des Drehkörpers auf seinem Kreisbogen zurückgelegte Weg Δs ist vom Abstand r des Punktes zur Drehachse abhängig. Für einen beliebigen Winkel $\Delta \varphi$ ist die Länge des Kreisbogens $\Delta s = \Delta \varphi \cdot r$ (→**B1**). Mit der Geschwindigkeitsdefinition wird die Bahngeschwindigkeit v eines Punktes auf einem Drehkörper $v = \omega \cdot r$. Bei gleicher Winkelgeschwindigkeit ω ist die Bahngeschwindigkeit v dem Radius r proportional.

Gesetze der beschleunigten Rotation

Wird ein Rad durch die von einem Massestück ausgeübte Kraft in Drehung versetzt, nimmt seine Winkelgeschwindigkeit zu. Analog zur geradlinigen Bewegung wird die Winkelbeschleunigung α eingeführt. Zwischen dem Drehwinkel φ, der Winkelgeschwindigkeit ω, der Winkelbeschleunigung α und der Zeit t bei der Rotation bestehen analoge Beziehungen wie zwischen zurückgelegtem Weg s, Geschwindigkeit v, Beschleunigung a und der Zeit t.

Translation und Rotation

Ein Förderband führt auf seiner Transportlänge eine fortlaufende Bewegung (**Translation**) und an den Umlenkrollen eine Drehbewegung (**Rotation**) aus. Eine Translationsbewegung liegt vor, wenn alle Punkte des bewegten Körpers in gleicher Weise deckungsgleiche Bahnen durchlaufen (→**B2a**).

Ein rotierender Körper besitzt eine Drehachse. Beim aufgebockten Fahrrad ist sie fest, beim Kreisel beweglich. Bei einer Rotationsbewegung beschreiben alle Punkte des bewegten Körpers konzentrische Kreise unterschiedlicher Radien um die Drehachse (→**B2b**).
Im allgemeinen Fall führen Körper Bewegungen aus, die Anteile beider Formen enthalten (→**B2c**).

Gesetze der gleichförmigen Rotation

Zur Beschreibung einer Translation werden Weg, Geschwindigkeit und Beschleunigung verwendet. Die Rolle des Weges übernimmt bei der Drehbewegung der Drehwinkel φ. Alle Punkte des rotierenden Körpers durchlaufen in einer bestimmten Zeit Δt denselben Drehwinkel $\Delta \varphi$. Die durchschnittliche Winkelgeschwindigkeit ω ist der Quotient aus Drehwinkel $\Delta \varphi$ und Zeit Δt:

$$\overline{\omega} = \frac{\varphi_2 - \varphi_1}{t_2 - t_1} \quad \text{(Einheit: Bogenmaß/Sekunde)}$$

**Für die gleichmäßig beschleunigte Rotationsbewegung gelten
das Zeit-Drehwinkel-Gesetz:**

$$\varphi = \frac{1}{2} \alpha \cdot t^2 + \omega_0 \cdot t + \varphi_0,$$

das Zeit-Winkelgeschwindigkeit-Gesetz:

$$\omega = \alpha \cdot t + \omega_0 \quad \text{und}$$

das Zeit-Winkelbeschleunigung-Gesetz:

$$\alpha = \text{konstant} \quad \text{für alle } t$$

2.8 Das Trägheitsmoment

Verschiedene rotationssymmetrische Körper gleicher Masse in Umdrehungen zu versetzen, erfordert ganz unterschiedlichen Aufwand. Man stellt fest: Es geht umso leichter, je näher sich die Massenelemente des Körpers an der Drehachse befinden.

Drehmoment
Das Vorderrad eines kopfstehenden Fahrrades soll in Drehung versetzt werden, um die Laufruhe zu überprüfen. Fasst man es nahe an der Felge an, lässt sich das Rad relativ leicht in Drehung versetzen. Je näher an der Radnabe die Kraft angreift, desto größer muss sie sein. Das umgekehrte Prinzip nutzt man beim Nageleisen, um Nägel aus dem Holz zu entfernen (→B3): Der Abstand zwischen Nagelkopf und Drehachse ist klein gegenüber dem Abstand zwischen Griff und Achse. Übt man eine kleine Kraft auf der langen Seite aus, so wirkt eine große Kraft auf der kurzen Seite.

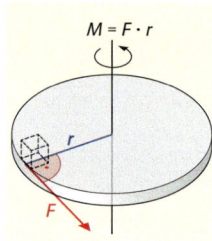

B1 Drehmoment

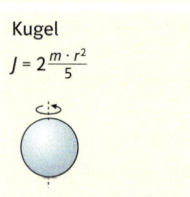

Vollzylinder
$J = \frac{m \cdot r^2}{2}$

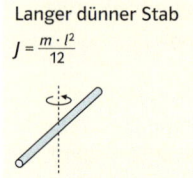

Kugel
$J = 2\frac{m \cdot r^2}{5}$

Langer dünner Stab
$J = \frac{m \cdot l^2}{12}$

B2 Trägheitsmomente verschiedener Körper (l = Länge des Körpers, r = Radius bezüglich der Drehachse)

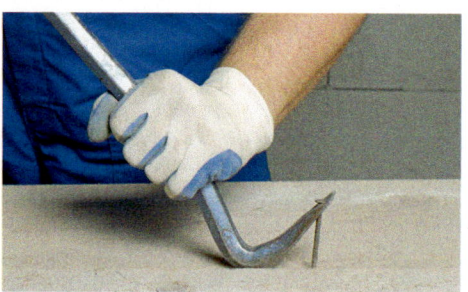

B4 Nageleisen

Bei der Erzeugung einer Drehbewegung ist nicht nur die wirkende Kraft von Bedeutung. Auch der Abstand r zwischen dem Angriffspunkt der Kraft und der Drehachse sowie der Winkel zwischen Kraftrichtung und der Verbindungslinie zur Drehachse spielen eine Rolle. Hält man diesen Winkel konstant, so muss die angreifende Kraft F umso größer sein, je kürzer der Abstand r ihres Angriffspunktes von der Achse ist. Demnach ist das Produkt aus Kraft F und Abstand r maßgebend.

Die Größe $r \cdot F \cdot \sin \sphericalangle (r, F)$ bezeichnet man als **Drehmoment** M (→B1). Besteht zwischen Kraftrichtung und ihrer Verbindungslinie zur Drehachse ein rechter Winkel, so gilt für das Drehmoment: $M = r \cdot F$

Trägheitsmoment
Um einen Körper in eine Drehbewegung um eine feste Achse zu versetzen, muss seine Trägheit überwunden werden. Dies wird deutlich, wenn man eine gut geschmierte, aber schwere Haustür öffnet. Am Körper muss dann ein Drehmoment angreifen.

Man betrachtet nun ein Massenelement m, das im Abstand r mit Hilfe des Drehmoments $M = r \cdot F$ in Drehung versetzt wird. Tangential zur beabsichtigten Kreisbahn wirkt die Kraft $F = m \cdot a$, wobei a die Beschleunigung in tangentialer Richtung darstellt. Da $v = \omega \cdot r$ ist, gilt

$$\frac{\Delta v}{\Delta t} = \frac{\Delta \omega}{\Delta t} \cdot r$$

d.h., es ist $a = \alpha \cdot r$. So wird $F = m \cdot \alpha \cdot r$ und $M = m \cdot r^2 \cdot \alpha$

Bei der Rotation nennt man die zur Masse analoge Größe $m \cdot r^2$ das **Trägheitsmoment** J des Massenelements m bezüglich der im Abstand r liegenden Drehachse.
Das Trägheitsmoment beliebiger Körper ist von der Anordnung ihrer Massenelemente und von der Lage der Achse abhängig. Man erhält es durch Summation bzw. Integration über alle Massenelemente des Körpers:

$$J = (m_1 \cdot r_1^2 + \ldots + m_n \cdot r_n^2) = \sum (m_i \cdot r_i^2)$$

Es gilt allgemein: Das Trägheitsmoment J eines starren Körpers ist der Quotient aus dem wirkenden Drehmoment M und der dadurch erzeugten Winkelbeschleunigung α: $J = M/\alpha$.
Die Einheit des Trägheitsmoments ist $1\,\text{N\,m\,s}^2 = 1\,\text{kg\,m}^2$.

Um eine Drehbewegung zu erzeugen, muss ein Drehmoment M wirken. Es berechnet sich aus der Kraft F und dem Abstand r des Angriffspunktes dieser Kraft zur Drehachse.
Stehen die Kraft und die Verbindung vom Angriffspunkt zur Drehachse senkrecht zueinander, so ist das Drehmoment M gegeben durch $M = r \cdot F$.

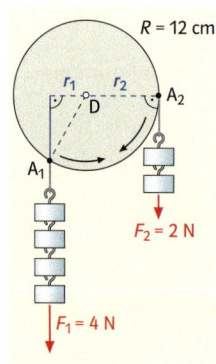

B3 Zu Aufgabe 2

A1 Geben Sie an, wie sich das Trägheitsmoment eines Hohlzylinders bezüglich seiner Längsachse ändert, wenn man
a) seine Masse bei gleich bleibendem Radius auf die Hälfte reduziert.
b) seinen Radius bei gleicher Masse halbiert.

A2 a) An einer drehbaren Scheibe greifen zwei Kräfte an (→B3). Beschreiben Sie die dargestellte Situation.
b) Der in A_1 befestigte Faden wird durchgeschnitten. Formulieren Sie eine Vorhersage über die Bewegung der Scheibe. Begründen Sie dies mit den wirkenden Drehmomenten.

Training — Kreis- und Drehbewegungen

Beispiel ◉ Ein Pkw der Masse 1,4 t soll eine Kurve mit dem Kurvenradius 150 m durchfahren. Die maximale Reibungskraft auf trockener Straße für diesen Pkw beträgt 4,5 kN.

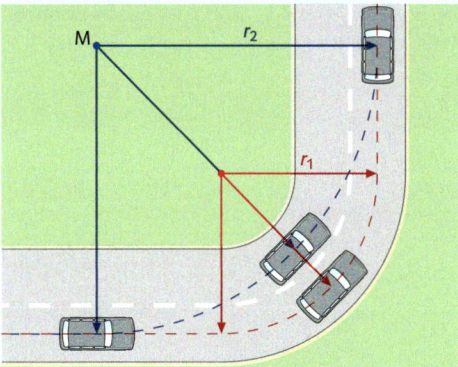

B1

a) Berechnen Sie die Höchstgeschwindigkeit, mit der diese Kurve durchfahren werden kann.
b) Abbildung **B1** zeigt das Prinzip des Kurvenschneidens. Erklären Sie, was damit erreicht werden soll.
Berechnen Sie, mit welcher maximalen Geschwindigkeit der Pkw im Beispiel ($r_2 = 2\,r_1$) durch Kurvenschneiden fahren könnte. Beurteilen Sie ein solches Verhalten von Autofahrern.

Lösung a) Aus dem Ansatz Zentripetalkraft = maximale Reibungskraft

$$m \cdot \frac{v^2}{r} = 4{,}5 \cdot 10^3 \, \text{N}$$

ergibt sich für die Höchstgeschwindigkeit:

$$v^2 = 4{,}5 \cdot 10^3 \, \text{N} \cdot \frac{150\,\text{m}}{1{,}4 \cdot 10^3 \, \text{kg}} \quad \Rightarrow \quad v = 22 \, \frac{\text{m}}{\text{s}}$$

Die maximale Kurvengeschwindigkeit berechnet sich zu $v = 22\,\text{m/s}$. Dies sind etwa 80 km/h. Bei nasser bzw. vereister Straße sinkt die Reibungskraft für die Haftung, d.h., bei gleicher Geschwindigkeit kann die für die Kurvenfahrt nötige Zentripetalkraft nicht mehr durch die Reibung aufgebracht werden. Das Auto würde aus der Kurve herausrutschen.
b) Durch „Schneiden" einer Kurve (→**B1**) wird der Radius der gefahrenen Kurve vergrößert, der Pkw kann dadurch mit höherer Geschwindigkeit fahren.
Im vorliegenden Fall verdoppelt sich der Kurvenradius, die maximal mögliche Geschwindigkeit ergibt sich zu

$$v^2 = 4{,}5 \cdot 10^3 \, \text{N} \cdot \frac{300\,\text{m}}{1{,}4 \cdot 10^3 \, \text{kg}} \quad \Rightarrow \quad v = 31{,}1 \, \frac{\text{m}}{\text{s}}$$

Durch Schneiden könnte die Kurve mit einer Geschwindigkeit von bis zu 31,1 m/s bzw. 112 km/h durchfahren werden.
Das Kurvenschneiden ist sehr gefährlich, da sich der Pkw auf der Gegenfahrbahn befindet. In Kurven ist der Gegenverkehr unter Umständen schlecht bzw. erst spät zu erkennen. Ist der Pkw zudem mit überhöhter Geschwindigkeit unterwegs, wirkt sich dies in deutlich verlängerten Bremswegen aus. Fahrer, die ein solches Fahrverhalten zeigen, setzen sich selbst und andere Verkehrsteilnehmer einer großen und absolut unnötigen Gefahr aus. Das Kurvenschneiden ist daher verboten.

A1 ◉ **B2** zeigt einen Versuch mit einem Hohl- und einem Vollzylinder mit gleichen Massen.

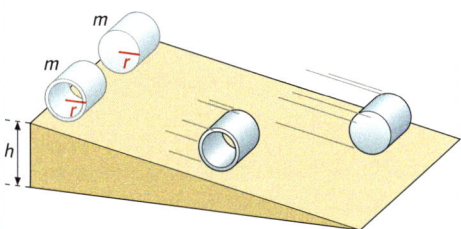

B2 Hohl- und Vollzylinder auf Rampe

a) Beschreiben Sie die Bewegungen der beiden Zylinder. Erklären Sie das Ergebnis des Versuchs (beide Zylinder starten zur gleichen Zeit).
b) Nennen Sie Beispiele aus dem Sport, in denen dieses Prinzip zur Anwendung kommt.

A2 ◉ Aus zwei Stangen ($l = 30$ cm) wird ein Mobile gebaut.

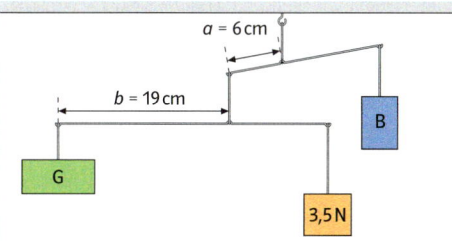

B3

a) Berechnen Sie die Massen der Körper B und G für den Fall, dass beide Stangen waagerecht ausgerichtet sind.
b) Beurteilen Sie, ob das Mobile in dem in **B3** gezeigten Zustand im Gleichgewicht ist.

Rückblick

Zusammenfassung

Kräfte Bewegungsänderungen eines Körpers werden durch Kräfte verursacht. Sie können einen Körper verformen, seine Geschwindigkeit vergrößern oder verkleinern, seine Bewegungsrichtung verändern.

Greifen mehrere Kräfte am gleichen Punkt eines Körpers an, so kann ihre Wirkung auch durch eine Kraft, die **Ersatzkraft**, erreicht werden (→B2).

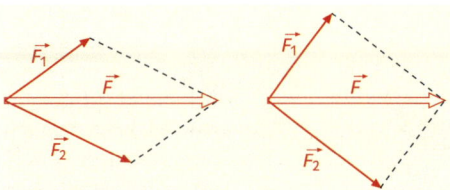

B2 Die Ersatzkraft zweier Kräfte

Es herrscht **Kräftegleichgewicht**, wenn die Ersatzkraft aller auf einen Körper wirkenden Kräfte den Betrag null hat.

Newton'sche Axiome Eine Kraft kann nur ausgeübt werden, wenn eine gleich große Kraft zurückwirkt. Dies bezeichnet man als **Wechselwirkungsgesetz**.
Übt ein Körper auf einen zweiten eine Kraft aus, so wirkt stets gleichzeitig eine gleich große, entgegengesetzt gerichtete Kraft vom zweiten auf den ersten Körper (actio = reactio).

Alle Körper zeigen **Trägheit**. Daher verharren sie ohne äußere Einwirkung in ihrem Zustand der Ruhe oder der gleichförmig geradlinigen Bewegung.

Kräfte bilden die Ursache für Bewegungsänderungen. Nach der **Grundgleichung der Mechanik** wird die Beschleunigung $\vec{a}$, die ein Körper erfährt, durch

$$\vec{a} = \frac{\vec{F}}{m}$$ bestimmt.

Lineare Bewegung und Kreisbewegung

Man unterscheidet folgende Fälle für die Kraft F auf einen Körper der Masse m:

1 Kraft und Bewegung des Körpers sind gleich gerichtet:
a) $F = 0$ bzw. F = konstant (→B3).
b) F ist geschwindigkeitsabhängig (→B4).

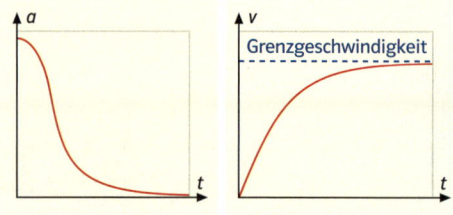

B4 Eine geschwindigkeitsabhängige Reibung hemmt eine konstante Kraft.

2 F ist eine konstante Zentripetalkraft ($\vec{F} \perp \vec{v}$). Die Beträge der Zentripetalbeschleunigung a_Z und der Bahngeschwindigkeit v des Körpers sind konstant (→B1).

Durch die stets in Richtung Mittelpunkt wirkende Zentripetalkraft führt der Körper eine gleichförmige Kreisbewegung aus. Es gilt:

$F_Z = m \cdot a_Z = m \cdot \omega^2 \cdot r = m \cdot \frac{v^2}{r}$ (mit $v = \omega \cdot r$)

Der Betrag der Zentripetalbeschleunigung hängt vom Radius der Kreisbahn und von der Bahn- bzw. Winkelgeschwindigkeit der Kreisbewegung ab:

$a_Z = \omega^2 \cdot r = \frac{v^2}{r}$

Ein Beobachter in einem beschleunigten Bezugssystem erfährt aufgrund der Trägheit seines Körpers eine (Schein-)Kraft. Im Falle eines rotierenden Bezugssystems ist diese nach außen gerichtet und wird als Fliehkraft bezeichnet.

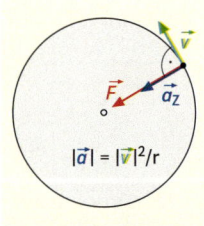

B1 Kraft und Beschleunigung bei der Kreisbewegung

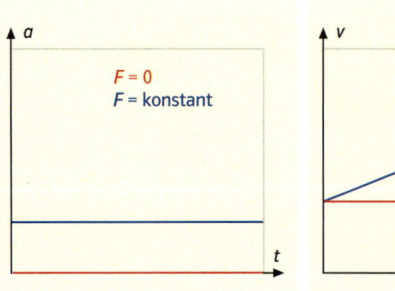
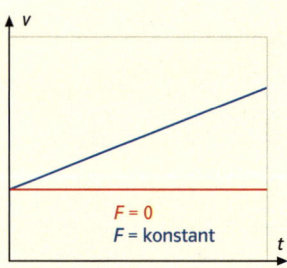
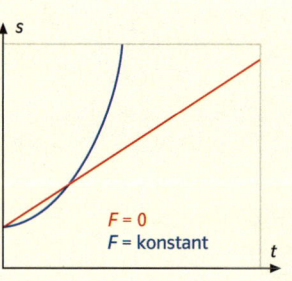

B3 Graphen der Bewegungsgleichungen bei $F = 0$ bzw. bei F = konstant

3 Erhaltungsgrößen

Energieerhaltung gibt Sicherheit?

3.1 Energieerhaltung

Der Schiffsarzt **Robert Mayer** notierte 1840/41 in seinem Tagebuch „verworrene Ideen über die Umwandlung von Bewegung in Wärme". Gleichzeitig meinte er, „ein neues System der Physik mitgebracht" zu haben. Die Fachwelt begegnete ihm damals abweisend. Heute folgt man seiner Idee der Erhaltungsgrößen.

B2

Hinweis: Die Bewegungsenergie eines Körpers wird auch als **kinetische Energie** bezeichnet, für die Höhenenergie verwendet man auch die Begriffe **Lageenergie** oder **potenzielle Energie**.

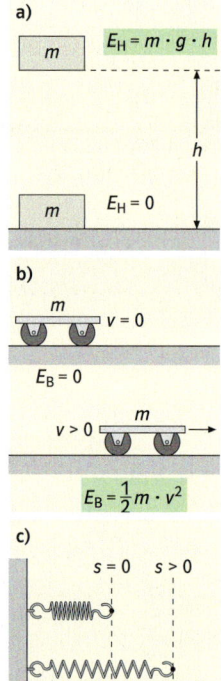

B1 Terme der Höhenenergie (a), Bewegungsenergie (b), Spannenergie (c)

Die Energie als Erhaltungsgröße

Die freie Fahrt auf der Achterbahn beginnt von einem hoch gelegenen Startpunkt aus. Die Geschwindigkeit der Wagen nimmt bergab zu und bergauf ab. Während der Fahrt ändern sich Höhe und Geschwindigkeit der Wagen ständig. Für sich gesehen, sind diese Größen relativ; sie kennzeichnen den Zustand der Wagen erst, wenn Wagen, Bahn und Erde als zusammengehörig aufgefasst werden.
In der Physik betrachtet man daher alle Körper, die zur eindeutigen Beschreibung eines Vorganges nötig sind, als ein **System**.

Ein fallender Flummi wird immer schneller. Beim Aufprall auf dem Boden wird er auf kurzer Strecke auf $v = 0\,\text{m/s}$ abgebremst, verformt sich dabei und springt wieder hoch. Die sich ändernden Größen Geschwindigkeit, Höhe und Verformung zeigen verschiedene Zustände des Systems „Ball – Erde" an.

In der Physik hat sich die Vorstellung entwickelt, dass es bei allen beobachtbaren Veränderungen eine unveränderliche Größe gibt. Diese Größe heißt **Energie**. Um quantitative Aussagen über die Energie machen zu können, geht man von zwei Annahmen aus:

1 Energie wird durch Größen erfasst, die im jeweiligen Zustand des Systems messbar sind, und zwar durch die
 – Höhe h, für die Höhenenergie E_H,
 – Geschwindigkeit v, für die Bewegungsenergie E_B,
 – Verformung s, für die Spannenergie des Systems E_S,

2 Es dürfen sich die zur Beschreibung der Energie verwendeten Größen nur durch Wechselwirkungen mit Körpern des Systems ändern. Man spricht von einem **abgeschlossenen System**, weil dann z. B. keine Energie das System verlässt. Sie ist eine Konstante des Systems, die Energie bleibt erhalten.

Energieterme

Man betrachtet einen Gleiter, der auf einer Luftkissenbahn von einem herabsinkenden Antriebsgewicht beschleunigt wird (Experiment S. 66): Solange im System „Erde, Luftkissenbahn, Gleiter und Antriebsmasse" keine weiteren Energieüberführungen stattfinden, das System also abgeschlossen ist, lässt sich seine mechanische Energie durch zwei Terme beschreiben:

Höhenenergie: $\quad E_H = m \cdot g \cdot h$

Bewegungsenergie: $\quad E_B = \frac{1}{2} m \cdot v^2$

Die Terme ergeben als Einheit für die Energie
$1\,\text{kg} \cdot \text{m}^2 \cdot \text{s}^{-2} = 1\,\text{J}$ (1 Joule).

Der Wert der Höhenenergie hängt von der Festlegung des Nullniveaus für die Höhe ab (→B1a). Wird Höhenenergie in Bewegungsenergie überführt, so kommt es nur auf die **Höhendifferenz** von Ausgangs- und Endlage an, die unabhängig vom Bezugsniveau ist. Die Änderung der Bewegungsenergie wird entsprechend durch die Differenz der Quadrate von Anfangs- und Endgeschwindigkeit bestimmt.

Eine sich entspannende Feder kann einen reibungsarm gelagerten Gleiter beschleunigen. Hierbei wird Spannenergie in Bewegungsenergie überführt. Aus Masse und Geschwindigkeit des Gleiters kann der zugehörige Term hergeleitet werden (→B1c).

Spannenergie: $\quad E_S = \frac{1}{2} D \cdot s^2$

Die mechanische Energie lässt sich durch folgende Terme beschreiben:
Bewegungsenergie: $\quad E_B = \frac{1}{2} m \cdot v^2$
Höhenenergie: $\quad E_H = m \cdot g \cdot h$
Spannenergie: $\quad E_S = \frac{1}{2} D \cdot s^2$

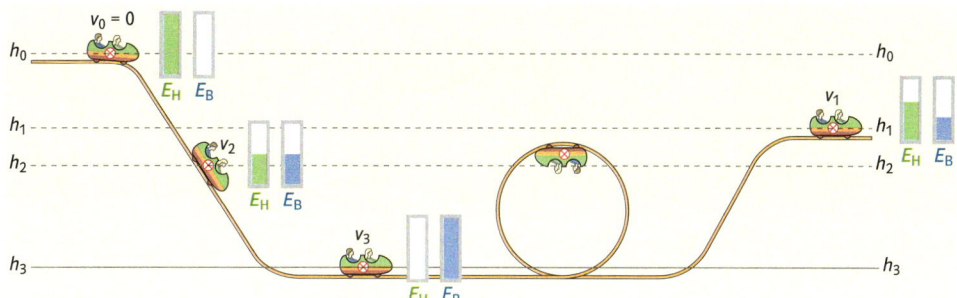

B2 Energieüberführung bei einer Achterbahnfahrt

Das Energiekonzept

Wird die Achterbahn in **B2** mit ihren Wagen und der Erde als abgeschlossenes System betrachtet, so ist ihre **Gesamtenergie** konstant. Sie ist für jeden Zeitpunkt der Bewegung die Summe aus der Höhenenergie E_H und der Bewegungsenergie E_B, wobei sich deren Anteile laufend ändern können. Höhe und Geschwindigkeit lassen sich aus den Energietermen bestimmen, so z. B. die Geschwindigkeit im höchsten Punkt eines Loopings. Ob sie ausreicht, den höchsten Punkt ohne herunterzufallen zu durchfahren, kann aber erst durch eine Betrachtung der Kräfte beurteilt werden.

Mit dem Energiekonzept können auch ohne Kenntnis der Bewegungsgleichungen einige wichtige Größen zur Beschreibung einer Bewegung bestimmt werden. Es liefert aber keine Angaben zum zeitlichen Ablauf. Die „durchfallene" Höhe h_0 führt unabhängig von der Bahnkurve stets zur selben Endgeschwindigkeit. Die Dauer der Bewegung geht nicht mit ein.

Energieüberführung ideal und real

Bei einem hüpfenden Flummi werden Höhenenergie E_H, Bewegungsenergie E_B und Spannenergie E_S ineinander überführt (→**B1**, **B3**). Betrachtet man Flummi und Boden als abgeschlossenes System, müsste der Ball nach dem Aufprall wieder seine Ausgangshöhe erreichen, es liegt dann nur Höhenenergie vor.

Bei reibungsfreien Vorgängen gilt der Energieerhaltungssatz der Mechanik, nach dem die Gesamtenergie eines abgeschlossenen mechanischen Systems als Summe von Höhenenergie, Bewegungsenergie und Spannenergie konstant ist. Durch Reibung wird dem System Energie entzogen, die als thermische Energie nicht mehr vollständig in mechanische Energie E_H, E_B und E_S umsetzbar ist. Das System ist bei Reibung nicht mehr abgeschlossen. Dies zeigt sich beim Flummi: Seine Sprunghöhe nimmt immer weiter ab, weil die Verformung beim Aufprall mit einer Überführung in thermische Energie verbunden ist.

Der Erhaltungssatz ist eine Idealisierung, denn in Wirklichkeit lassen sich Energieumsetzungen durch Reibung oder Strahlung nie ganz vermeiden. Wird das betrachtete System dadurch erweitert, dass man mit einem weiteren Term Änderung einer thermischen Energie ebenfalls berücksichtigt, so zeigt sich wiederum eine Erhaltung der Gesamtenergie.

Bei reibungsfreien Vorgängen in einem abgeschlossenen System ist die Summe aus Höhenenergie, Bewegungsenergie und Spannenergie konstant (Energieerhaltungssatz der Mechanik).

A1 ⦿ Beschreiben Sie das Hochschleudern von Gegenständen mit Hilfe eines Federkatapults aus energetischer Sicht. Skizzieren Sie das zugehörige Energiekontenmodell.

A2 ⦿ Ein Ball wird mit der Geschwindigkeit 12 m/s senkrecht nach oben geworfen. Berechnen Sie, welche Höhe er erreicht.

A3 ⦿ Eine Person der Masse $m = 80$ kg springt aus einer Höhe von 1,20 m in ein Trampolin ($D = 6\,000$ N/m). Berechnen Sie, wie weit sich das Trampolin dehnt.

B1 Hüpfender Flummi

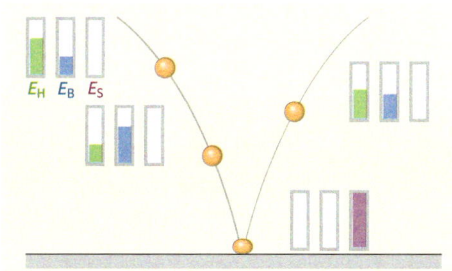

B3 Energieüberführung beim Flummi (Kontenmodell)

Experiment: Die Bewegungsenergie

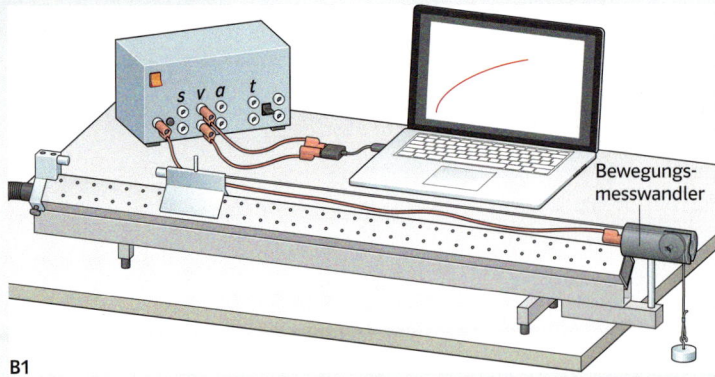

B1

Aufgabe: Herleitung des Zusammenhangs zwischen Bewegungsenergie, Geschwindigkeit und Masse eines bewegten Körpers

Material: Luftkissenbahn, Gleiter (m_{Gl} = 100 g), Bewegungsmesswandler, 2 Antriebskörper (m_{An} = 2 g, 4 g), 3 Massestücke (m = 100 g)

Durchführung: Auf die Luftkissenbahn wird ein Gleiter gesetzt. Seine Masse kann durch Auflegen weiterer Massestücke erhöht werden. Der Gleiter ist durch einen Faden, der über einen Bewegungsmesswandler läuft, mit dem Antriebskörper m_{An} verbunden (→B1). Lässt man den Gleiter los, sinkt der Antriebskörper herab und beschleunigt den Gleiter durch seine Gewichtskraft F_{An}. Über den Messwandler zeichnet man die Geschwindigkeit v des Gleiters auf. Der Versuch wird für verschiedene Antriebskräfte wiederholt, gemessen wird jeweils die Geschwindigkeit des Gleiters abhängig vom Ort s des Antriebskörpers.

Messung und Auswertung: Das Diagramm in B2 zeigt die Messkurven, entstanden durch Variation der Antriebskraft $F_{An} = m_{An} \cdot g$ und der bewegten Masse $m = m_{Gl} + m_{An}$.

Aus der Form der Kurven liest man ab:

$v \sim \sqrt{s}$ bzw. $s \sim v^2$

Betrachtet man den Ablauf des Versuchs, lassen sich folgende Aussagen über die Änderung des energetischen Zustands treffen:
Nach dem Loslassen des Antriebskörpers aus der Starthöhe h über dem Boden gewinnen Gleiter und Antriebskörper Bewegungsenergie. Gleichzeitig nimmt die Höhenenergie des Antriebskörpers ab.
Wenn der Antriebskörper den Boden erreicht, hat sich seine Höhenenergie um den Betrag $E_H = m_{An} \cdot g \cdot h$ geändert.

Für die Geschwindigkeit in diesem Punkt gilt nach dem Zeit-Ort-Gesetz der beschleunigten Bewegung

$v = \sqrt{2a \cdot h}$ also $v^2 = 2a \cdot h$

Für die Beschleunigung a gilt

$a = \dfrac{F_{An}}{m_{Gl} + m_{An}} = \dfrac{m_{An} \cdot g}{m_{Gl} + m_{An}}$, somit ist

$v^2 = \dfrac{2 m_{An} \cdot g \cdot h}{m_{Gl} + m_{An}}$

Nach Umformen ergibt sich:

$\frac{1}{2} v^2 \cdot (m_{Gl} + m_{An}) = m_{An} \cdot g \cdot h$

Da der Ausdruck rechts die Höhenenergie E_H des Antriebskörpers beschreibt, muss auch links ein Energieterm stehen. Dieser lässt sich als Ausdruck für die Bewegungsenergie E_B von Gleiter und Antriebskörper bei der Geschwindigkeit v deuten.
Die Geschwindigkeitswerte v für die Fallstrecke s = h = 0,65 m ermittelt man aus den Diagrammen in B2. Durch Einsetzen der Messwerte wird die Gleichung $E_B = E_H$ überprüft:

m_{An} in g	2,0	2,0	4,0	4,0	6,0	6,0
m_{Gl} in kg	0,2	0,4	0,2	0,4	0,2	0,4
v in m/s	0,36	0,25	0,51	0,36	0,61	0,43
E_H in mJ	12,8	12,8	25,5	25,5	38,3	38,3
E_B in mJ	13,0	12,5	26,0	25,9	37,2	37,0

Ein Vergleich der beiden unteren Zeilen ergibt eine gute Übereinstimmung der beiden Werte. Allgemein kann man die Energie eines Körpers der Masse m und der Geschwindigkeit v durch folgenden Term beschreiben:

$E_B = \frac{1}{2} m \cdot v^2$

m_{An} in g	m_{Gl} in kg
6,0	0,2
4,0	0,2
6,0	0,4
4,0	0,4
2,0	0,2
2,0	0,4

B2 Messkurven für einen mit F_G beschleunigten Gleiter der Masse m_{Gl}

Experiment: Die Spannenergie

B1

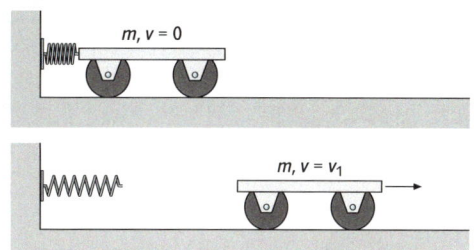

B2 Spannenergie wird in Bewegungsenergie überführt.

Aufgabe: Herleitung des Zusammenhangs zwischen der Spannenergie E_S einer Feder, ihrer Federkonstanten D und der Stauchstrecke s

Material: Fahrbahn, Maßstab, Prallfeder (Federhärte $D_1 = 65\,\text{N/m}$), Wagen ($m = 160\,\text{g}$) mit Blende, Lichtschranke, Massestück ($m = 160\,\text{g}$)

Durchführung: Auf die Fahrbahn wird ein Wagen mit der Masse m gesetzt. An einer Seite der Fahrbahn ist eine Prallfeder mit der Federhärte D befestigt. Der Wagen wird nun so verschoben, dass die Prallfeder um die Strecke s gestaucht wird. Der Wert für s wird in einer Tabelle notiert. Nun lässt man den Wagen los, er wird beschleunigt, bis die Feder vollständig entspannt ist (→B1, B2).
Passiert der Wagen die Lichtschranke, verdunkelt die am Wagen befestigte Blende die Lichtschranke für die Zeitdauer Δt. Aus dieser Zeitdauer und der Breite der Blende lässt sich die Geschwindigkeit v des Wagens bestimmen.

Messung: Der Versuch wird für verschiedene Massen m des Wagens durchgeführt. Abhängig von der Stauchstrecke s der Feder erreicht der Wagen folgende Geschwindigkeit v:

	s in m	0,01	0,02	0,03	0,04
$m = 160\,\text{g}$	v in m/s	0,20	0,41	0,59	0,79
$m = 320\,\text{g}$	v in m/s	0,14	0,29	0,43	0,57

Auswertung: Bei dem Versuch wird Spannenergie in Bewegungsenergie überführt. Ein s-v-Diagramm (→B3) zeigt, dass v proportional zu s ist. Somit muss auch $v^2 \sim s^2$ gelten und damit wegen $E_B \sim v^2$ auch $E_S \sim s^2$.
Die Proportionalitätskonstante ergibt sich aus der Beziehung $E_B = E_S$ nach

$$\frac{1}{2}v^2 \cdot m = k \cdot s^2$$

In der Tabelle sind die berechneten Werte für k aufgeführt:

	$m = 160\,\text{g}$			
E_B in 10^{-3} J	3,2	13,4	27,8	49,9
s^2 in $10^{-4}\,\text{m}^2$	1,0	4,0	9,0	16,0
k in N/m	32,0	33,6	30,8	32,5
	$m = 320\,\text{g}$			
E_B in 10^{-3} J	3,1	13,5	29,5	52,0
s^2 in $10^{-4}\,\text{m}^2$	1,0	4,0	9,0	16,0
k in N/m	31,0	33,7	32,8	32,5

Als Mittelwert für die Proportionalitätskonstante ergibt sich $k = 32{,}4\,\text{N/m}$. Dies entspricht der halben Federkonstanten D:

$$k = \frac{1}{2}D$$

Ergebnis: Die Spannenergie einer Feder mit der Federkonstanten D, die um die Strecke s gestaucht ist, wird durch den Term

$$E_S = \frac{1}{2}D \cdot s^2$$

beschrieben.

A1 Planen Sie einen Versuch, mit dem Sie ausgehend von der Höhenenergie eines Körpers den Term für die Spannenergie einer Feder herleiten können.

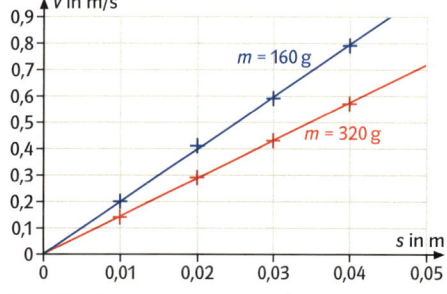

B3 s-v-Diagramme für zwei Massen

3.2 Anwendung des Energiekonzepts

Für viele Problemstellungen in der Physik gibt es verschiedene Lösungsansätze. Hier sollen die Anwendung des Energiekonzepts und sein Nutzen vorgestellt werden.

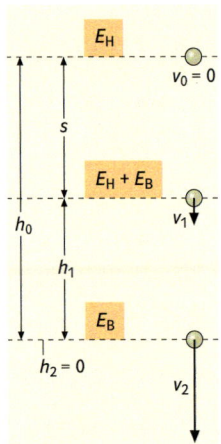

B1 Energieterme für den freien Fall

Energie beim freien Fall
Aus den Bewegungsgleichungen $s = \frac{1}{2} g \cdot t^2$ und $v = g \cdot t$ für den frei fallenden Körper können Ort s und Geschwindigkeit v berechnet werden, wobei

$$v = g \cdot \sqrt{2 \frac{s}{g}} = \sqrt{2g \cdot s} \text{ gilt.}$$

Eine Betrachtung der Energieüberführungen des frei fallenden Körpers mit der Masse m im System „Erde – Körper" zeigt (→B1): Zu Beginn in der Höhe h_0 ist

$E_H = m \cdot g \cdot h_0$ und $E_B = 0$.

Im freien Fall bis zur Höhe h_1 folgt nach den Bewegungsgleichungen

$$v_1 = \sqrt{2g \cdot s} = \sqrt{2g \cdot (h_0 - h_1)}.$$

Da $E_H = m \cdot g \cdot h_1$ und $E_B = \frac{1}{2} m \cdot v_1^2$ ist, beträgt ihre Summe in der Höhe h_1:

$$m \cdot g \cdot h_1 + \frac{1}{2} m \cdot 2g \cdot (h_0 - h_1) = m \cdot g \cdot h_0$$

Am Boden bei $h_2 = 0$ angelangt, ist die Geschwindigkeit

$v_2 = \sqrt{2g \cdot h_0}$ und es ist wiederum

$$E_H + E_B = 0 + \frac{1}{2} m \cdot v_2^2 = m \cdot g \cdot h_0$$

Die Bewegung des fallenden Körpers wird also mit den Termen korrekt erfasst. Die konstante Summe aus Höhenenergie und Bewegungsenergie legt jeden Zustand des Systems fest. Diese konstante Gesamtenergie beträgt:

$$E = E_H + E_B = m \cdot g \cdot h_{(v=0)} = \frac{1}{2} m \cdot v_{(h=0)}^2$$

Energie beim Fadenpendel
Ein aus seiner Ruhelage bis zur Höhe h_0 ausgelenktes Fadenpendel erreicht nach Passieren der Ruhelage wieder die Höhe h_0 (→B2). Die Bahnkurve der Bewegung ist ein Kreisbogen. Die Geschwindigkeit ist bei h_0 null und beim Durchgang durch die Ruhelage am größten. Die Bewegungsgesetze aufzustellen, ist hier schwierig. Einfacher ist eine Energiebetrachtung: Man wählt die niedrigste Lage als Bezugshöhe. Dies ergibt im höchsten Punkt h_0 nur Höhenenergie $E_H = m \cdot g \cdot h_0$ und im tiefsten Punkt nur Bewegungsenergie $E_B = \frac{1}{2} m \cdot v_{(h=0)}^2$. Wir betrachten das System als abgeschlossen. Dann ist die Energie für die beiden Lagen gleich groß:

$$m \cdot g \cdot h_0 = \frac{1}{2} m \cdot v_{(h=0)}^2 \Rightarrow v_{(h=0)} = \sqrt{2g \cdot h_0}$$

Dieses Ergebnis stimmt mit dem aus den Bewegungsgleichungen beim freien Fall gewonnenen überein. Bei der energetischen Betrachtung ist aber nicht die Kenntnis der gesamten Bahnkurve erforderlich, es genügt die Kenntnis der Energieterme an zwei Bahnpunkten.

Energie beim senkrechten Wurf
Ein Körper wird mit der Geschwindigkeit $v_0 > 0$ vom Anfangsniveau h_0 aus senkrecht nach oben geworfen. Die maximale Steighöhe h_{max}, in der $v = 0$ ist, soll berechnet werden. Eine Energiebetrachtung zeigt:

Am Anfang bei $h_0 = 0$ ist

$E_H = 0$ und $E_B = \frac{1}{2} m \cdot v_0^2$

Am Gipfel in der Höhe h_{max} ist dagegen

$E_H = m \cdot g \cdot h_{max}$ und $E_B = 0$, da $v = 0$ ist.

Die Bewegungsenergie wurde vollständig in Höhenenergie überführt:

$$\frac{1}{2} m \cdot v_0^2 = m \cdot g \cdot h_{max} \Rightarrow h_{max} = \frac{1}{2} \cdot \frac{v_0^2}{g}$$

Das Erreichen einer Höhe h_{max} erfordert – unabhängig von der Masse des Körpers – eine bestimmte Anfangsgeschwindigkeit v_0. Erhält er diese durch Entspannen einer Feder, so führt der Ansatz konstanter Gesamtenergie zu

$E_B = E_S$ und $\frac{1}{2} m \cdot v_0^2 = \frac{1}{2} D \cdot s^2$,

falls die Änderung der Höhenenergie während des Entspannens vernachlässigt wird.

A1 Ein Wagen rollt eine schiefe Ebene hinab. Begründen Sie, warum seine Endgeschwindigkeit nur von der Starthöhe, nicht aber von der Masse des Wagens abhängt.

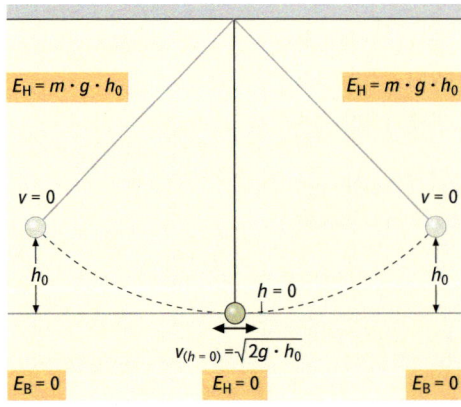

B2 Energieterme beim Fadenpendel

Methode — Problemlösung mit dem Energiekonzept

Physik und Sport – Stabhochsprung Die in sportlichen Wettbewerben gemessenen Werte sind physikalische Größen. Daher ist es für Sportler, Trainer und auch Hersteller von Sportgeräten sehr wichtig, die physikalischen Zusammenhänge zu kennen.

Die wichtigsten Phasen beim Stabhochsprung zeigt **B1**. Um eine möglichst große Höhe zu erreichen, muss die Bewegungsenergie des Anlaufs weitgehend vollständig in Spann- und dann in Höhenenergie überführt werden. Wir betrachten nur die Überführung von Bewegungs- in Höhenenergie: Unter der Annahme, dass ein abgeschlossenes System vorliegt, gilt nach dem Energieerhaltungsprinzip:

$$E_B = E_H \quad \text{bzw.} \quad \tfrac{1}{2} m \cdot v^2 = m \cdot g \cdot h$$

Dabei ist m die Masse des Sportlers, v seine Anlaufgeschwindigkeit und h die maximale Höhenänderung seines Schwerpunkts. Die gesuchte Höhe ergibt sich aus: $h = v^2 / 2g$. Weltklassespringer erreichen mit Stab Geschwindigkeiten von $10\,\text{m/s}$. Mit diesem Wert erhalten wir: $h = 5{,}10\,\text{m}$

Um diese Höhe könnte man den Schwerpunkt des Sportlers anheben. Bei einem stehenden Menschen liegt dieser in der Nabelgegend, beim anlaufenden Springer also bereits ca. $1\,\text{m}$ über dem Boden. Nach einer geglückten vollständigen Energieüberführung wäre der Schwerpunkt somit ca. $6\,\text{m}$ über dem Boden.

Obwohl wir viele weitere Einflüsse auf den komplizierten Bewegungsablauf und die Energieüberführungen beim Stabhochsprung vernachlässigt haben, liefert unsere Abschätzung ein erstaunlich exaktes Ergebnis.

Die Loopingbahn Ein Modellauto durchfährt einen Looping (→**B2**). Eine Energiebetrachtung zeigt: Das Fahrzeug wird den höchsten Punkt des Loopings erreichen und dort noch eine Geschwindigkeit haben, weil die Höhe unter der Starthöhe liegt. Ob es herunterfällt oder den Looping sicher durchfährt, kann aus der Energie alleine nicht gefolgert werden. Hier müssen Kräfte betrachtet werden.

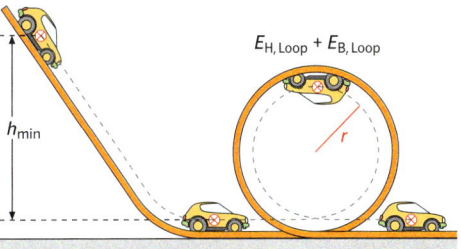

B2 Fahrt durch den Looping

Im höchsten Punkt ist die Gewichtskraft $F_G = m \cdot g$ senkrecht zur Bewegungsrichtung, kann also als Zentripetalkraft $F_Z = m \cdot v^2 / r$ wirken. Aus $F_Z = F_G$ folgt $v^2 = r \cdot g$ bzw. $r = v^2 / g$. Nur für einen bestimmten Wert von v führt die Gewichtskraft zu einem Kreisbahnradius, der dem Loopingradius entspricht. Bei kleinerem v würde der Radius kleiner und der Wagen würde sich von der Loopingbahn lösen. Bei größerem v würde r wachsen. Das wird durch die Bahn verhindert, sie bewirkt eine zusätzliche zum Kreismittelpunkt wirkende Kraft. Es ergibt sich: Für die Mindestgeschwindigkeit zum sicheren Durchfahren der Loopingbahn gilt $v_{\min}^2 = r \cdot g$.

Das Energiekonzept liefert jetzt Aussagen zur Mindesthöhe vor dem Looping:

$$E_{H,\text{Anf.}} = E_{H,\text{Loop}} + E_{B,\text{Loop}}$$
$$m \cdot g \cdot h_{\min} = m \cdot g \cdot 2r + \tfrac{1}{2} m \cdot v_{\min}^2$$
$$g \cdot h_{\min} = g \cdot 2r + \tfrac{1}{2} r \cdot g$$
$$h_{\min} = 2{,}5\,r$$

A1 ○ Eine Stahlkugel in einer Loopingrinne fällt herunter, wenn man sie aus der errechneten Mindesthöhe starten lässt. Begründen Sie dies.
Hinweis: Eine auf einer Achse rotierende Scheibe besitzt Bewegungsenergie, ohne sich dabei vorwärts zu bewegen.

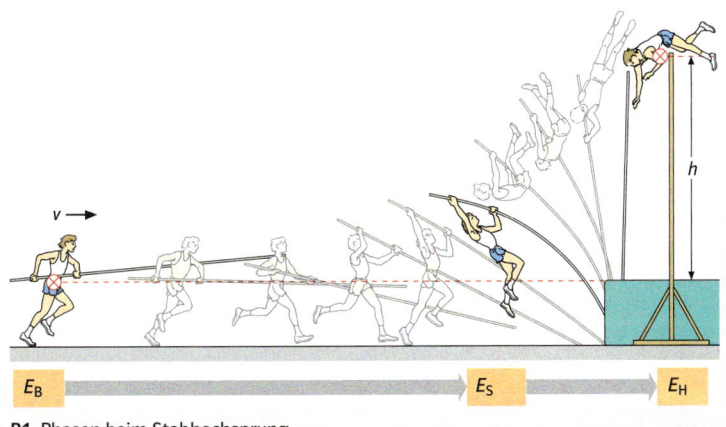

B1 Phasen beim Stabhochsprung

Training

Energieüberführung

Beispiel In einem Schülerexperiment wurde ein Stück Knete mit einer Masse von 48 g zu einer Kugel mit einem Durchmesser von 4,3 cm geformt.
Diese Kugel hat man aus verschiedenen Stockwerken auf den Boden der Schulaula fallen lassen. Für die unterschiedlichen Fallhöhen h wurden die folgenden Durchmesser d der Aufprallflächen ermittelt:

h in m	0,50	1,00	1,50	2,00	2,40
d in cm	1,70	2,05	2,30	2,40	2,60

h in m	5,00	8,50	12,50	16,00
d in cm	3,45	3,90	4,00	4,20

Den Zusammenhang zwischen Fallhöhe h und Durchmesser d der Aufprallfläche zeigt Diagramm **B1**:

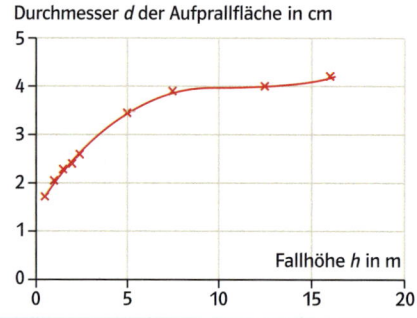

B1 Aufprallfläche in Abhängigkeit von der Fallhöhe

Der Wurf der Kugel mit einer bestimmten Geschwindigkeit v erzeugt die gleiche Verformung und damit die gleiche Aufprallfläche wie ein Fall aus einer ganz bestimmten Höhe h.

In einem weiteren Versuch wurde die Aufprallgeschwindigkeit der Kugel gemessen. Sie trifft mit einer Geschwindigkeit von ca. 59 km/h auf dem Boden auf.
a) Berechnen Sie mit diesen Angaben die Fallhöhe der Knetkugel.
b) Das errechnete Ergebnis aus Aufgabe a) stimmt nicht mit den Gebäudeabmessungen überein. Begründen Sie qualitativ die Abweichung des errechneten Ergebnisses vom tatsächlichen Wert.
c) Wirft man die Kugel mit einer Geschwindigkeit von 16 m/s gegen eine Wand, dann verformt sie sich so, dass eine kreisförmige Aufprallfläche mit 4,1 cm Durchmesser entsteht.

B2 Messung der Fallhöhe

Bestimmen Sie die Höhe, aus der man die Kugel fallen lassen müsste, um genau die gleiche Aufprallfläche zu erhalten.

Lösung a) Für den freien Fall gilt Energieerhaltung, daher kann man die Höhenenergie mit der entsprechenden Bewegungsenergie gleichsetzen:

$E_H = E_B$ d.h., $m \cdot g \cdot h = \frac{1}{2} \cdot m \cdot v^2$

daraus folgt:

$g \cdot h = \frac{1}{2} v^2$ und $v^2 = 2 \cdot g \cdot h$

$h = \frac{v^2}{2 \cdot g}$

$h = \frac{\left(59 \cdot \frac{1000}{3600} \cdot \frac{m}{s}\right)^2}{2 \cdot 9{,}81 \frac{m}{s^2}} = 13{,}7 \, m$

Die Fallhöhe der Knetkugel berechnet sich zu $h = 13{,}7$ m.
b) Bei der Berechnung in Aufgabenteil a) wurde die Luftreibung vernachlässigt. Sie führt dazu, dass sich die Aufprallgeschwindigkeit der Kugel verringert. Daher ist die errechnete Höhe zu klein.
c) Aus dem Diagramm lässt sich ablesen: Eine Aufprallfläche mit einem Durchmesser von 4,1 cm entsteht bei einem Fall aus etwa 15 m Höhe. Da $v = 16$ m/s $= 58$ km/h bestätigt dies die Aussage in Aufgabenteil b). Der in Teil a) berechnete Wert der Fallhöhe weicht um mindestens 1,3 m vom tatsächlichen Wert ab.

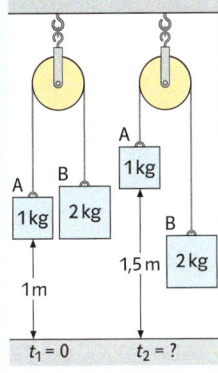

B1 Zu Aufgabe 1

A1 ⊖ In der Anordnung **B1** seien Seil und Rolle masselos. Die Körper A und B seien zum Zeitpunkt $t_1 = 0$ in Ruhe.
a) Übertragen Sie die Grafik in Ihr Heft und zeichnen Sie alle Kräfte ein. Benennen Sie außerdem die beschleunigenden und die beschleunigten Massen. Erklären Sie anhand dieser Betrachtung, wie sich die Körper A und B für $t > t_1$ bewegen.
b) Berechnen Sie den Zeitpunkt t_2 und die Geschwindigkeit v_2 zu diesem Zeitpunkt.
c) Vergleichen Sie die Energien zu den Zeitpunkten t_1 und t_2 und berechnen Sie v_2 aus dem Energieerhaltungssatz.

A2 ⊖ Ein Spielzeugwagen wird im Punkt S auf die Bahn in Abbildung **B2** gesetzt und durchfährt diese dann ohne weiteren Antrieb.

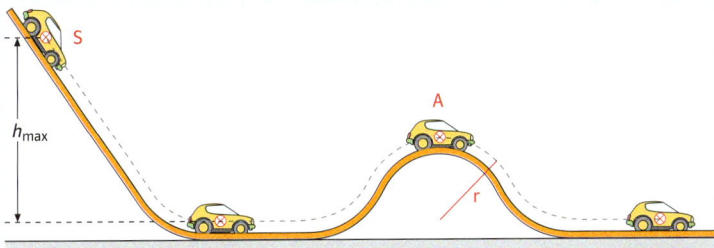

B2

a) Analysieren Sie die Bewegung des Wagens und erläutern Sie, wie die maximale Starthöhe h_{max} gewählt werden muss, damit der Wagen während der Fahrt nicht von der Bahn abhebt.
b) Leiten Sie aus ihren Überlegungen die Formel zur Berechnung der maximalen Starthöhe her.

A3 ⊖ Abbildung **B3** zeigt ein Fadenpendel, das nach der Auslenkung auf die Höhe h_{max} losgelassen wird und dann reibungsfrei pendelt.
a) **B3** zeigt auch das Energiekontenmodell zu den Zuständen des Pendels. Beschreiben Sie die Energieüberführung zwischen diesen Zuständen anhand dieses Modells. Geben Sie ohne Rechnung an, wie weit die Balken im Modell befüllt sind, wenn das Pendel die Höhe $h = h_{max}/2$ erreicht.
b) Der Pendelkörper habe eine Masse von 100 g, die Masse des Fadens sei vernachlässigbar. Das Pendel wird aus einer Höhe von 30 cm losgelassen. Berechnen Sie die Höchstgeschwindigkeit, die das Pendel erreicht.

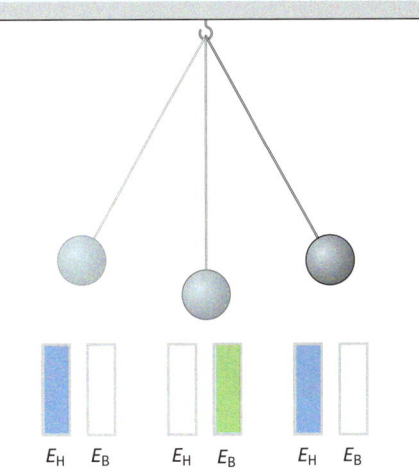

B3

c) Auf der linken Seite wird in 15 cm Höhe ein Nagel so in die Wand geschlagen, dass er den Faden des Pendels aufhält. Erklären Sie, weshalb der Pendelkörper trotzdem auf eine Höhe von 30 cm steigt.
d) Diskutieren Sie die Frage, ob für dieses Pendel das Prinzip der Energieerhaltung gilt.

A4 ● Bei einem Crashtest kommt ein Pkw innerhalb von 100 ms zum Stehen. Während der Fahrgastraum nahezu unbeschädigt bleibt, wird die Knautschzone auf einen Bruchteil ihrer ursprünglichen Länge zusammengeschoben.
a) Beschreiben Sie den Vorgang aus energetischer Sicht.
b) Aufgrund einer europäischen Norm muss das Fahrzeug beim Crashtest mit einer Geschwindigkeit von 64 km/h aufprallen. Angenommen, die Masse des Fahrzeugs mit Fahrgästen und Gepäck betrage 1500 kg. Bestätigen Sie für die Bewegungsenergie beim Aufprall den Wert von ca. 237 000 J.
c) Der größte Teil der Bewegungsenergie wird in thermische Energie der Knautschzone überführt. Zeigen Sie, dass bei einer durchschnittlichen Körpermasse von 70 kg die Bewegungsenergie der Person 11 060 J ist.
Berechnen Sie zum Vergleich die Höhe, auf welche die Person mit dieser Energie angehoben werden könnte.
d) Beurteilen Sie anhand der gefundenen Ergebnisse die Bedeutung von Gurt und Airbag bei der Überführung der Bewegungsenergie.

3.3 Energieübertragung

Die Klassenarbeit wirft ihre Schatten voraus! Die Arbeit von Mensch und Tier wird heute vielfach durch die Arbeit von Motoren ersetzt. „Arbeit" ist ein schillernder Begriff. Die Physik benutzt ihn jedoch in einer genau definierten Form.

B1

Mechanische Arbeit

Im physikalischen Sinn liegt mechanische Arbeit dann vor, wenn eine Kraft in Wegrichtung wirkt und der Weg nicht null ist. Unter der weiteren Bedingung, dass die Kraft konstant ist, berechnet man die Arbeit als Produkt von Kraft und Weg $W = F \cdot s$.
Für die Einheit gilt dabei $1\,\text{J} = 1\,\text{Nm}$.
Mechanische Arbeit kann in verschiedene Arten eingeteilt werden, man unterscheidet: Hubarbeit, Beschleunigungsarbeit, Reibungsarbeit und Verformungsarbeit (Spannarbeit).

Energieübertragung durch Arbeit

Arbeit und Energie hängen zusammen. Beim Trampolinspringen (→B1) wird dies deutlich: Hat der Springer gerade seinen tiefsten Punkt erreicht, also das Trampolin maximal verformt, so ist die Höhenenergie des Springers am geringsten und die Spannenergie des Trampolins am größten. Bei der Aufwärtsbewegung beschleunigt das Trampolin den Springer. Es verrichtet Beschleunigungs- und Hubarbeit bis der Springer abhebt. Während das Trampolin Arbeit verrichtet, nimmt seine Spannenergie ab. Gleichzeitig nimmt der Springer Arbeit auf, seine Bewegungsenergie und seine Höhenenergie vergrößern sich.

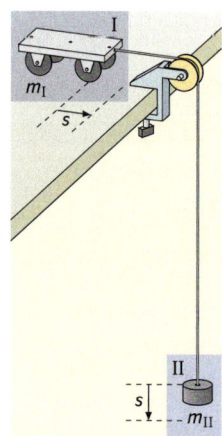

B2 Solange der Wagen auf dem Tisch bleibt, ändert sich nur seine Bewegungsenergie.

Berechnung der Energieübertragung

Ein reibungslos zu bewegender Wagen I ist über ein Seil mit dem Antriebskörper II verbunden (→B2). Zusammen mit der Erde bilden sie mit ihren Energien E_I bzw. E_{II} ein abgeschlossenes System mit konstanter Gesamtenergie.

Für zwei „beliebige" Zustände des Systems gilt:

$E_I + E_{II} = E_I' + E_{II}'$ oder: $(E_I' - E_I) = -(E_{II}' - E_{II})$

Die zweite Gleichung beschreibt die **Energieänderung** ΔE_I für das Teilsystem I und ΔE_{II} für das Teilsystem II. Wegen der Erhaltung der Gesamtenergie muss die Summe der Energieänderungen null sein, also $\Delta E_I + \Delta E_{II} = 0$ bzw. $\Delta E_I = -\Delta E_{II}$.

Nimmt die Energie des Teilsystems I zu, so ist $\Delta E_I > 0$. Um genau diesen Betrag nimmt dann die Energie des Teilsystems II ab. Man sagt, vom Teilsystem II wird auf das Teilsystem I Energie übertragen (→B3).

Die Gewichtskraft F_G des Körpers II (→B2) wirkt über das Seil auf den Wagen I und bewegt ihn (und den Körper II) mit konstanter Beschleunigung a in Seilrichtung.
Beim Start hat der Wagen auf der horizontalen Tischplatte die Geschwindigkeit $v_I = 0$ und die Energie $E_I = 0$. Bei der Geschwindigkeit $v_I' > 0$ ist $E_I' = \frac{1}{2} m_I \cdot v_I'^2$, die Energie des Wagens hat sich geändert und zwar um

$\Delta E_I = E_I' - E_I = \frac{1}{2} m_I \cdot v_I'^2 - 0 = \frac{1}{2} m_I \cdot v_I'^2$

Legt der Wagen dabei die Strecke s in der Zeit t zurück, so gilt mit $v_I' = a \cdot t$ und $s = \frac{1}{2} a \cdot t^2$:

$\Delta E_I = \frac{1}{2} m_I \cdot (a \cdot t)^2 = m_I \cdot a \cdot \left(\frac{1}{2} a \cdot t^2\right) = m_I \cdot a \cdot s$

Das Produkt $m_I \cdot a$ ist die konstante Antriebskraft F (hier: $F = F_G \cdot m_I/(m_I + m_{II})$). Also ist:

$\Delta E_I = W_I = F \cdot s$

Man sagt: II hat an I Arbeit verrichtet. Der Antriebskörper II überträgt dabei mit Hilfe einer Kraft längs des Weges Energie auf den Wagen I. Beide Größen werden daher auch mit denselben Einheiten angegeben.

Die von einem Teilsystem auf ein anderes durch eine Kraft längs eines Weges übertragene Energie heißt mechanische Arbeit.

Teilsystem II	II übt längs eines Weges eine Kraft auf I aus	Teilsystem I
Energie nimmt ab	Energie wird übertragen	Energie nimmt zu
Das Teilsystem verrichtet Arbeit $W_{II} = \Delta E_{II} < 0$		Am Teilsystem wird Arbeit verrichtet $W_I = \Delta E_I > 0$

B3

Energieübertragung durch

a)
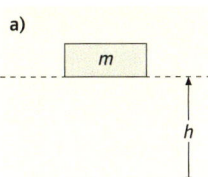

Arbeit beim Heben W_H:
$W_H = \Delta E_H = m \cdot g \cdot h$

b)
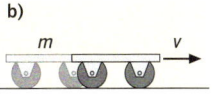

Arbeit beim Beschleunigen aus der Ruhe W_B:
$W_B = \Delta E_B = \frac{1}{2} m \cdot v^2$

c)
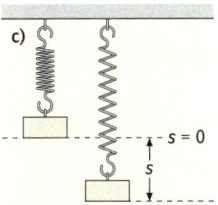

Arbeit beim Verformen W_S:
$W_S = \Delta E_S = \frac{1}{2} D \cdot s^2$

B1

Reale Energieübertragungen: Wird ein Wagen durch eine Kraft F über eine Strecke s beschleunigt, so führt nicht die gesamte Arbeit $W = F \cdot s$, sondern nur der Anteil $W_B = (F - F_R) \cdot s$ zur Erhöhung der Bewegungsenergie. Der Anteil $W_R = F_R \cdot s = f \cdot F_N \cdot s$ heißt Reibungsarbeit. Diese erhöht den nichtmechanischen Energieanteil des Körpers und kann z. B. zu dessen Temperaturerhöhung führen.

Diagramme zur Energieübertragung

Die Änderung der Energie beim Beschleunigen eines Wagens durch eine konstante Kraft lässt sich durch das Produkt $F \cdot s$ berechnen. Dabei wirkt die Kraft am Teilsystem „Wagen" in Richtung des Weges der Länge s. Im Weg-Kraft-Diagramm (→**B2** links) lässt sich das Produkt $F \cdot s$ als Inhalt einer Rechteckfläche veranschaulichen. Bei einem Aufzug ändert sich die Zugkraft des Motors, wenn sich die Zahl der nach oben beförderten Personen von Stockwerk zu Stockwerk ändert. Zwischen den Stockwerken bleibt sie jedoch konstant. Damit ergeben sich für die zugehörigen Energieübertragungen wiederum kleine Rechtecke (→**B2** rechts).

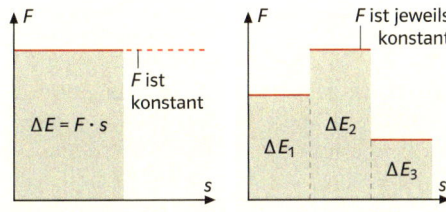

B2 Energieübertragung durch konstante Kraft

Das Verfahren lässt sich auf veränderliche Kräfte übertragen. Rechnet man für kleine Teilstrecken Δs mit konstanten Kräften, so kann die Energieübertragung durch Flächeninhalte kleiner Rechtecke beschrieben werden. Die insgesamt übertragene Energie entspricht näherungsweise der Summe der Teilenergien

$\Delta E_1 = F_1 \cdot \Delta s, \; \Delta E_2 = F_2 \cdot \Delta s \;$ usw.

bis zum Ende des Vorganges:

$W = \Delta E = \Delta E_1 + \Delta E_2 + \ldots$

Wählt man die Teilstrecken immer kürzer, dann werden die Rechtecke immer schmaler und die Näherung wird immer besser (→**B3** links).

Im s-F-Diagramm ist somit der Flächeninhalt zwischen dem s-F-Graphen und der s-Achse ein Maß für die übertragene Energie ΔE bzw. die verrichtete Arbeit W.

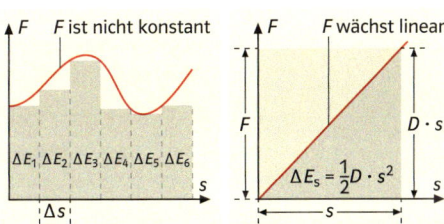

B3 Energieübertragung bei veränderlicher Kraft

Beim Spannen einer Feder ist nach dem Hooke'schen Gesetz die Kraft proportional zur Dehnungsstrecke s. Wegen $F = D \cdot s$ erhält man im Kraft-Weg-Diagramm eine Gerade durch den Ursprung (→**B3** rechts). Die Größe der Dreiecksfläche $\frac{1}{2} \cdot s \cdot (D \cdot s) = \frac{1}{2} \cdot D \cdot s^2$ ist ein Maß für die Energie, die übertragen wird, wenn eine Feder um die Strecke s gespannt wird.

Kraft und Weg haben verschiedene Richtungen

Wird ein Wagen der Masse m mit der Kraft F gezogen, so wirkt sie in der Regel nicht längs des Weges des Wagens (→**B4**). Es trägt nur die in Wegrichtung wirkende Kraftkomponente $F_s = F \cdot \cos \alpha$ zur Arbeit $\Delta E = W = F_s \cdot s$ bei. Ist Reibung ausgeschlossen, so beschleunigt der Wagen mit $a = F_s/m$.

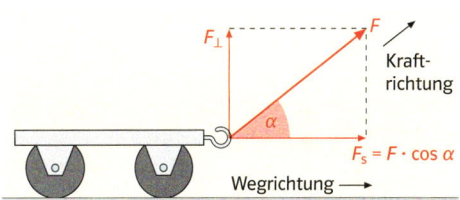

B4 Arbeit nur in Wegrichtung

Die zum Weg s senkrechte Kraftkomponente $F_\perp$ wird durch die Gewichtskraft des Wagens kompensiert. Sie hat keinen Anteil an der Energieübertragung auf den Wagen. Besteht bei einer Energieübertragung zwischen Kraftrichtung und Wegrichtung der Winkel α, gilt für die Arbeit beim Beschleunigen daher:

$\Delta E = W = F_s \cdot s = F \cdot s \cdot \cos \alpha$

Für $0° \leq \alpha < 90°$ ist $\cos \alpha > 0$, am System wird also Arbeit verrichtet, seine Energie nimmt zu. Für $90° < \alpha < 180°$ ist $\cos \alpha < 0$, das System verrichtet Arbeit, d.h., seine Energie nimmt ab. Bei $\alpha = 90°$ ist die Arbeit null, denn die Kraftrichtung ist senkrecht zur Wegrichtung, die Bewegungsenergie des Wagens ändert sich nicht.

**Im s-F-Diagramm ist die Fläche unter dem Graphen ein Maß für die übertragene Energie ΔE bzw. die verrichtete Arbeit W.
Zu der Arbeit, die an einem System verrichtet wird, trägt nur die Kraftkomponente in Wegrichtung bei.**

A1 ○ Beschreiben Sie die Arbeitsprozesse für einen Vorgang, bei dem ein Wagen der Masse m eine schiefe Ebene hinaufgezogen wird.

A2 ○ Begründen Sie ausgehend von **B4**, warum Pferdewagen große Räder haben.

Erhaltungsgrößen | **73**

3.4 Die Leistung

Um für seine Dampfmaschine zu werben, verglich **James Watt** (1736–1819) sie mit der von Pferden verrichteten Arbeit. Dabei betrachtete er nicht nur die mit der Arbeit überführte Energie, sondern auch die Zeitdauer, in der diese Überführung erfolgte.

Die Arbeitsgeschwindigkeit
Bei solchen Vergleichen wird dasjenige Ergebnis höher bewertet, bei dem in der Zeit Δt eine größere Arbeit $W = \Delta E$ erledigt oder für die gleiche Arbeit weniger Zeit beansprucht wurde.

Der Quotient $\Delta E/\Delta t$ erfasst beide Aspekte dieser „Arbeitsgeschwindigkeit", sodass man ihn zur Definition der physikalischen **Leistung P** verwendet: Die Leistung P ist der Quotient aus der mit der Arbeit W überführten Energie ΔE und der dafür benötigen Zeit Δt:

$$P = \frac{\Delta E}{\Delta t} \quad \text{mit der Einheit} \quad \frac{1\,\text{J}}{1\,\text{s}} = 1\,\text{W} \quad (1\,\text{Watt})$$

Die Leistung berücksichtigt die Dauer der Überführung. Erfolgt die Energieüberführung nicht gleichmäßig, so gibt der Quotient $\Delta E/\Delta t$ nur die **durchschnittliche Leistung $\bar{P}$** an.

Die Tabelle **B1** zeigt, dass es Traktoren und Motorräder mit gleicher Leistung gibt, die sich aber ganz unterschiedlich bemerkbar macht. Ein Traktor benötigt z. B. eine sehr große Kraft, um den Pflug, wenn auch sehr langsam, zu ziehen. Das Motorrad braucht dagegen zur Bewegung eine viel kleinere Kraft, muss diese aber bei großen Geschwindigkeiten ausüben.

Um mit dem Motorrad mit konstanter Geschwindigkeit zu fahren, muss auf das Motorrad eine konstante Kraft F wirken, die die Reibungskräfte kompensiert. Beim Zurücklegen einer Strecke Δs wird dabei die Arbeit $W = \Delta E = F \cdot \Delta s$ verrichtet.
Geschieht dies in der Zeit Δt, so ist die Leistung gegeben durch

$$P = \frac{\Delta E}{\Delta t} = F \cdot \frac{\Delta s}{\Delta t} = F \cdot v$$

Die überführte Energie kann in einem t-P-Diagramm aus dem Flächeninhalt unter der Kurve ermittelt werden (→**B2**).

Der Wirkungsgrad
Die Angabe „3 W" auf dem Typenschild eines Elektromotors kann überprüft werden. Die vom Motor überführte Energie ist messbar: Hebt dieser z. B. einen Körper der Masse $m = 0{,}05$ kg in $\Delta t = 2$ s auf die Höhe $h = 1{,}6$ m, so überträgt er ihm Energie, wodurch dessen Höhenenergie um $\Delta E = m \cdot g \cdot h = 0{,}8$ J ansteigt. Die Leistung des Motors ist damit:

$$P = \frac{\Delta E}{\Delta t} = \frac{0{,}8\,\text{J}}{2\,\text{s}} = 0{,}4\,\frac{\text{J}}{\text{s}} = 0{,}4\,\text{W}$$

Der Messwert weicht erheblich von der Angabe auf dem Typenschild ab. Der Grund ist, dass die dem Motor zugeführte elektrische Energie E_{zu} nicht vollständig als E_{ab} in Höhenenergie des Körpers überführt wird, sondern teilweise als thermische Energie im Motor bleibt, er erwärmt sich. Dies ist eine Eigenschaft aller Motoren. Zur Kennzeichnung wurde der Begriff **Wirkungsgrad η** eingeführt, er ist der Quotient aus abgegebener und zugeführter Energie, Arbeit oder Leistung:

$$\eta = \frac{E_{ab}}{E_{zu}} = \frac{W_{ab}}{W_{zu}} = \frac{P_{ab}}{P_{zu}}$$

η ist eine Größe ohne Einheit. Sie wird oft als Prozentzahl angegeben.

> **Die Leistung P ist der Quotient aus der mit der Arbeit W überführten Energie ΔE und der dafür benötigen Zeit Δt:**
>
> $$P = \frac{\Delta E}{\Delta t} \quad \text{mit der Einheit} \quad \frac{1\,\text{J}}{1\,\text{s}} = 1\,\text{W} \quad (1\,\text{Watt})$$

Auf den Vergleich mit Pferden geht die alte Einheit der Leistung, die Pferdestärke (1 PS) zurück. Es ist
1 PS = 736 W ≈ ¾ kW.

Übliche Vielfache und Teile der Einheit 1 Watt sind:
1 mW = 0,001 W
1 kW = 1000 W
1 MW = 1000 kW

Spazierengehen	20 W
Bergsteigen (4 h)	100 W
Rad fahren (2 h)	130 W
Hometrainer (2 min)	300 W
Wettschwimmen (100 s)	500 W
Hochsprung (1/10 s)	1200 W
Kugelstoßen (1/10 s)	2000 W

Mofa	1 kW
Motorrad	60 kW
Traktor	60 kW
Personenwagen	100 kW
Lastwagen	240 kW
ICE-Lokomotive	6 MW
Airbus A 300	130 MW

B1 Beispiele von Leistungen für eine Zeitdauer bzw. für Dauerleistungen

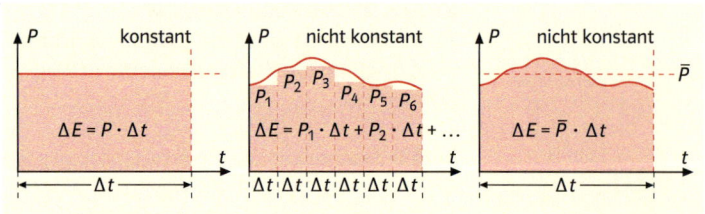

B2

Training

Energie, Arbeit und Leistung

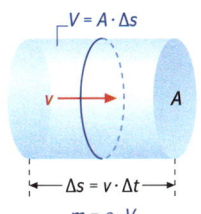

B1 Masse eines Luftpakets

Beispiel ● **B2** zeigt schematisch die Nutzung der Windenergie an einer Turbine. Die Flügel des Rotors überstreichen in der Zeitdauer Δt die Kreisfläche A. Die Masse des Luftpakets, das die Kreisfläche in dieser Zeit durchströmt, kann mit Hilfe von **B1** berechnet werden.

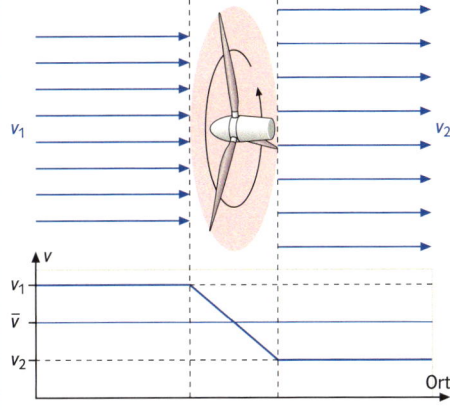

B2 Nutzung von Windenergie

a) Beschreiben Sie das dargestellte Prinzip und erklären Sie die Energieüberführung, die hier erfolgt.
b) Leiten Sie eine Gleichung zur Berechnung der Rotationsenergie des Windrades her.
c) Es soll angenommen werden, dass die Luft mit einer mittleren Geschwindigkeit von $v = \frac{1}{2}(v_1 + v_2)$ durch die Rotorfläche strömt und dass die Dichte ϱ der Luft sich dabei nicht ändert. Leiten Sie unter Berücksichtigung dieser Angaben die Formel zur Berechnung der Rotorleistung her.
d) Geben Sie den Wirkungsgrad der Energieüberführung an. Deuten Sie das Ergebnis.

Lösung a) Ein Luftpaket der Masse m durchströmt in der Zeitdauer Δt eine Kreisfläche A, die die Flügel des Rotors in dieser Zeit überstreichen. Dabei wird die Luft von der Geschwindigkeit v_1 auf die Geschwindigkeit v_2 abgebremst. Die Differenz der zugehörigen Bewegungsenergien wird in Rotationsenergie des Rotors überführt.

b) Die Rotationsenergie berechnet sich aus der Differenz der Bewegungsenergien:

$$E_{rot} = E_{B1} - E_{B2} = \frac{1}{2}m \cdot (v_1^2 - v_2^2)$$

Nimmt man an, dass die Luft mit der mittleren Geschwindigkeit $v = \frac{1}{2}(v_1 + v_2)$ durch die Rotorfläche strömt und dass die Dichte unverändert bleibt, dann gilt für die Masse m:

$$m = \varrho \cdot A \cdot v \cdot \Delta t = \frac{1}{2}\varrho \cdot A \cdot (v_1 + v_2) \cdot \Delta t$$

Damit ergibt sich für die Rotationsenergie

$$E_{rot} = \frac{1}{4}\varrho \cdot A \cdot (v_1 + v_2) \cdot \Delta t \cdot (v_1^2 - v_2^2)$$

c) Die Leistung ist definiert als Quotient aus überführter Energie ΔE und dafür benötigter Zeit Δt. Die Rotorleistung ist somit:

$$P_{rot} = \frac{E_{rot}}{\Delta t} = \frac{1}{4}\varrho \cdot A \cdot (v_1 + v_2) \cdot (v_1^2 - v_2^2)$$

d) Die vom Wind zugeführte Leistung beträgt

$$P_{zu} = \frac{1}{2}\varrho \cdot A \cdot v_1^3$$

Der Wirkungsgrad der Energieüberführung am Rotor ist dann:

$$\eta = \frac{P_{rot}}{P_{zu}} = \frac{1}{2} \cdot \frac{(v_1 + v_2) \cdot (v_1^2 - v_2^2)}{v_1^3} = \frac{1}{2} \cdot \frac{1 + v_2}{v_1} \cdot \left(1 - \frac{v_2^2}{v_1^2}\right)$$

Der Wirkungsgrad hängt vom Quotienten v_2/v_1 ab, also vom Verhältnis der Windgeschwindigkeiten vor und hinter dem Rotor.

A1 ● Der Auszug aus einer Automobilzeitschrift gibt einige Fahrzeugdaten für einen Mittelklassewagen an. Der Wagen wird auf Höchstgeschwindigkeit beschleunigt.
a) Berechnen Sie die maximale Leistung des Motors. Verwenden Sie die Daten aus der Tabelle.
b) Berechnen Sie die Durchschnittsleistung. Erläutern Sie, warum Sie nicht mit der Beziehung $P = F \cdot v$ rechnen dürfen.
Begründen Sie dann durch eine geeignete Rechnung, warum $P = \frac{1}{2}F \cdot v$ verwendet werden darf.

Fahrzeuggewicht	1000 kg
Höchstgeschwindigkeit	180 km/h
Beschleunigungszeit auf 100 km/h	8,3 s
Bremsweg ausgehend von 80 km/h	23,3 m

Im Artikel wird die Leistung des Mittelklassewagens mit rund 340 PS oder 250 kW beziffert, ein Wert, der angesichts der Daten in der Tabelle Verwunderung auslöst. Tatsächlich ist hier von einer Leistung die Rede, die nicht in höhere Geschwindigkeit, sondern in die Aufheizung der Bremsscheiben investiert wird …

Erhaltungsgrößen

c) Bestimmen Sie aus dem Artikel den Wert für die Bremsleistung des Pkw und vergleichen Sie diesen mit der Angabe im Text.
d) Analysieren Sie den Textabschnitt auf seine physikalische Korrektheit. Korrigieren Sie die problematischen Formulierungen.

A2 Zwei Personen beladen einen Lieferwagen mit Paketen gleicher Masse. Person A benötigt 8 min um 20 Pakete aufzuladen, Person B hebt in 20 min dagegen 24 Pakete in den Laderaum.
a) Vergleichen Sie die Arbeit, die die beiden Personen verrichtet haben.
Geben Sie an, welche Person beim Beladen die größere Leistung erbracht hat.
b) Die Leistung, die ein Lebewesen erbringen kann, hängt von der Dauer der Belastung ab. Das Diagramm zeigt im Vergleich, über welchen Zeitraum eine trainierte und eine untrainierte Person eine bestimmte Dauerleistung aufrechterhalten kann.

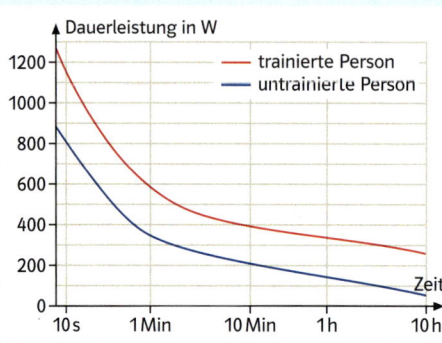
B1

Beurteilen Sie unter Berücksichtigung dieses Aspekts die Vorgehensweise der beiden Personen beim Beladen des Lieferwagens.
c) Überprüfen Sie die im Diagramm angegebene Höchstleistung einer trainierten Person durch eine Berechnung der Leistung beim Hochsprungweltrekord des Athleten Javier Sotomayor (→B2).
Bei seinem Sprung über 2,45 m musste er seinen Körperschwerpunkt um etwa 1,2 m anheben. Des weiteren nehmen wir an, dass die Masse des Athleten 80 kg und die Bodenkontaktzeit beim Absprung 0,13 s beträgt.
d) Für einen Menschen ist auch das Halten eines schweren Gegenstandes anstrengend, obwohl scheinbar keine Arbeit verrichtet wird. Recherchieren Sie, weshalb der Energieerhaltungssatz hier trotzdem erfüllt ist.

B2

e) Der Wirkungsgrad des Menschen hängt stark von der Art der Betätigung ab, bei Dauerleistungen liegt er zwischen 15 und 25 %. Geben Sie den Wirkungsgrad beim Halten eines schweren Gegenstandes an.
f) Auf elektrischen Geräten ist in der Regel die Leistung angegeben, die Tabelle zeigt einige Beispiele:

Beispiel	Leistung in W
PC	100
Toaster	800
Föhn	1200
Backofen	3000

Um einen Kuchen zu backen, muss dieser für 1 h in den Backofen. Bestimmen Sie anhand des Diagramms **B1**, wie viele untrainierte Personen nötig wären, um diese Leistung zu erbringen.
Berechnen Sie die Energie, die eine Person in Form von Nahrung aufnehmen müsste, um den bei der Leistung auftretenden Energieverlust auszugleichen. Der Wirkungsgrad soll bei 25 % liegen.

A3 Durch einen Schlag wird ein Golfball ($m = 20$ g) in 0,015 s auf eine Geschwindigkeit von $v_0 = 50$ m/s beschleunigt.
a) Berechnen Sie die mittlere Kraft, mit der der Schläger auf den Ball einwirkt.
b) Berechnen Sie die Bewegungsenergie des Balls unmittelbar nach dem Schlag.
c) Berechnen Sie die Leistung, die bei diesem Vorgang erbracht wurde.

3.5 Impuls

Betrachtet man den Untergang der „Titanic", wird klar: Wäre das Schiff vor dem missglückten Ausweichmanöver langsamer gewesen, hätte die Wirkung der Maschinen ausgereicht, um es am Eisberg vorbeizusteuern. Ähnliches kann man folgern, wäre die Masse des Schiffes kleiner gewesen.

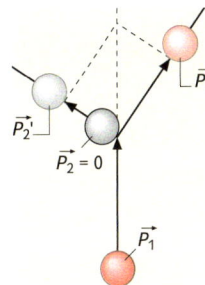

B1 Impulsänderung durch einen Stoß

Wechselwirkungen bei Stößen
Schnippt man auf einer glatten Unterlage eine Münze auf eine ruhende gleichartige Münze, so hängt die Auswirkung dieses Stoßes stark von der Geschwindigkeit der Münze ab. Bei der Verwendung verschiedener Münzen erkennt man aber auch, dass die Auswirkungen des Stoßes von der Masse der Stoßpartner abhängen.
Man definiert das Produkt aus Masse m und Geschwindigkeit $\vec{v}$ als **Impuls** $\vec{p}$ des Körpers:

$$\vec{p} = m \cdot \vec{v}$$

Die gesetzliche Einheit für p ist $1\frac{\text{kg} \cdot \text{m}}{\text{s}}$.

Der Impuls ist ein Vektor, der in die gleiche Richtung wie der Geschwindigkeitsvektor zeigt.

Impulserhaltung
Stoßen zwei frei bewegliche Körper zusammen, so beobachtet man, dass sich bei beiden Körpern die Geschwindigkeit und damit der Impuls verändert (→B1). Die Beobachtungen sind unabhängig davon, ob sich die Körper wirklich berühren oder ob man zwei kleine Magnete verwendet, die sich abstoßen, ohne in Kontakt zu kommen. Deshalb spricht man besser von Wechselwirkung.

Bei Versuchen mit zwei Gleitern auf der Luftkissenfahrbahn kann man Wechselwirkungen mit anderen Körpern, etwa durch Reibung, vernachlässigen. Man bezeichnet in diesem Fall die Gleiter als **abgeschlossenes System**. Messungen zeigen, dass bei der Wechselwirkung beide Gleiter eine gleich große, aber entgegengesetzte Impulsänderung erfahren. Für die Impulsänderung infolge der Wechselwirkung zweier Körper ist es unerheblich, in welchem Bewegungszustand sie sich vor der Wechselwirkung befinden. Es gilt stets der **Impulserhaltungssatz**:

$\Delta \vec{p}_1 = -\Delta \vec{p}_2$ und damit

$\vec{p}_1 - \vec{p}\,'_1 = -(\vec{p}_2 - \vec{p}\,'_2)$ bzw. $\vec{p}_1 + \vec{p}_2 = \vec{p}\,'_1 + \vec{p}\,'_2$

wobei p' jeweils den Impuls nach der Wechselwirkung angibt.

„Verlust und Gewinn" von Impuls?
Ein Flummi wird an eine Wand geworfen und prallt zurück. Ein Spielzeugauto wird auf einer ebenen Fläche angeschubst und rollt aus. In den Versuchen ändern sich die Impulse von Flummi und Spielzeugauto, scheinbar ohne dass eine Impulsübertragung auf einen anderen Körper zu beobachten ist.
Tatsächlich bleibt auch hier der Gesamtimpuls erhalten, denn man muss immer die Impulse aller wechselwirkenden Körper betrachten. Der Ball konnte seine Richtung nur umkehren, weil er gegen die Wand prallte. Die Wand erfuhr eine Impulsänderung um den gleichen Betrag wie der Flummi. Allerdings ist die Masse der Wand so groß, dass ihre Geschwindigkeitsänderung vernachlässigbar klein ist.
Auch das Spielzeugauto hat Impuls „verloren", er wurde an den Erdboden abgegeben. Damit verbunden ist eine Änderung der Erddrehung, die jedoch unmessbar klein ist.

Auch wenn ein Körper beschleunigt, muss ein anderer Körper in entgegengesetzter Richtung beschleunigt werden, damit der Gesamtimpuls erhalten bleibt. Eine Rakete beschleunigt (→B2), indem die Raketenabgase mit hoher Geschwindigkeit nach hinten ausgestoßen werden, ein Pkw beschleunigt, indem er die Straße nach hinten „wegschiebt" wie an der Fahrbahnmarkierung in B3 zu erkennen ist.

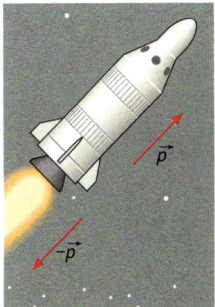

B2 Impulsübertragung bei einer Rakete

> **Ein Körper mit Masse m, der sich mit der Geschwindigkeit $\vec{v}$ bewegt, hat den Impuls $\vec{p} = m \cdot \vec{v}$.**
> **In einem abgeschlossenen System bleibt die Summe der Impulse erhalten.**

A1 ○ Beschreiben Sie, wie sich der Impuls eines Körpers ändert, auf den eine Kraft einwirkt.

A2 ○ Deuten Sie das Aufwirbeln des Sandes in Abbildung B4.

B3 Pkw „schieben" die Straße nach hinten.

B4 Speedway-Start

Erhaltungsgrößen | **77**

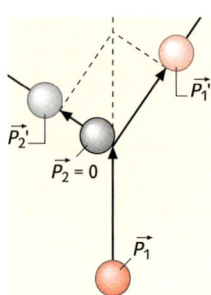

B1 Nichtzentraler, elastischer Stoß

Hinweis:
Beim unelastischen Stoß ist der Energieerhaltungssatz der Mechanik nicht erfüllt, weil ein Teil der Bewegungsenergie in thermische Energie und Verformungsenergie überführt wird.

Zentraler und nichtzentraler Stoß
Bisher wurden Messergebnisse nur bei Wechselwirkungen zweier Körper gewonnen, die sich auf einer Luftkissenbahn bewegen. Die Geschwindigkeitsvektoren der beteiligten Körper liegen auf einer Geraden, man spricht von einem **zentralen Stoß**. Er tritt jedoch bei Wechselwirkungen zwischen Münzen oder beim Billard selten auf.

B1 zeigt einen Fall, bei dem eine rote Kugel seitlich versetzt auf eine zu Beginn ruhende weiße Kugel stößt. Die Impulse $\vec{p}_1'$ und $\vec{p}_2'$ nach diesem nichtzentralen Stoß bilden ein Parallelogramm mit dem Anfangsimpuls $\vec{p}_1$ als Diagonale. Es gilt wiederum: $\vec{p}_1 = \vec{p}_1' + \vec{p}_2'$.

Elastische Stöße
Stoßen zwei Billardkugeln aufeinander, so bewegen sie sich nach dem Stoß mit veränderten Geschwindigkeiten weiter. Diese Geschwindigkeiten lassen sich mit Hilfe der Erhaltungssätze für Impuls und Energie bestimmen, wenn folgende Voraussetzungen erfüllt sind:

1 Die beteiligten Körper bewegen sich in einer horizontalen Ebene und sollen ein abgeschlossenes System bilden; die Bewegungsenergie bleibt erhalten.
2 Die Schwerpunkte der Körper bewegen sich auf einer Geraden aufeinander zu. Dann stoßen die Körper zentral zusammen (→B2).

Für die Körper 1 und 2 gilt nach den Erhaltungssätzen:

$$E_{B1} + E_{B2} = E'_{B1} + E'_{B2}$$
$$p_1 + p_2 = p_1' + p_2'$$

Man erhält für die Geschwindigkeiten v_1' und v_2' nach dem Stoß:

$$v_1' = \frac{2m_2 \cdot v_2 + (m_1 - m_2) \cdot v_1}{m_1 + m_2}$$

$$v_2' = \frac{2m_1 \cdot v_1 + (m_2 - m_1) \cdot v_2}{m_1 + m_2}$$

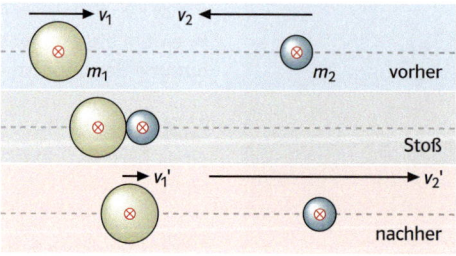

B2 Zentraler elastischer Stoß

Damit sind Voraussagen über Stoßvorgänge möglich, ohne dass die beim Stoß konkret ablaufenden Prozesse bekannt sind.

Unelastische Stöße
Stoßen zwei Körper zentral aufeinander, so bewegen sie sich nach einem unelastischen Stoß gemeinsam in die Richtung des Körpers, der zuvor den größeren Impuls hatte. Es gilt:

$$p_1 + p_2 = p_1' + p_2' \text{ bzw.}$$
$$m_1 \cdot v_1 + m_2 \cdot v_2 = (m_1 + m_2) \cdot v'$$

Für die Geschwindigkeiten der beiden Körper gilt: $v_1' = v_2' = v'$.

Somit folgt:
$$v' = \frac{m_1 \cdot v_1 + m_2 \cdot v_2}{m_1 + m_2}$$

A1 ⊖ **B3a** zeigt den elastischen Stoß zweier Körper mit gleichen Massen, **B3b** zeigt das Auflaufen (ebenfalls elastisch) eines Körpers 1 auf einen Körper 2 mit sehr viel kleinerer Masse.
a) Beschreiben Sie jeweils anhand der Abbildungen die Bewegungen der Stoßpartner vor und nach dem Stoß. Vergleichen Sie dazu auch ihre Geschwindigkeiten.
b) Begründen Sie mit Hilfe der angegebenen Gleichungen Ihre Aussagen aus a) über die Geschwindigkeiten nach dem Stoß.

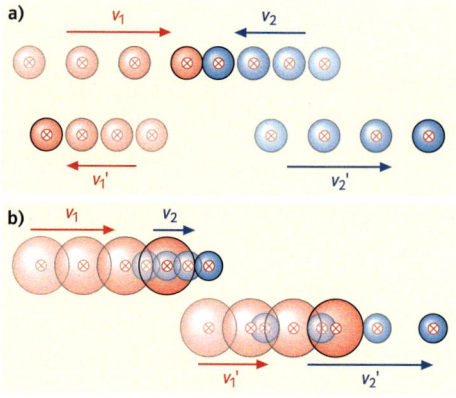

B3

A2 ● Leiten Sie für den Fall eines elastischen Stoßes die Gleichungen für v_1' und v_2' mathematisch aus dem Energieerhaltungssatz und dem Impulserhaltungssatz her.
Hinweis: Formen Sie die Gleichungen für die Energie und den Impuls so um, dass die Terme für Körper 1 auf der einen und die für Körper 2 auf der anderen Seite des Gleichheitszeichens stehen. Klammern Sie m_1 bzw. m_2 aus und denken Sie an die dritte binomische Formel.

Experiment

Untersuchung von Stoßvorgängen

Aufgabe: In den folgenden Versuchen soll das Verhalten zweier Körper untersucht werden, die unter verschiedenen Bedingungen zusammenstoßen.

Material: Luftkissenbahn mit zwei Lichtschranken, zwei Gleiter ($m = 100\,g$), Klettband, Feder, Massestück ($m = 100\,g$)

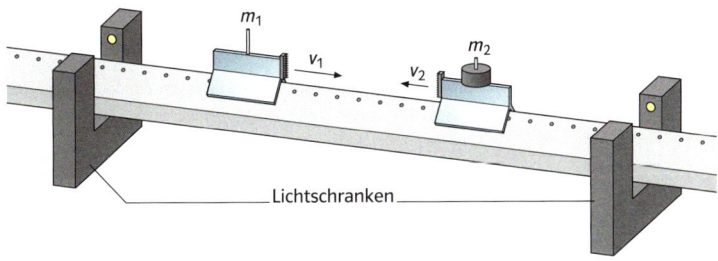

B1 Aufbau zu Versuch a)

Durchführung: a) An der Luftkissenbahn werden die beiden Lichtschranken angebracht. Dann werden zwei Gleiter gleicher Masse m, die beide mit Klettband versehen sind, auf die Bahn gesetzt. An beiden Gleitern ist eine Blende befestigt, die die Lichtschranke unterbrechen kann und somit die Ermittlung der Geschwindigkeit ermöglicht.

Nun werden die beiden Gleiter angestoßen und bewegen sich mit den Geschwindigkeiten v_1 und v_2 aufeinander zu (→B1).

b) Der Versuch wird abgeändert, indem man das Klettband entfernt und an einem Gleiter eine Feder anbringt. Erneut werden die beiden Gleiter angestoßen und bewegen sich mit den Geschwindigkeiten v_1 und v_2 aufeinander zu.

Die Messung wird mit Gleitern unterschiedlicher Masse durchgeführt.

Ergebnis und Auswertung: a) Die Gleiter stoßen zusammen und bleiben aneinander haften. Sie bewegen sich anschließend gemeinsam mit der Geschwindigkeit v' weiter. Die Messergebnisse zeigt Tabelle B3 links. (Negatives Vorzeichen heißt Bewegung nach links).

b) Auch hier stoßen die Gleiter zusammen, bewegen sich aber anschließend getrennt mit unterschiedlichen Geschwindigkeiten v'_1 und v'_2 weiter. Einige Messergebnisse zeigt der rechte Teil der Tabelle B3.

Um die beobachteten Geschwindigkeitsänderungen zu erklären, betrachtet man die Kräfte, die die Körper wechselseitig aufeinander ausüben. Aus den Kräften ergeben sich nach der Newton'schen Grundgleichung $F = m \cdot a$ Beschleunigungen und aus diesen nach $a = \Delta v / \Delta t$ Geschwindigkeitsänderungen.
Die Kraft F_{21}, die Gleiter 2 auf Gleiter 1 ausübt und die Kraft F_{12} von Gleiter 1 auf Gleiter 2 sind Wechselwirkungskräfte. Für sie gilt:

$$F_{21} = -F_{12}$$

Daraus wird nach der Grundgleichung:

$$m_1 \cdot a_1 = -m_2 \cdot a_2$$

Multipliziert man mit der Dauer der Krafteinwirkung Δt, ergibt sich:

$$m_1 \cdot a_1 \cdot \Delta t = -m_2 \cdot a_2 \cdot \Delta t$$
$$m_1 \cdot \Delta v_1 = -m_2 \cdot \Delta v_2$$
$$m_1 \cdot (v'_1 - v_1) = -m_2 \cdot (v'_2 - v_2)$$

Nach Umformung erhält man:

$$m_1 \cdot v_1 + m_2 \cdot v_2 = m_1 \cdot v'_1 + m_2 \cdot v'_2$$

Das Produkt aus Masse und Geschwindigkeit eines Körpers ist der Impuls p. Die obige Gleichung besagt, dass der Gesamtimpuls vor dem Stoß gleich dem Gesamtimpuls nach dem Stoß ist. Eine rechnerische Überprüfung zeigt, dass die Impulse im Rahmen der Messgenauigkeit übereinstimmen (→B2).

Messung	Gesamtimpuls p in kg m/s vorher	nachher
1	−0,023	−0,022
2	−0,020	−0,016
3	−0,080	−0,075
4	0,186	0,180
5	0,014	0,014
6	0,039	0,039
7	0,087	0,092
8	0,086	0,086
9	0,178	0,176

B2 Auswertung

Messung		1	2	3	4		5	6	7	8	9
Vor dem Stoß	m_1 in kg	0,10	0,10	0,10	0,10	m_1 in kg	0,10	0,15	0,15	0,25	0,25
	v_1 in m/s	0,55	0,58	0,48	1,22	v_1 in m/s	0,58	0,58	0,58	0,52	0,64
	m_2 in kg	0,10	0,10	0,20	0,20	m_2 in kg	0,10	0,10	0,20	0,10	0,10
	v_2 in m/s	−0,78	−0,78	−0,64	0,32	v_2 in m/s	−0,44	−0,48	0	−0,44	0,18
Nach dem Stoß	$m_1 + m_2$ in kg	0,20	0,20	0,30	0,30	v'_1 in m/s	−0,43	−0,26	−0,08	−0,02	0,37
	v' in m/s	−0,11	−0,08	−0,25	0,60	v'_2 in m/s	0,57	0,78	0,49	0,91	0,83

B3 Messwerte für Gleiter mit Klettband (1–4) und Gleiter mit Feder (5–9)

3.6 Impuls und Kraft

Einen Sprung aus 1 m Höhe auf harten Boden sollte man mit den Knien abfedern, um die Gelenke zu schonen. Da die Impulsänderung vorgegeben ist, bestimmt die Dauer des Vorgangs die Größe der wirkenden Kraft.

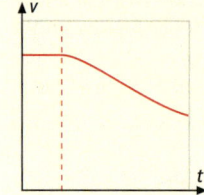 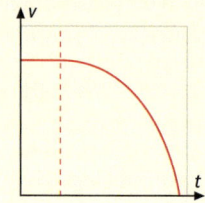 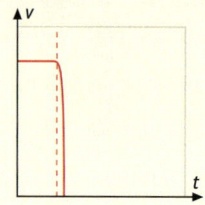

B1 *t-v*-Diagramme für unterschiedliche Bremsvorgänge

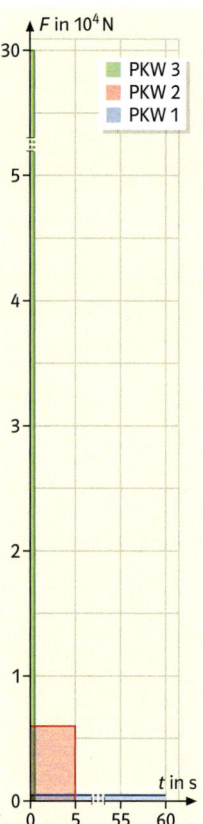

B2 *t-F*-Diagramme für gleiche Impulsänderung

Impulsänderung und Zeitdauer

Drei baugleiche Pkw der Masse 1500 kg fahren mit der Geschwindigkeit 20 m/s und kommen auf unterschiedliche Weise zum Stillstand (→B1): Der Fahrer des ersten Wagens lässt sein Auto ausrollen, es kommt nach 60 s zum Stehen.
Der Fahrer des zweiten Wagens tritt auf die Bremse, sein Fahrzeug steht nach 5 s. Pkw 3 fährt im Crashtest ungebremst auf ein Hindernis und kommt innerhalb eines Sekundenbruchteils zum Stillstand.

Da alle Pkw zunächst gleiche Geschwindigkeit besitzen, ist auch ihr Impuls gleich:

$$p = m \cdot v = 1500\,\text{kg} \cdot 20\,\tfrac{m}{s} = 30\,000\,\tfrac{kg \cdot m}{s}$$

Sind sie zum Stillstand gekommen, ist ihr Impuls ebenfalls gleich. Alle Pkw haben die gleiche Impulsänderung erfahren. Die Auswirkungen auf die Fahrzeuge sind jedoch ganz verschieden, da die Impulsänderung in unterschiedlich langen Zeitdauern erfolgte. Der Quotient $\Delta p/\Delta t$ charakterisiert die Wirkung einer Impulsübertragung. Man bezeichnet sie üblicherweise als „**Kraft**". Es gilt:

$$\vec{F} = \frac{\Delta \vec{p}}{\Delta t}$$

Für die drei Pkw aus dem Beispiel lässt sich die wirkende Kraft berechnen:

Pkw 1:
$$F = \frac{\Delta p}{\Delta t} = \frac{-30\,000\,\tfrac{kg \cdot m}{s}}{60\,s} = -500\,\text{kg}\,\tfrac{m}{s^2} = -500\,\text{N}$$

Pkw 2:
$$F = \frac{\Delta p}{\Delta t} = \frac{-30\,000\,\tfrac{kg \cdot m}{s}}{5\,s} = -6\,000\,\text{N}$$

Pkw 3:
$$F = \frac{\Delta p}{\Delta t} = \frac{-30\,000\,\tfrac{kg \cdot m}{s}}{0{,}1\,s} = -300\,000\,\text{N}$$

Betrachtet man die zugehörigen *t-F*-Diagramme zeigt sich, dass die Impulsänderung der Fläche unter der Kurve entspricht:

$$\Delta \vec{p} = \vec{F} \cdot \Delta t$$

Sie ist in allen drei Fällen gleich groß. Das Produkt $\vec{F} \cdot \Delta t$ nennt man auch **Kraftstoß**.

Wirkt auf einen Körper keine Kraft, dann ist sein Impuls konstant. Im Umkehrschluss gilt aber nicht, dass auf einen Körper mit konstantem Impuls keine Kräfte wirken. Herrscht an einem Körper Kräftegleichgewicht, bewegt er sich, als wäre er kräftefrei.

Wie kann man den Impuls ändern?

Der Impuls ist das Produkt aus Masse und Geschwindigkeit. Die Geschwindigkeit ist eine vektorielle Größe, sie besitzt einen Betrag und eine Richtung. Der Impuls ändert sich somit, wenn sich mindestens eine der drei Komponenten Masse, Betrag der Geschwindigkeit oder Richtung der Geschwindigkeit ändert:

1 Eine Massenänderung tritt z. B. bei einem Löschflugzeug auf, das im Gleitflug über einem See Wasser tankt.
2 Bei einem frei fallenden Körper nimmt der Betrag der Geschwindigkeit zu.
3 Durchfährt ein Auto „bei gleichem Tempo" eine Kurve, ändert sich die Richtung der Geschwindigkeit.

Für den Fall konstanter Masse *m* ergibt sich aus der Definition der Kraft die Grundgleichung der Mechanik:

$$\vec{F} = \frac{\Delta \vec{p}}{\Delta t} = \frac{\Delta (m \cdot \vec{v})}{\Delta t} = m \cdot \frac{\Delta \vec{v}}{\Delta t} = m \cdot \vec{a}$$

Die Kraft ist der Quotient aus der Impulsänderung und der Zeitdauer, in der diese Änderung erfolgt:

$$\vec{F} = \frac{\Delta \vec{p}}{\Delta t}$$

Exkurs: Kraftverlauf bei einem Unfall

Die Abbildung **B2** zeigt einen Crashtest, bei dem ein Pkw frontal und nahezu unelastisch mit der Anfangsgeschwindigkeit v auf eine Mauer prallt. Die Masse der Mauer wird als praktisch unendlich groß angenommen. Der Pkw kommt zum Stillstand, d.h., sein Impuls wird vollständig auf die Mauer übertragen. Um Verletzungen der Insassen zu vermeiden oder mindestens gering zu halten, vergrößert man den Bremsweg Δs bzw. die Bremszeit Δt mit Hilfe einer Knautschzone.

Der Impuls wird durch einen Kraftstoß auf die Wand übertragen:

$$\Delta p = F \cdot \Delta t$$

Für die durchschnittliche Kraft folgt daraus:

$$F = \frac{\Delta p}{\Delta t}$$

Sie ist umso kleiner, je größer Δt ist.

Testergebnissen entnimmt man $\Delta t = 0{,}1\,\text{s}$. Bei einer Fahrzeugmasse $m = 1500\,\text{kg}$ und einer Geschwindigkeit $v = 64\,\text{km/h} = 17{,}8\,\text{m/s}$ hat der Pkw vor dem Aufprall den Impuls $p = 26\,700\,\text{kg} \cdot \text{m/s}$. Für die mittlere Bremskraft auf das gesamte Fahrzeug ergibt sich $F = \Delta p / \Delta t = 2{,}7 \cdot 10^5\,\text{N}$. Die Gewichtskraft des Fahrzeugs beträgt $1{,}5 \cdot 10^4\,\text{N}$, die mittlere Bremskraft ist also 18-mal so groß.

Auch ein in derselben Zeit abgebremster Insasse müsste das 18-fache seiner Gewichtskraft aushalten. Wäre er nicht angegurtet, würde er sich zunächst allerdings mit konstanter Geschwindigkeit weiterbewegen, bis er, jetzt in noch kürzerer Zeit, also mit noch größerer Kraft, nachträglich zur Ruhe käme.
In Abbildung **B1** zeigt die rote Kurve den Verlauf der Kraft, die auf den Insassen wirkt.

B2 Aufprall eines Autos auf eine Wand

Sie weist zwei deutliche Spitzen auf, die das Auftreffen des Körpers auf das Lenkrad und des Kopfes auf das Armaturenbrett markieren.

Ein Gurt kann den Bremsweg bzw. die Bremszeit wegen seiner Nachgiebigkeit zusätzlich verlängern, sodass der angegurtete Insasse weniger als das 18-fache seiner Gewichtskraft aushalten muss. Dies macht der Verlauf der blauen Kurve in **B1** deutlich: Sie zeigt, dass der Abbremsvorgang früher einsetzt bzw. über eine längere Zeitdauer erfolgt. Da Masse und Geschwindigkeitsänderung gleich bleiben, wirkt auf den Insassen nach $F = m \cdot \Delta v / \Delta t$ eine geringere Kraft.

Ergänzt werden Sicherheitsgurte heute von Airbags, deren Sensoren auf große negative Beschleunigungen reagieren. Überschreitet die Verzögerung einen Grenzwert, entfaltet sich der Airbag innerhalb von 50 ms vollständig. Er bremst die Bewegung des Kopfes und verhindert die zu starke Überdehnung der Wirbelsäule.

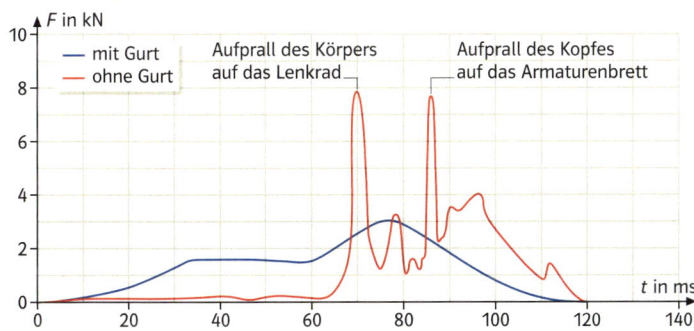

B1 Verlauf der Kraft auf einen Fahrer mit und ohne Sicherheitsgurt bei einem Frontalaufprall

3.7 Drehimpuls und Drehimpulserhaltung

Eine Eiskunstläuferin dreht sich mit ausgestreckten Armen um ihre Achse. Bringt sie die Arme über dem Kopf zusammen, vergrößert sie ihre Winkelgeschwindigkeit deutlich. Streckt sie die Arme seitlich wieder aus, verlangsamt sich die Drehbewegung wieder.

Das Grundgesetz der Rotation

Für Translationsbewegungen eines Körpers gilt das Grundgesetz der Mechanik $F = m \cdot a$. Für ein Massenelement m, das im Abstand r um eine feste Achse rotiert, gilt:

$$M = m \cdot r^2 \cdot \alpha = J \cdot \alpha$$

In formaler Übereinstimmung mit dem Grundgesetz der Mechanik, das für Translationsbewegungen gilt, kann daher festgestellt werden: Das Grundgesetz der Dynamik der Rotation des starren Körpers lautet

$$M = J \cdot \alpha$$

Aus dem Grundgesetz der Mechanik folgte für $F = 0$ auch $a = 0$, was gleichbedeutend mit dem Trägheitsgesetz ist. Analoges gilt für die Rotation: Ist die Summe der angreifenden Drehmomente $M = 0$, wird auch die Winkelbeschleunigung $\alpha = 0$.

Die Beständigkeit von Rotationsbewegungen, die keinen äußeren Antrieb erfahren, zeigt sich insbesondere bei Himmelskörpern.

Drehimpuls

Auf Grund der festgestellten Analogien zwischen Translations- und Rotationsgrößen, führt man die zum Impuls p der Translationsbewegung analoge Rotationsgröße, den **Drehimpuls** L ein.

Das Drehmoment wurde als Produkt von Kraft F und Abstand r zur Drehachse definiert:

$$M = r \cdot F \quad (\text{für } \vec{F} \perp \vec{r})$$

Entprechend definiert man den Drehimpuls als Produkt des Impulses p_i eines Massenelementes m_i und seinem Abstand r_i von der Drehachse:

$$L_i = p_i \cdot r_i \quad (\text{für } \vec{p}_i \perp \vec{r}_i)$$

Aus $p = m \cdot v$ wird $p \cdot r = m \cdot v \cdot r$. Mit $v = \omega \cdot r$ ergibt sich $p \cdot r = m \cdot r^2 \cdot \omega$. Für ein Massenelement m war der Ausdruck $m \cdot r^2$ gerade gleich dem Trägheitsmoment J, sodass

$$L_i = p_i \cdot r_i = m_i \cdot r_i^2 \cdot \omega = J_i \cdot \omega$$

Für einen aus vielen Massenelementen zusammengesetzten rotierenden starren Körper erhält man für den Drehimpuls:

$$L = (J_1 \cdot \omega + \ldots + J_n \cdot \omega) = \sum J_i \cdot \omega$$

Drehimpulserhaltung

In einem System, für das die Summe der einwirkenden Kräfte gleich null ist, gilt der Impulserhaltungssatz. Aus der Erfahrung folgt: Ohne äußere Einflüsse ändert sich der Drehimpuls eines Körpers nicht. Ist das an einem Körper angreifende Drehmoment $M = 0$, so muss auch $\alpha = 0$ sein (da $J \neq 0$).

Es gilt wie vermutet der **Drehimpulserhaltungssatz**: Der Drehimpuls $L = J \cdot \omega$ eines starren Körpers bezüglich seiner Drehachse ist konstant, solange kein äußeres Drehmoment auf ihn einwirkt.

Die Winkelgeschwindigkeit kann daher durch die Änderung des Trägheitsmoments verändert werden. Eine solche Änderung des Trägheitsmoments erzielt man durch eine Umverteilung der Masse um die Drehachse, wie es z. B. bei einer Pirouette oder einem Salto der Fall ist (→**B1**).

B1 Änderung des Trägheitsmoments bei Pirouette und Salto

Ist die Summe der an einem rotierenden Körper angreifenden Drehmomente $M = 0$, so rotiert der Körper mit konstanter Winkelgeschwindigkeit ω.

Das Produkt aus Trägheitsmoment und Winkelgeschwindigkeit eines Körpers bestimmt seinen Drehimpuls: $L = J \cdot \omega$

Solange kein äußeres Drehmoment wirkt, ist der Drehimpuls eines starren rotierenden Körpers konstant.

Wenn eine Eisläuferin in langsamer Drehung ihre Arme an den Körper heranzieht, verringert sich damit das Trägheitsmoment. In gleicher Weise lässt sich das Verhalten einer Turmspringerin beim Salto erklären, die durch Anziehen der Beine ihr Trägheitsmoment verringert. Da der Drehimpuls erhalten bleibt, muss gemäß $L = J \cdot \omega$ die Winkelgeschwindigkeit steigen, „sie dreht sich schnell".

Energie rotierender Körper

Zu allen wichtigen Größen der Translation lassen sich Größen der Drehbewegung ausgedehnter Körper definieren (→B1). Analog zur Bewegungsenergie gilt für die Energie eines rotierenden Körpers:

$$E_{rot} = \tfrac{1}{2} J \cdot \omega^2$$

Der vollständige Energieerhaltungssatz der Mechanik für ausgedehnte Körper lautet nun:

$$E_{ges} = E_H + E_B + E_S + E_{rot} = \text{konstant}$$

Geradlinige Bewegung	Drehbewegung um eine feste Achse
Ort s, Weglänge Δs	Winkel φ, Winkeldifferenz $\Delta \varphi$
Geschwindigkeit $v = \frac{\Delta s}{\Delta t}$	Winkelgeschwindigkeit $\omega = \frac{\Delta \varphi}{\Delta t}$
Beschleunigung $a = \frac{\Delta v}{\Delta t}$	Winkelbeschleunigung $\alpha = \frac{\Delta \omega}{\Delta t}$
Masse m	Trägheitsmoment J
Impuls $p = m \cdot v$	Drehimpuls $L = J \cdot \omega$
Impulsänderung $\frac{\Delta p}{\Delta t} = F$	Drehimpulsänderung $\frac{\Delta L}{\Delta t} = M$
Kraft $F = m \cdot a$	Drehmoment $M = J \cdot \alpha$
Bewegungsenergie $E_B = \tfrac{1}{2} m \cdot v^2$	Rotationsenergie $E_{rot} = \tfrac{1}{2} J \cdot \omega^2$

B1 Analogien zwischen der geradlinigen Bewegung und der Drehbewegung

Exkurs: Rotation um freie Achsen

Kraftwerksturbinen, Motoren, Auträder usw. müssen einen möglichst ruhigen Lauf haben. Nur dann wirken keine von den rotierenden Massen herrührenden Kräfte auf die Achslager. Die gleichmäßige Rotation wird durch eine solche Massenverteilung bezüglich der Drehachse gewährleistet, bei der der Massenmittelpunkt auf der Drehachse liegt. Gegebenenfalls muss, wie bei Auträdern häufig zu sehen, durch Auswuchten korrigiert werden. Wenn wir uns bei einem gut ausgewuchteten Rad die Schwerkraft aufgehoben denken, können wir das Lager auch weglassen. Wir hätten dann eine **freie Drehachse**.

Eine Katze, die zuerst mit dem Rücken nach unten fällt, gibt dafür ein Beispiel. Sie führt sofort mit dem Schwanz heftige Drehbewegungen aus (→B2) und wendet damit unbewusst den Drehimpulserhaltungssatz an.

B2 Fallende Katze

Bei Körpern, die um eine freie Achse rotieren, ist es wichtig, dass diese freie Drehachse stabil ist, d. h., dauernd beibehalten wird. Jeder rotierende Körper hat ja ein auf die jeweilige Drehachse bezogenes Trägheitsmoment. So ist das Trägheitsmoment eines Stabes um seine Längsachse relativ klein und das durch seinen Mittelpunkt senkrecht zur Längsachse relativ groß. Es zeigt sich, dass die Rotation um die Achse mit dem größten Trägheitsmoment immer stabil ist. Der Drehimpuls ist wie der lineare Impuls ein Vektor. Seine Richtung ist parallel zur Drehachse. Ein schnell rotierender Kreisel behält seine Richtung im Raum bei.

Darin steckt das Geheimnis des Diskuswurfs. Der Diskuswerfer stellt beim Abwurf die Lage der Scheibendrehachse so ein, dass während des Flugs ein Auftrieb infolge der am Diskus vorbeiströmenden Luft entsteht (→B3). Dadurch kann die Wurfweite merklich vergrößert werden.

Auch die Erde behält im Verlauf der jährlichen Umrundung der Sonne bei der täglichen Rotation die Lage ihrer Drehachse im Raum bei. Der Winkel zwischen der Rotationsachse und dem auf der Ebene der Erdbahn errichteten Lot beträgt 23° 27'.

Auf diesen Winkel sind Jahreszeitenwechsel und die unterschiedliche Tag- und Nachtdauer zurückzuführen.

B3 Diskuswerferin

Training — Impuls und Kraftübertragung

Bemerkung: Wenn nicht anders angegeben, soll die Reibung bei der Lösung nicht berücksichtigt werden.

In Berechnungen soll $g = 10\,\text{m/s}^2$ angesetzt werden.

Im Beispiel werden alle Größen nach dem Stoß durch ein ' gekennzeichnet.

Beispiel ● Ein Wagen, der sich nach rechts bewegt, stößt elastisch gegen eine ruhende Kugel. Durch den Stoß erhält sie die Geschwindigkeit $v = 3{,}0\,\text{m/s}$ nach rechts. Weitere Daten finden sich in folgender Abbildung:

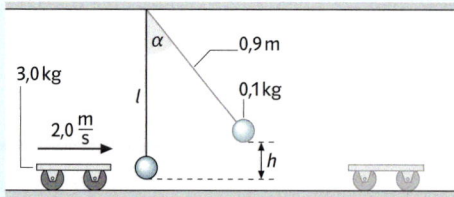

Teil 1:
a) Berechnen Sie den auf die Kugel übertragenen Impuls.
b) Ermitteln Sie die Geschwindigkeit, mit der sich der Wagen nach dem Stoß weiter bewegt.
c) Die Kugel schwingt nach dem Stoß um ihre Ruhelage. Berechnen und erklären Sie die Impulsänderung der Kugel, wenn sie das erste Mal wieder durch die Ruhelage schwingt.
d) Man könnte vermuten, dass der Impulserhaltungssatz für die schwingende Kugel nicht gilt. Nehmen Sie begründet Stellung.

Teil 2:
Die Kugel wird durch den Stoß um den Winkel 60° ausgelenkt.
a) Berechnen Sie die Arbeit, die an der Kugel verrichtet wurde.
b) Ermitteln sie die Bewegungsenergie des Wagens nach dem Stoß.
c) Untersuchen Sie, ob bei diesem Stoß die Bewegungsenergie erhalten blieb. Kommentieren Sie Ihr Ergebnis.

Lösung, Teil 1:
Aus Bild und Text entnimmt man für
– den Wagen: $m_W = 3{,}0\,\text{kg}$; $v_W = 2{,}0\,\tfrac{\text{m}}{\text{s}}$
– die Kugel: $m_K = 0{,}1\,\text{kg}$; $v_K = 0\,\tfrac{\text{m}}{\text{s}}$; $v'_K = 3{,}0\,\tfrac{\text{m}}{\text{s}}$

a) Für den übertragenen Impuls gilt
$\Delta p_K = m_K \cdot \Delta v_K$. Daraus folgt mit $\Delta v_K = v'_K - v_K$:
$\Delta p_K = 0{,}1\,\text{kg} \cdot 3{,}0\,\tfrac{\text{m}}{\text{s}} = 0{,}3\,\text{Ns}$

b) Aus dem Impulserhaltungssatz ergibt sich:
$m_W \cdot v_W = m_W \cdot v'_W + m_K \cdot v'_K$

$v'_W = \dfrac{m_W \cdot v_W - m_K \cdot v'_K}{m_W} = \dfrac{3{,}0\,\text{kg} \cdot 2{,}0\,\tfrac{\text{m}}{\text{s}} - 0{,}1\,\text{kg} \cdot 3{,}0\,\tfrac{\text{m}}{\text{s}}}{3{,}0\,\text{kg}}$

$v'_W = 1{,}9\,\tfrac{\text{m}}{\text{s}}$

c) Da der Vorgang reibungsfrei sein soll, besitzt die Kugel nun die Geschwindigkeit $v'_K = -3{,}0\,\text{m/s}$, also ist $|\Delta p| = 0{,}6\,\text{Ns}$. Nach dem Stoß wirkt nach **B1** eine veränderliche Rückstellkraft auf die Kugel. Die Geschwindigkeit der Kugel nimmt ab bis zu ihrem Stillstand. Nun kehrt sich die Bewegungsrichtung der Kugel um und sie wird beschleunigt, bis sie nach der Zeit Δt den Punkt B erneut mit gleichem Betrag, aber anderer Richtung der Geschwindigkeit erreicht. Damit gilt für die Impulsänderung: $\Delta p = F_{\text{rück}}(t) \cdot \Delta t$

d) Die Aufhängung gehört mit zum System, sie nimmt den zur Schwingung entgegengesetzt gerichteten Impuls auf.

Lösung, Teil 2:
a) Die Höhe, bis zu der die Kugel steigt, ergibt sich wegen $\dfrac{l - h}{l} = \cos\varphi$ zu:

$h = l - l \cdot \cos 60° = l \cdot (1 - \cos 60°)$

$h = 0{,}9\,\text{m} \cdot (1 - 0{,}5) = 0{,}45\,\text{m}$

Die Hubarbeit $W = m_K \cdot g \cdot h$ beträgt:

$W = 0{,}1\,\text{kg} \cdot 10\,\tfrac{\text{m}}{\text{s}^2} \cdot 0{,}45\,\text{m} = 0{,}45\,\text{J}$

Alternativ kann die Bewegungsenergie der Kugel unmittelbar nach dem Stoß berechnet werden, man erhält denselben Wert:

$E'_{B,K} = \tfrac{1}{2} m_K \cdot v'^2_K = \tfrac{1}{2} \cdot 0{,}1\,\text{kg} \cdot \left(3{,}0\,\tfrac{\text{m}}{\text{s}}\right)^2$

$E'_{B,K} = 0{,}45\,\text{J}$

b) Nach dem Stoß besitzt der Wagen die Geschwindigkeit $v'_W = 1{,}9\,\text{m/s}$. Damit beträgt seine Bewegungsenergie $E'_{B,W}$:

$E'_{B,W} = \tfrac{1}{2} m \cdot v'^2_W = \tfrac{1}{2} \cdot 3{,}0\,\text{kg} \cdot 3{,}6\,\tfrac{\text{m}}{\text{s}^2}$

$E'_{B,W} = 5{,}4\,\text{J}$

c) Vor dem Stoß bewegt sich der Wagen mit der Geschwindigkeit $v_W = 2{,}0\,\text{m/s}$, seine Bewegungsenergie beträgt also:

$E_{B,W} = \tfrac{1}{2} m \cdot v^2_W = \tfrac{1}{2} \cdot 3{,}0\,\text{kg} \cdot 4{,}0\,\tfrac{\text{m}}{\text{s}^2} = 6{,}0\,\text{J}$

Die Ergebnisse aus den Teilaufgaben a) bis c) zeigen, dass die Summe der Bewegungsenergien nach dem Stoß kleiner ist als davor:

$E_{B,W} = 6{,}0\,\text{J} > E'_{B,W} + E'_{B,K} = 5{,}4\,\text{J} + 0{,}45\,\text{J} = 5{,}85\,\text{J}$

Das betrachtete System ist also nicht abgeschlossen, ein Teil der Energie wurde beim Stoß durch Verformungsarbeit in thermische Energie umgesetzt.

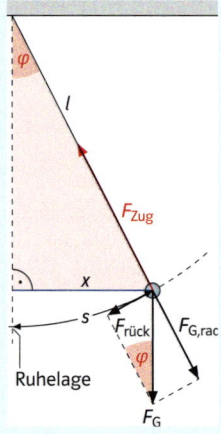

B1 Rückstellkraft auf die Kugel

A1 ⊖ Eine Rakete beschleunigt unabhängig von der Umgebung dadurch, dass Verbrennungsgase aus der Rakete ausströmen. Dieses Ausströmen erfolgt über eine Düse, an der das Gas eine sehr hohe Geschwindigkeit besitzt. Um diese hohe Geschwindigkeit zu erreichen, muss das Gas durch eine Kraft beschleunigt werden. Nach dem Wechselwirkungsprinzip tritt zu jeder Kraft eine Gegenkraft auf, die in diesem Fall auf die Rakete wirkt und ihre Impulsänderung verursacht.

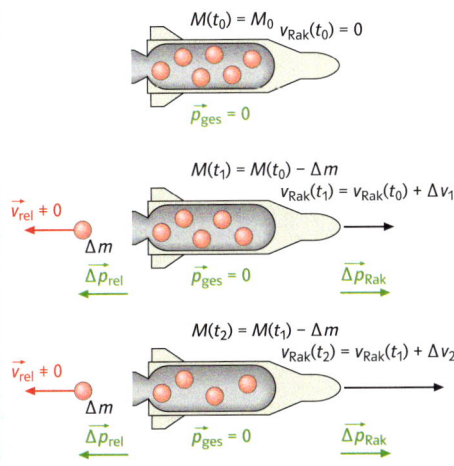

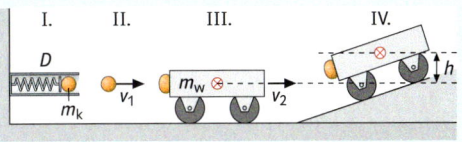

B2

B1 Impulsänderung beim Rückstoßantrieb

a) Zeigen Sie unter Verwendung der Abbildung B1, dass für die Geschwindigkeitszunahme der Rakete durch eine Massenänderung folgende Gleichung gilt:

$$\Delta v = \frac{\Delta m}{M(t) - \Delta m} \cdot v_{rel}$$

b) Berechnen Sie die Geschwindigkeit der Rakete nach Brennschluss bei $6 \cdot \Delta m$, wenn folgende Werte gegeben sind: $M_0 = 1000\,\text{kg}$; $\Delta m = 1\,\text{kg}$; $v_{rel} = 20\,\text{m/s}$.

c) Begründen Sie das Mehrstufenprinzip bei Raketen.

A2 ⊖ Eine Feder mit der Federkonstanten $D = 7{,}5\,\text{N/cm}$ wird um $s = 4\,\text{cm}$ zusammengedrückt. Anschließend wird mit Hilfe dieser Feder eine Knetkugel ($m_K = 20\,\text{g}$) auf einen (zunächst ruhenden) Wagen der Masse ($m_W = 100\,\text{g}$) geschossen.
Die Kugel bleibt am Wagen haften. Beide bewegen sich mit der Geschwindigkeit v_2 weiter.

a) Berechnen Sie die Gesamtenergie vor und nach dem Stoß. Erklären Sie das Ergebnis.
b) Der Wagen bewegt sich nach dem Stoß eine schiefe Ebene hinauf. Berechnen Sie die erreichte Höhe h auf zwei verschiedenen Wegen.

A3 ⊖ Ein Fußball fliegt von links nach rechts. Ein Angreifer springt für einen Kopfball hoch und erzielt ein Tor.

B3

a) Geben Sie die Richtung der Kraft beim Köpfen an, damit der Ball den in der Abbildung gezeigten Weg nimmt.
b) Berechnen Sie die Kraft, die auf den Ball – und somit auch auf den Kopf – wirkt, wenn $v_1 = v_2 = 20\,\text{m/s}$ ist, die Kontaktzeit 6 ms beträgt und der Ball eine Masse von 450 g besitzt.

A4 ● Ein Modellhubschrauber steht auf einer austarierten Waage. Geht er in den Schwebeflug, so zeigt die Waage weiterhin „0 g" an.
a) Geben Sie die Aussage des Impulserhaltungssatzes wieder.
b) Benennen Sie alle Körper, die im Beispiel des schwebenden Hubschraubers berücksichtigt werden müssen.
c) Erklären Sie die beschriebene Beobachtung unter Verwendung Ihrer Überlegungen aus den Teilen a) und b).

Rückblick

Zusammenfassung

Energieerhaltung Die mechanische Energie eines Körpers (→B1) lässt sich durch die folgenden Terme beschreiben:

Bewegungsenergie: $E_B = \frac{1}{2} m \cdot v^2$

Höhenenergie: $E_H = m \cdot g \cdot h$

Spannenergie: $E_S = \frac{1}{2} D \cdot s^2$

Bei Energie- und Impulsüberführungen werden die Größen üblicherweise vor der Überführung ohne und danach mit Strich gekennzeichnet.

Bei reibungsfreien Wechselwirkungen in einem abgeschlossenen System bleibt die Summe aus Höhenenergie, Bewegungsenergie und Spannenergie erhalten. Es gilt der Energieerhaltungssatz der Mechanik:

$E_{ges} = E_B + E_H + E_S = E'_B + E'_H + E'_S$

Werden in einem abgeschlossenen System Umsetzungen berücksichtigt, die sich als Änderung der thermischen Energie erfassen lassen, bleibt die Gesamtenergie hier ebenfalls erhalten.

Leistung (bzw. Energiestromstärke) Die Leistung ist der Quotient aus der Energieänderung ΔE und der dafür benötigten Zeitdauer Δt:

$P = \frac{\Delta E}{\Delta t}$

Mechanische Arbeit Wirkt auf einen Körper längs des Weges Δs eine Kraft F, so wird die Energie $\Delta E = F \cdot \Delta s$ auf den Körper übertragen. Besteht zwischen Kraftrichtung und Wegrichtung der Winkel α, so ist:

$\Delta E = F \cdot \Delta s \cdot \cos \alpha$

Die so übertragene Energie wird als mechanische Arbeit bezeichnet.

Impulserhaltung Der Impuls $\vec{p}$ eines Körpers ist definiert als das Produkt aus seiner Masse m und seiner Geschwindigkeit $\vec{v}$:

$\vec{p} = m \cdot \vec{v}$

Bei Wechselwirkungen in einem abgeschlossenen System bleibt der Gesamtimpuls erhalten:

$\vec{p} = \vec{p}_1 + \vec{p}_2 = \vec{p}\,'_1 + \vec{p}\,'_2$

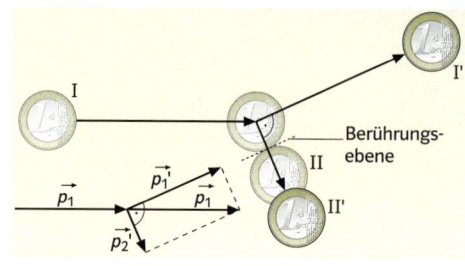

B2 Impulserhaltung beim Zusammenstoß zweier Münzen

Stöße zwischen zwei Körpern Bewegen sich zwei Körper beim Zusammenstoß längs der Verbindungslinie ihrer Schwerpunkte, spricht man von einem zentralen Stoß. Man unterscheidet:

1. Zentraler elastischer Stoß: Gesamtimpuls und mechanische Energie bleiben erhalten.
2. Zentraler unelastischer Stoß: Die mechanische Energie bleibt nicht erhalten. Stoßen zwei Körper unelastisch zentral aufeinander, so bewegen sie sich nach dem Stoß in die Richtung des Körpers, der zuvor den größeren Impuls hatte.

Impulsänderung Der Quotient aus einer Impulsänderung und der Zeitdauer, in der diese Änderung erfolgt, beschreibt die Wirkung einer Impulsübertragung. Diese Wirkung wird als Kraft definiert:

$\vec{F} = \frac{\Delta \vec{p}}{\Delta t}$

Bei konstanter Masse ergibt sich daraus die Grundgleichung der Mechanik:

$\vec{F} = \frac{\Delta \vec{p}}{\Delta t} = \frac{\Delta (m \cdot \vec{v})}{\Delta t} = m \cdot \frac{\Delta \vec{v}}{\Delta t} = m \cdot \vec{a}$

Drehimpulserhaltung Ist die Summe der an einem rotierenden Körper angreifenden Drehmomente $M = 0$, so rotiert der Körper mit konstanter Winkelgeschwindigkeit ω.

Das Produkt aus Trägheitsmoment und Winkelgeschwindigkeit eines Körpers bestimmt seinen Drehimpuls: $L = J \cdot \omega$
Solange kein äußeres Drehmoment wirkt, ist der Drehimpuls eines starren rotierenden Körpers konstant.

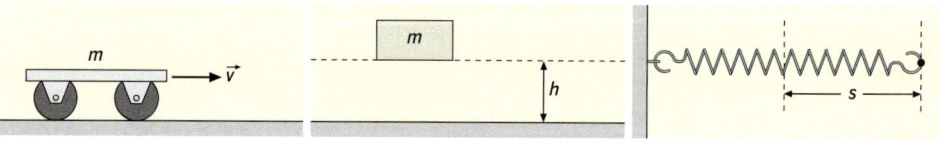

B1 Körper mit Bewegungsenergie, Höhenenergie und Spannenergie

4 Gravitationsfeld

Welche Gesetzmäßigkeiten gelten für die Bewegung von Himmelskörpern?

4.1 Weltmodelle

Schon immer hat die Menschen der Blick zum Himmel fasziniert. Dort konnten sie regelmäßig wiederkehrende Ereignisse wie Tag und Nacht, Mondphasen und Jahreszeiten beobachten. Es gab aber auch unerwartete oder unregelmäßig eintretende Phänomene wie Sonnen- oder Mondfinsternisse oder das Auftreten von Kometen.

B1 Mittelalterliche Weltvorstellung

gewesen. Vor fast 3500 Jahren wurde in Mesopotamien jene erste Weltkarte in Ton geritzt, die unsere Erde als runde Scheibe im Weltmeer schwimmend darstellt (→B2).

Sie wurde in den folgenden Jahrhunderten widerlegt. Es wurden immer wirklichkeitsgetreuere Erdkarten erarbeitet, von den Entwürfen der Griechen bis zur Weltkarte des Eratosthenes, der in Alexandria vor gut 2200 Jahren die Kugelgestalt der Erde nachwies.

Während in Alexandria, einem damaligen Zentrum der Wissenschaften, die Erkenntnisse des Eratosthenes weiter gepflegt wurden, kehrten die Römer später zur Vorstellung der Erde als einer runden, im Meer ruhenden Scheibe zurück. Noch Kolumbus lehnte die Kugelgestalt der Erde ab, er stellte sie sich in Form einer Birne vor.
Als 1522 nach dreijähriger Weltumsegelung und Entdeckung des Pazifischen Ozeans eines der Schiffe aus Magellans Flotte nach Sevilla zurückkehrte, war die Kugelgestalt der Erde nicht mehr zu bezweifeln. Das Zeitalter der Entdeckung der außereuropäischen Welt gab dem Bild der Erde als einer runden Scheibe den Todesstoß.

Der Mensch und der Kosmos
Die Menschen waren schon immer bestrebt, für all die Erscheinungen am Himmel Erklärungen zu finden, die zu einem besseren Verständnis der Welt und damit auch zu einem Selbstverständnis des darin lebenden Menschen führen.

Anfangs dachten die Menschen, dass übernatürliche Kräfte und Gottheiten für die Abläufe am Himmel verantwortlich sind. Aber schon früh wurden Modelle entwickelt, die astronomische Beobachtungen auf natürliche Abläufe zurückführten.

Das geozentrische Weltbild
Die Weltkarte ist historisch gesehen immer der unmittelbarste Ausdruck unserer Vorstellungen von der Erde und unserer engeren Heimat

Von der Antike bis zum Beginn der Neuzeit herrschte die Vorstellung vor, die Erde ruhe im Zentrum des Universums. Der Philosoph **Aristoteles** (384–322 v.Chr.) entwarf die Vorstellung, das Universum sei durch konzentrische Kugelschalen, die Sphären, unterteilt, deren äußerste die Fixsterne beherbergt (→B3).

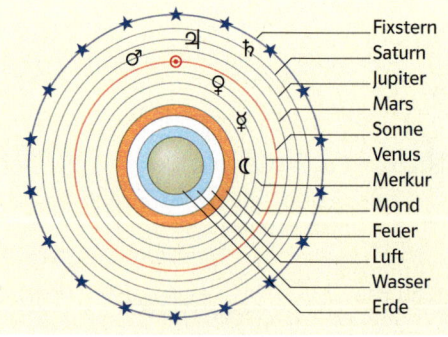

B2 Babylonisches Weltbild

B3 Sphärenmodell des Aristoteles

88 Gravitationsfeld

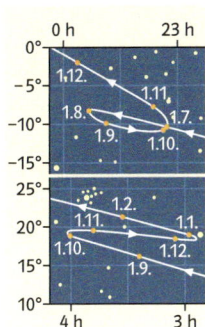

B1 Schleifen des Mars am Himmel in verschiedenen Jahren

Nach innen folgen die Sphären der Planeten Saturn, Jupiter und Mars, der Sonne, der Planeten Venus und Merkur und die des Mondes, den man auch zu den Planeten rechnete. Darunter folgen schließlich die Sphären des Feuers, der Luft, des Wassers und der Erde. Die beobachtete Bewegung der Fixsterne erklärte man mit einer gleichmäßigen Rotation der Fixsternsphäre. Die kreisförmigen Bewegungen der Himmelskörper waren nach Ansicht von Aristoteles ein Abbild der makellosen, himmlischen, ewigen Abläufe. Irdische Bewegungen hingegen waren immer zielgerichtet und damit endlich.

Der Astronom **Ptolemäus** von Alexandria (85 – 160 n. Chr.) wandelte das Modell der Sphären ab, um bessere Übereinstimmung zwischen Vorhersage und Beobachtung zu erzielen. Zwar nahm auch er an, die Erde ruhe im Zentrum des Universums und die Fixsternsphäre rotiere gleichmäßig. Für die Sonne musste er aber eine Kreisbahn mit Mittelpunkt außerhalb der Erde annehmen.

Aufgrund der im Vergleich zur Erde unterschiedlichen Umlaufzeiten der Planeten um die Sonne beschreiben die Planeten Schleifenbewegungen vor dem Himmelshintergrund (→B1). Um diese Schleifenbahnen zu erklären, nahm Ptolemäus an, der Planet bewege sich gleichmäßig auf einem Hilfskreis, dem Epizykel, dessen Mittelpunkt seinerseits die Erde auf einem großen Kreis, dem Deferent, gleichmäßig umkreist (→B3). Auch diese Konstruktion reichte nicht in allen Fällen, sodass Ptolemäus sich auf den Epizykeln weitere Epizykeln abrollend denken musste.

Das wurde als Mangel angesehen, denn man erwartete, dass für die Gestirne als göttliche Wesen nur ideale Bewegungen, nach damaliger Auffassung also nur gleichförmige Kreisbewegungen, in Frage kämen.

Das heliozentrische Weltbild

Schon der griechische Philosoph **Aristarch von Samos** (ca. 320 – 250 v. Chr.) versuchte, die beobachteten Bewegungen der Himmelskörper mit der Vorstellung zu erklären, die Sonne ruhe und die Erde bewege sich. Diese Auffassung blieb etwa 1800 Jahre lang nahezu vergessen.

Erst **Nikolaus Kopernikus** (1473 – 1543) griff in seinem 1543 erschienenen Werk „De revolutionibus orbium coelestium" (Über die himmlischen Kreisbewegungen) die heliozentrische Vorstellung wieder auf und zeigte, dass damit die Planetenschleifen einfacher erklärt werden können als mit dem ptolemäischen System.

Die Bedeutung der von Kopernikus vertretenen Vorstellung liegt nicht nur darin, dass er die Planetenbewegungen einfacher beschreiben konnte. In seinem Weltmodell nimmt die Erde, also der Wohnplatz der Menschen, keine Sonderstellung ein, sondern ist ein Planet neben anderen. Das konnten die Menschen zur damaligen Zeit aus religiösen Gründen nur schwer akzeptieren. Sie waren der Überzeugung, dass die Erde im Kosmos einen ausgezeichneten Platz haben müsse, weil Gott sie mit Menschen bevölkert hatte.

Es dauerte deshalb rund 100 Jahre, bis die Vorstellung des Kopernikus weithin akzeptiert war. Dieses Umdenken bezeichnet man als **kopernikanische Wende**.

Unabhängig von der Einordnung in das heliozentrische oder geozentrische Weltbild bewegen sich die Planeten vor dem festen Fixsternhimmel (griech. planeo = ich bewege mich). Die Bahn der Planeten lässt sich im heliozentrischen Weltbild leichter und logisch nachvollziehbar erklären.

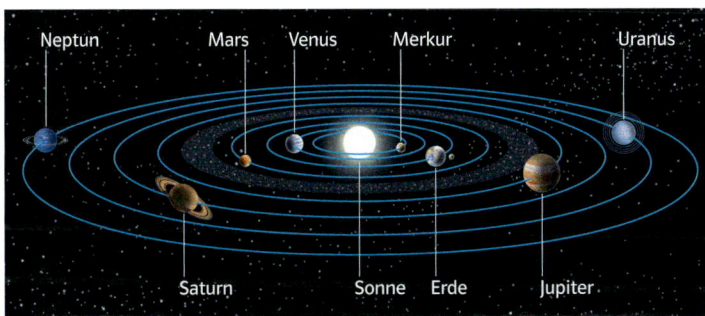

B2 Unser Sonnensystem (Größen und Entfernungen nicht maßstäblich!)

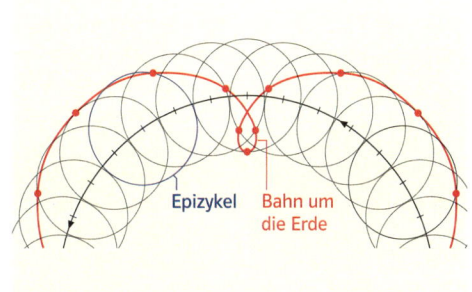

B3 Epizykelmodell nach Ptolemäus

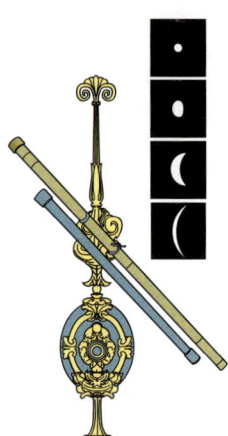

B1 Phasen der Venus, von Galilei mit diesem Fernrohr entdeckt.

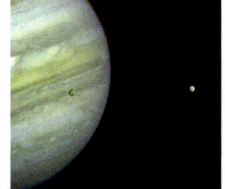

B2 Jupiter mit zwei seiner Monde

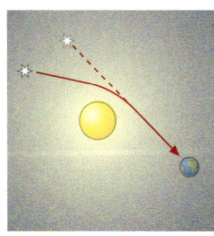

B3 Lichtablenkung nach Einstein

Das Weltbild der Neuzeit

Galileo Galilei (1564–1642) festigte das heliozentrische Weltbild durch Entdeckungen, die er mit dem erst 1608 erfundenen Fernrohr machte (→B1):
- Der Mond hat Krater und Gebirge wie die Erde.
- Die Sonne hat Flecken, deren Zahl und Größe sich ändert. Sie ist also kein makelloses, unveränderliches, göttliches Himmelsfeuer.
- Der Planet Jupiter hat mehrere Monde (→B2). Er bildet also selbst ein kleines „Planetensystem", sodass das Planetensystem der Sonne mit der Erde nicht einzigartig ist.
- Der Planet Venus kann ähnlich wie der Mond Sichelgestalt zeigen. Planeten sind also von der Sonne beleuchtete Körper.

Diese Beobachtungen zusammen besagen, dass für alle Körper im Weltraum die gleichen Naturgesetze zu gelten scheinen und dass die Erde nur ein Weltraumkörper unter vielen anderen ist. Dies führte dazu, dass Galilei 1633 in einem Inquisitionsprozess gezwungen wurde, dem heliozentrischen Weltbild abzuschwören. Er erhielt für den Rest seines Lebens Hausarrest.

Der dänische Astronom **Tycho Brahe** (1546–1601) verfeinerte noch vor Erfindung des Fernrohres in seinem Privatobservatorium auf einer dänischen Insel die Beobachtungstechnik derart, dass er die Positionen von Sternen im günstigsten Fall bis auf zwei Bogenminuten, das sind 0,033° genau, messen konnte. Es war sein Ziel, durch genaue Beobachtungen sowohl das ptolemäische als auch das kopernikanische Modell zu widerlegen und ein eigenes Kompromissmodell zu bestätigen. Brahe starb, ehe er seine Messungen auswerten konnte.

Die Messprotokolle Brahes wurden **Johannes Kepler** (1571–1630), seinem früheren Assistenten und Nachfolger als kaiserlicher Hofastronom, übergeben. Kepler, der wegen eines Augenfehlers kaum eigene Messungen anstellte, bemühte sich, mit Brahes Messungen der Marsbewegung das kopernikanische System zu bestätigen. Der winzige Unterschied von 0,13° zwischen Rechnung und Beobachtung veranlasste Kepler allerdings, seine mathematischen Ansätze zu überprüfen. Obwohl es ihm aufgrund seines Geometrie- und Ästhetikverständnisses schwerfiel, gab Kepler endgültig das aus der Antike überlieferte Modell auf, die Himmelskörper könnten nur ideale Bewegungen, nämlich gleichförmige Kreisbewegungen, ausführen. Kepler ging in seinen drei **Kepler'schen Gesetzen** nun vielmehr von Ellipsen als möglichen Planetenbahnen aus, die eine bessere Übereinstimmung mit Brahes Messungen zuließen (→B4).

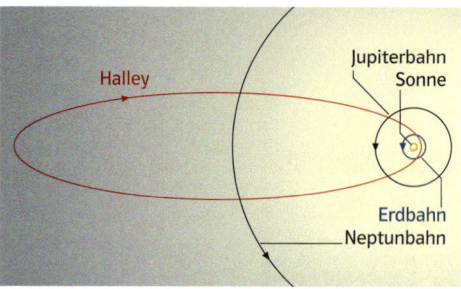

B4 Elliptische Kometenumlaufbahn (auch Planetenbahnen sind leicht elliptisch)

Erst einige Zeit später konnte der englische Physiker **Isaac Newton** (1643–1727) die Kepler'schen Gesetze durch die Gravitationstheorie erklären. Sie geht davon aus, dass sich alle Körper, egal ob irdische oder Himmelskörper, aufgrund ihrer Masse gegenseitig anziehen. Daraus ergaben sich die Kepler'schen Gesetze als Sonderfall der Newton'schen Gravitationstheorie.

Eine große gedankliche Leistung Newtons bestand darin, die Himmelsmechanik und die irdische Mechanik, die seit Aristoteles als streng getrennt zu sehen waren, mit Hilfe der Gravitationstheorie zu vereinigen.

Auch in der heutigen Zeit wandeln sich die Modelle über den Aufbau der Welt. So sagte beispielsweise **Albert Einstein** (1879–1955) mit seiner Relativitätstheorie voraus, dass Lichtstrahlen von massereichen Körpern abgelenkt zu werden scheinen (was aber an der Beeinflussung der Raumgeometrie durch die Masse liegt). Einige Jahre später konnte dies bestätigt werden, als während einer totalen Sonnenfinsternis die Ablenkung von Lichtstrahlen weit entfernter Sterne in der Nähe der massereichen, verdunkelten Sonne beobachtet werden konnte (→B3).

A1 „Wie kann man nur so dumm sein, zu glauben, dass auf der anderen Seite der Erde Gräser und Bäume nach unten wachsen und die Menschen mit den Füßen über ihren Köpfen laufen …"
Diese Ansicht wurde noch vor 250 Jahren geäußert. Bewerten Sie diese Äußerung aus heutiger Sicht.

4.2 Bewegungen am Himmel

„Was ich vor 22 Jahren geahnt habe ..., das habe ich endlich ans Licht gebracht und über alle Erwartung für wahr befunden, dass all die Harmonie ... unter den himmlischen Bewegungen vorhanden ist, obschon nicht ganz so, wie ich anfänglich dachte, sondern ... etwas anders, aber zugleich schöner und vortrefflicher." (Johannes Kepler)

Johannes Kepler
(1571–1630)

Keplers Planetenbahnen

Pythagoras glaubte, der Kosmos besäße eine Ordnung, die mathematischen Proportionen unterliegt. Kepler griff diese Vorstellung auf: Seiner Ansicht nach waren die Abstände der Planeten von der Sonne durch Kugeln innerhalb regulärer Polyeder gegeben. Dieses Modell erwies sich zwar als falsch, führte Kepler aber auf den richtigen Weg.
Die genaue Entwicklung von Keplers Arbeiten nachzuzeichnen ist schwierig. Es genügt die Beschränkung auf das Verfahren, mit dem es ihm gelang, aus einem Beobachtungsmaterial, das vorher von den Astronomen im Laufe von Jahrhunderten angesammelt wurde, die Bewegung der Planeten neu zu verstehen.

Johannes Kepler begann seine Bahnkonstruktion mit dem Zeitpunkt, in dem Sonne, Erde und Mars auf einer Geraden zu liegen schienen (→B1). Dabei befand sich die Erde E_1 zwischen Mars und Sonne. Die Position des Mars bezog sich auf einen bestimmten Fixstern. Nach genau einem Marsjahr musste der Mars also wieder in dieser Position zwischen Sonne und Fixstern sein. Die Erde war nun jedoch in einer anderen Position. Aus Tabellen konnte er hierfür den von der Erde aus beobachteten Stand des Mars und der Sonne entnehmen, in **B1** durch die farbigen Winkel angedeutet. So wurde durch Konstruktion der Ort E_2 gefunden. Dieses Verfahren hat Kepler für etwa 40 Bahnpunkte wiederholt. Es ergab sich mit großer Genauigkeit eine nahezu kreisförmige Bahn der Erde um die Sonne. Nachdem Kepler die Bahn der Erde um die Sonne mit Hilfe bereits vorliegender Daten gefunden hatte, drehte er die Konstruktion um, indem er nun die Bahn des Mars ableitete.

Die Kepler'schen Gesetze

Die Sterne am Himmel scheinen sich in regelmäßiger Weise um die Erde zu bewegen. Diese Regelmäßigkeit wurde zur Grundlage für die Zeitmessung. Die immer wiederkehrende Position von Sternen am Himmel diente Seefahrern zur Orientierung. Dies verlangte eine genaue Beobachtung des Himmels, um den Lauf der Sterne möglichst genau vorhersagen zu können. Der dänische Astronom **Tycho Brahe** (1546–1601) führte über zwanzig Jahre lang Messungen an Planeten mit bloßen Augen durch (→B2). Winkel wurden dabei mit Messfehlern unter 0,033° bestimmt.
Auf diese Ergebnisse stützte sich Kepler bei seiner Suche nach einem für alle Planetenbewegungen gültigen Gesetz. Bei seiner Suche nach einer richtigen Wiedergabe der Position von Mars und Erde bezüglich der Sonne ging Kepler zunächst von Kreisbahnen aus. Er hielt sie für die vollkommenste Bahnform und daher den Himmelskörpern angemessen. Brahes Daten passten auch gut, nur eine kleine Abweichung von 8 Winkelminuten zur vollkommenen Kreisform störte Kepler. Sein Vertrauen in die Messdaten war so groß, dass er die Abweichung als Fehler seiner Theorie ansah und den Lösungsansatz mit der Kreisform verwarf.

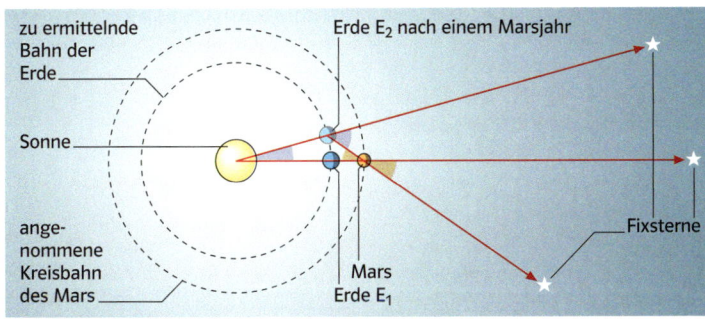

B1 Keplers Konstruktion von Erd- und Marsbahn um die Sonne

B2 Winkelmessung durch Tycho Brahe

Gravitationsfeld | **91**

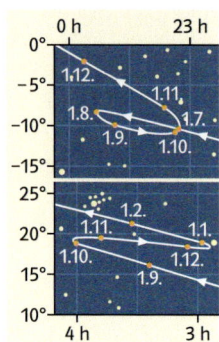

B1 Schleifen des Mars am Himmel in verschiedenen Jahren

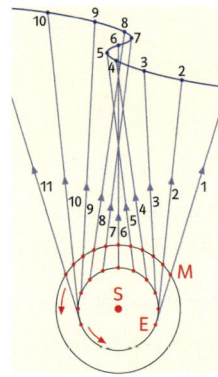

B2

Nach etwa 70 vergeblichen Versuchen fand er eine ihn zufriedenstellende Bahnform. Durch sie entdeckte er drei Gesetze, die nicht nur für den Mars, sondern auch für alle anderen Planeten Gültigkeit haben.

1. Kepler'sches Gesetz: Die Bahnen der Planeten sind Ellipsen. Die Sonne steht in einem der zwei Brennpunkte.
Die Ellipsen für die einzelnen Planeten weichen von der Kreisbahn in unterschiedlichem Maße ab. Die Erdbahn ist fast ein Kreis, die Bahnen von Merkur und Pluto* weichen am stärksten ab.

Die Beobachtungen zeigten ferner, dass die Geschwindigkeit der Planeten auf ihrer Bahn nicht konstant ist. Auf den Ellipsen ist sie in Sonnennähe am größten. Kepler fand heraus, dass trotz veränderlicher Geschwindigkeit für die Verbindungslinie zwischen Planet und Sonne eine Gesetzmäßigkeit gilt, die auch als Flächensatz bezeichnet wird (→B4):

2. Kepler'sches Gesetz: Die Verbindungsstrecke von der Sonne zum Planeten überstreicht in gleichen Zeitdauern Flächen mit gleichem Flächeninhalt.

Aus diesem Gesetz folgt, dass sich die Erde in Sonnennähe, wenn bei uns auf der Nordhalbkugel Winter ist, schneller als im Sommer, bei Sonnenferne, bewegt. Deshalb ist das Winterhalbjahr (23.9.–21.3.) um rund eine Woche kürzer als das Sommerhalbjahr.

Zehn weitere Jahre benötigte Kepler, bis er aus den Beobachtungsdaten ein weiteres Gesetz über die Umlaufzeiten und Abstände der Planeten gewann. Es verknüpft verschiedene Planeten miteinander zu einem System der Sonne.

3. Kepler'sches Gesetz: Die Quadrate der Umlaufzeiten zweier Planeten verhalten sich wie die dritten Potenzen der großen Halbachsen der Planetenbahnen:

$$\frac{T_1^2}{T_2^2} = \frac{a_1^3}{a_2^3} \quad \text{oder} \quad \frac{T_1^2}{a_1^3} = \frac{T_2^2}{a_2^3} = \ldots = k$$

k ist eine Konstante des Sonnensystems. Mit den Daten für die Erde wird:

$$k = \frac{T^2}{a^3} = \frac{(31{,}5 \cdot 10^6\,\text{s})^2}{(149{,}6 \cdot 10^9\,\text{m})^3} = 2{,}96 \cdot 10^{-19}\,\frac{\text{s}^2}{\text{m}^3}$$

Die Kepler'schen Gesetze gelten in allen Fällen, in denen Himmelskörper sich um einen Zentralkörper bewegen, z. B. für Bewegungen von Mond und Satelliten um die Erde oder der Jupitermonde um den Jupiter. Dabei zeigt sich, dass die Konstante k für verschiedene Zentralkörper verschieden ist (→B3).

Die Kepler'schen Gesetze beschreiben die Ellipsenform der Planetenbahnen, die Bewegung der Planeten auf diesen Bahnen sowie den Zusammenhang zwischen den Umlaufzeiten und den Ellipsenachsen.

A1 ● Die scheinbare Bewegung des Mars gegenüber dem Fixsternhimmel zeigt manchmal schleifenförmige und manchmal s-förmige Bahnen (→B1). Erläutern Sie dies mit Hilfe einer Prinzipskizze wie in Grafik B2. Diskutieren Sie die Möglichkeit, an anderen Planeten ähnliche Bahnen zu beobachten. Nennen Sie die Bedingungen hierfür.

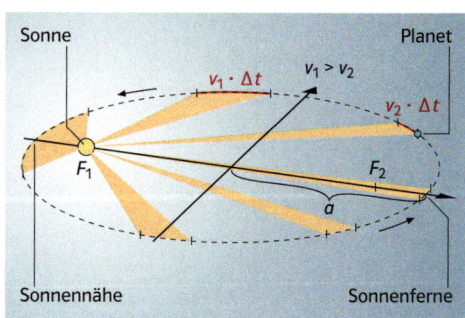

Name	Große Halbachse a in m	Umlaufzeit T in s	$k = \frac{T^2}{a^3}$ in $\frac{\text{s}^2}{\text{m}^3}$
Planeten der Sonne			
Merkur	$57{,}9 \cdot 10^9$	$7{,}6 \cdot 10^6$	$2{,}976 \cdot 10^{-19}$
Venus	$108{,}2 \cdot 10^9$	$19{,}4 \cdot 10^6$	$2{,}983 \cdot 10^{-19}$
Erde	$149{,}6 \cdot 10^9$	$31{,}5 \cdot 10^6$	$2{,}964 \cdot 10^{-19}$
Mars	$227{,}9 \cdot 10^9$	$59{,}9 \cdot 10^6$	$3{,}031 \cdot 10^{-19}$
Jupiter	$778{,}3 \cdot 10^9$	$3{,}75 \cdot 10^8$	$2{,}976 \cdot 10^{-19}$
Saturn	$1427 \cdot 10^9$	$9{,}3 \cdot 10^8$	$2{,}983 \cdot 10^{-19}$
Neptun	$4496 \cdot 10^9$	$52{,}0 \cdot 10^8$	$2{,}971 \cdot 10^{-19}$
Pluto*	$5900 \cdot 10^9$	$78{,}2 \cdot 10^8$	$2{,}978 \cdot 10^{-19}$
Satelliten der Erde			
Mond	$3{,}850 \cdot 10^8$	$2{,}361 \cdot 10^6$	$9{,}768 \cdot 10^{-14}$
Kiku-5	$4{,}216 \cdot 10^7$	$8{,}616 \cdot 10^4$	$9{,}901 \cdot 10^{-14}$
Kosmos-1876	$7{,}791 \cdot 10^6$	$6{,}848 \cdot 10^3$	$9{,}911 \cdot 10^{-14}$
Jupitermonde			
Io	$4{,}190 \cdot 10^8$	$1{,}529 \cdot 10^5$	$3{,}178 \cdot 10^{-16}$
Europa	$6{,}670 \cdot 10^8$	$3{,}068 \cdot 10^5$	$3{,}173 \cdot 10^{-16}$
Ganymed	$1{,}046 \cdot 10^9$	$6{,}182 \cdot 10^5$	$3{,}339 \cdot 10^{-16}$
Callisto	$1{,}872 \cdot 10^9$	$1{,}442 \cdot 10^6$	$3{,}170 \cdot 10^{-16}$

B3 Zum 3. Kepler'schen Gesetz (* Pluto zählt seit 2006 nicht mehr zu den Planeten.)

B4 Das 2. Kepler'sche Gesetz

Gravitationsfeld

4.3 Das Gravitationsgesetz

„Wenn zwei Steine an irgendeiner Stelle der Welt platziert werden, nahe beieinander, aber außerhalb der Einflusssphäre eines dritten Bezugskörpers, so würden die beiden Steine wie zwei magnetische Körper an einer dazwischenliegenden Stelle zusammenkommen, wobei sich jeder dem anderen um eine Strecke nähert, die der Masse des anderen proportional ist." (Johannes Kepler)

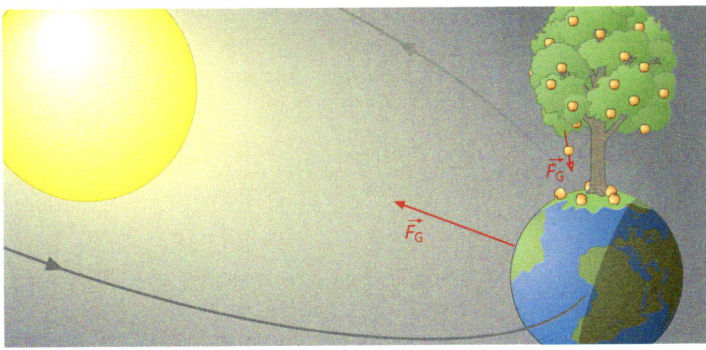

B1

Massenanziehung

Die Grundgleichung der Mechanik war Kepler nicht bekannt, sodass er die Bewegung der Planeten nicht mit Hilfe von Kräften erklären konnte. Er hatte zwar schon vermutet, dass zwischen Sonne und Planeten Kräfte wirken, doch erst Isaac Newton führte diesen Gedanken in einer Theorie aus. Newton hat in seinem Buch „Die mathematischen Prinzipien der Naturlehre" den Fall eines Apfels und die elliptische Bahn der Erde um die Sonne untersucht und auf die gleiche Ursache zurückgeführt (→**B1**). Er nannte die verursachenden Kräfte **Gravitationskräfte**.

Berechnung der Gravitationskräfte

Zur Untersuchung dieser Kräfte nahm Newton vereinfachend an, dass sich die Planeten mit konstantem Betrag der Geschwindigkeit auf Kreisbahnen um die Sonne bewegen. Diese Näherung erlaubt es, die Gesetze für die Kreisbewegung zu verwenden. Zudem setzte er voraus, dass man sich die Masse eines kugelförmigen Körpers in seinem Mittelpunkt vereinigt denken kann.

Damit ein Planet der Masse m_1 eine Kreisbahn mit dem Radius r um die Sonne beschreibt, muss auf ihn ständig eine Zentripetalkraft

$$F = m_1 \cdot \omega^2 \cdot r = m_1 \cdot \frac{4\pi^2}{T^2} \cdot r$$

wirken. T bezeichnet die Umlaufzeit des Planeten, r ist der Abstand der Mittelpunkte beider Körper.
Nach dem 3. Kepler'schen Gesetz ist der Quotient aus T^2 und r^3 konstant.

$$\frac{T^2}{r^3} = k \quad \text{bzw.} \quad T^2 = k \cdot r^3$$

Henry Cavendish
(1731 – 1810)

Damit ergibt sich für die Zentripetalkraft:

$$F = m_1 \cdot \frac{4\pi^2}{k \cdot r^3} \cdot r = C \cdot \frac{m_1}{r^2} \quad \text{mit} \quad C = \frac{4\pi^2}{k}$$

Wie k hängt auch C von dem Zentralkörper ab, um den die Planeten kreisen. Maßgebliche Größe für die Wechselwirkung zwischen Sonne und Planet ist neben dem Abstand r der Körpermittelpunkte ihre Masse. Newton postulierte daher auch, dass die Zentripetalkraft eine Folge der Eigenschaft „Masse" der Körper ist. Der Betrag der Zentripetalkraft wird von beiden Massen abhängen. Folglich ist es sinnvoll, neben der Masse m_1 des Planeten die Masse m_2 des Zentralkörpers Sonne in die Beziehung aufzunehmen, indem man für die Konstante $C = \gamma \cdot m_2$ setzt. γ ist eine neue Konstante.

Newton nahm weiterhin an, dass sowohl die Gewichtskraft eines Körpers auf der Erde als auch die Zentripetalkraft der Sonne auf einen Planeten Gravitationskräfte sind. Diese Verallgemeinerungen Newtons führen zu folgender Gleichung für die Gravitationskraft, die zwei beliebige Körper mit den Massen m_1 und m_2 im Abstand r aufeinander ausüben:

$$F = \gamma \cdot \frac{m_1 \cdot m_2}{r^2} \quad \text{mit} \quad \gamma = 6{,}67 \cdot 10^{-11} \frac{m^3}{kg \cdot s^2}$$

Man bezeichnet dieses Naturgesetz als **Newton'sches Gravitationsgesetz**. Die **Gravitationskonstante** γ ist eine universelle Konstante; sie hängt nicht von den Massen der beiden Körper ab.

Für zwei Körper mit je 1 kg Masse errechnet sich beim Abstand $r = 1$ m eine wechselseitige Anziehungskraft von $F = 6{,}67 \cdot 10^{-11}$ N. Diese Kraft ist so klein, dass Newton ihre Messung und damit die Bestimmung der Gravitationskonstanten γ im Labor für unmöglich hielt. Erst 1798, also mehr als 100 Jahre nach der Entdeckung des Gravitationsgesetzes, gelang dies dem Engländer **Henry Cavendish**.

Zwei beliebige kugelförmige homogene Körper mit den Massen m_1 und m_2 im Abstand r üben gleich große, entgegengesetzt gerichtete Gravitationskräfte aufeinander aus. Für deren Betrag gilt:

$$F = \gamma \cdot \frac{m_1 \cdot m_2}{r^2} \quad \text{mit} \quad \gamma = 6{,}67 \cdot 10^{-11} \frac{m^3}{kg \cdot s^2}$$

Gravitationsfeld | 93

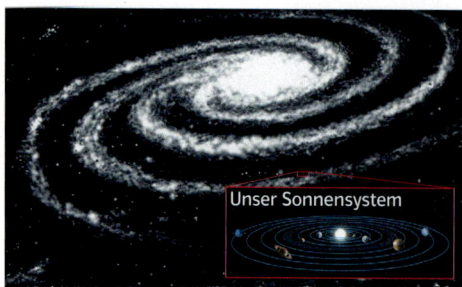

B1 Gravitationskräfte halten Galaxien zusammen.

Die Ursache für die Gewichtskraft

Die Gewichtskraft, die an der Erdoberfläche auf einen Körper der Masse m wirkt, ist die Folge der Gravitationskräfte zwischen Körper und Erde (Masse m_E):

$$m \cdot g = \gamma \cdot \frac{m_E \cdot m}{r_E^2}, \text{ also: } g = \frac{\gamma \cdot m_E}{r_E^2}$$

Der Wert von g ist bekannt: $g = 9{,}81 \frac{m}{s^2}$

Damit lässt sich die Erdmasse m_E bei bekanntem Erdradius r_E und bekanntem γ bestimmen.

Der Mond der Masse m_M erfährt von der Erde im Abstand $r_M = 60 \cdot r_E$ zur Erde die Gravitationskraft:

$$m_M \cdot a = \gamma \cdot \frac{m_E \cdot m_M}{(60 \cdot r_E)^2}, \text{ d.h.: } a = \frac{\gamma \cdot m_E}{(60 \cdot r_E)^2}$$

Das Verhältnis $g : a$ ist demnach $3600 : 1$.

Mit den bekannten Werten für den Radius der Mondbahn ($r_M = 384\,000$ km) und der Umlaufzeit ($T = 27{,}3$ Tage) ergibt sich als Zentripetalbeschleunigung:

$$a_Z = \omega^2 \cdot r_M = \left(\frac{2\pi}{T}\right)^2 \cdot r_M = 2{,}72 \cdot 10^{-3} \frac{m}{s^2}$$

Für diese Zentripetalbeschleunigung $a_Z = a$ gilt in der Tat $3600 \cdot a = g$.

Die Hypothese, dass dieselbe Kraft sowohl in Erdnähe für die Gewichtskraft von Körpern als auch im Mondabstand für die Zentripetalkraft der Mondbahn gültig ist, hat schon Newton mit diesem Beispiel erläutert.

A1 ○ Die Masse der Sonne ist etwa 27 Millionen Mal so groß wie die des Mondes. Die Sonne ist etwa 400-mal so weit von der Erde entfernt wie der Mond. Bestimmen Sie das Verhältnis der auf der Erde entstehenden Gravitationskräfte von Sonne bzw. Mond.

Experiment: Bestimmung der Gravitationskonstanten nach Cavendish

B2 Gravitationsdrehwaage

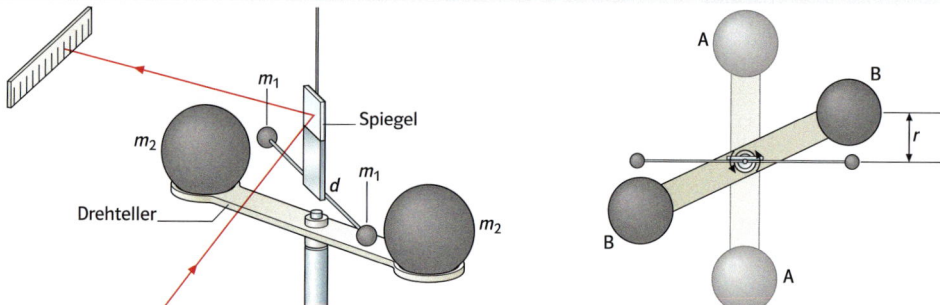

B3 Prinzip der Drehwaage mit je zwei Kugeln mit kleiner bzw. großer Masse

Aufgabe: Bestimmung der Gravitationskonstanten γ mit Hilfe der Gravitationsdrehwaage

Material: Gravitationsdrehwaage, Laser, Uhr, große Skala

Aufbau der Gravitationsdrehwaage: Im Gehäuse der Drehwaage hängt an einem dünnen Draht ein leichter Stab, an dessen Enden sich zwei kleine Bleikugeln befinden. In der Mitte des Stabes, der die kleinen Kugeln trägt, ist ein Spiegel angebracht (→B3 links).

Außerhalb der Drehwaage stehen den beiden kleinen Kugeln auf gleicher Höhe große Bleikugeln gegenüber. Sie sind auf einem Drehgestell angebracht, das es ermöglicht, die Position der großen Kugeln in Bezug auf die kleinen Kugeln zu verändern.

Durchführung und Beobachtung: Die großen Bleikugeln werden zunächst in Position A gebracht (→B3 rechts). Hier hat jede der großen Kugeln genau denselben Abstand zu den beiden kleinen Kugeln. (Weiter auf nächster Seite)

Experiment

Der Laser wird auf den Spiegel gerichtet, der den Lichtstrahl auf eine 10 m entfernte Skala lenkt. Auf diese Weise werden auch sehr kleine Drehungen des Spiegels messbar. In Position A kann keine Drehbewegung registriert werden.

Die großen Kugeln werden nun vorsichtig in Position B geschwenkt. Der Lichtzeiger zeigt an, dass sich die kleinen Kugeln auf die großen zu bewegen.

Messung und Auswertung: Gemessen wird der zurückgelegte Weg x des Lichtzeigers auf der Skala (→B1) in Abhängigkeit von der Zeit t.

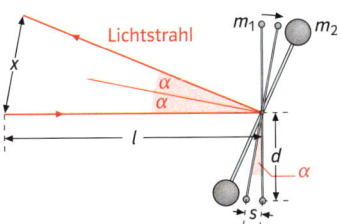

B1 Bestimmung der Beschleunigung mit Hilfe der Bewegung des Lichtzeigers

Die Tabelle enthält mögliche Messwerte:

t in s	20	30	40	50	60
x in 10^{-3} m	3	8	15	24	34

Mit den folgenden Näherungen lässt sich aus der Messreihe zunächst die Kraft zwischen den Kugeln bestimmen.

Während der Messzeit bewegen sich die kleinen Kugeln nur um eine kleine Weglänge, sodass der Abstand zu den großen Kugeln als konstant angesehen werden kann. Daher kann von einer konstanten Kraft und einer konstanten Beschleunigung ausgegangen werden. Demnach gilt das Zeit-Ort-Gesetz der beschleunigten Bewegung $s = a \cdot t^2/2$, wobei s die Weglänge ist, die eine kleine Kugel in der Zeitdauer t zurücklegt. Bei bekannter Weglänge s lässt sich nach $a = 2s/t^2$ die Beschleunigung ermitteln.

Wenn die kleine Kugel die sehr kleine Weglänge s zurücklegt, bewegt sich der Lichtzeiger auf der Skala um die messbare Weglänge x. Aus der Geometrie der Versuchsanordnung (→B1) ergibt sich folgender Zusammenhang:

$\frac{\frac{1}{2}x}{l} = \frac{s}{d}$, d.h., es ist: $s = \frac{1}{2} \cdot \frac{x \cdot d}{l}$

Für die Beschleunigung erhält man dann:

$a = \frac{x \cdot d}{l \cdot t^2}$

Die Versuchsanordnung liefert folgende Werte:
Abstand Spiegel-Skala: $l = 10$ m
Länge des Querstange: $2d = 10$ cm
Masse der großen Kugel: $m_2 = 1{,}5$ kg
Abstand der Mittelpunkte von großer und kleiner Kugel: $r = 4{,}5$ cm

Setzt man nun die Messwerte für x ein, ergeben sich folgende Beschleunigungswerte:

t in s	20	30	40	50	60
a in 10^{-8} m/s²	3,8	4,4	4,7	4,8	4,7

Der Mittelwert für die Beschleunigung berechnet sich zu $a = 4{,}5 \cdot 10^{-8}$ m/s².

Die beschleunigende Kraft $F = m_1 \cdot a$ stimmt mit der Gravitationskraft zwischen der großen und der kleinen Kugel überein. Aus

$m_1 \cdot a = \gamma \cdot \frac{m_1 \cdot m_2}{r^2}$ folgt:

$\gamma = \frac{a \cdot r^2}{m_2}$

Der Abstand r der Mittelpunkte von großer und kleiner Kugel hat sich während der Bewegung kaum verändert, denn die von den Kugeln zurückgelegte Weglänge s ist sehr viel kleiner als r. Man darf daher von einem konstanten Abstand $r = 4{,}5$ cm ausgehen.

Mit der Masse $m_2 = 1{,}5$ kg der großen Kugel errechnet man schließlich für die Gravitationskonstante den Wert

$\gamma = 6{,}1 \cdot 10^{-11}$ m³/(kg · s²)

Dieser experimentell bestimmte Wert ist zu klein. Ursache dafür sind die Kräfte, die die großen Kugeln auf die weiter entfernten kleinen Kugeln ausüben und die der Bewegung entgegenwirken. Genauer gilt für die Gravitationskonstante:

$\gamma = 6{,}67 \cdot 10^{-11}$ m³/(kg · s²)

A1 ◐ Begründen Sie die Lösungsansätze und die Rechnungen zur Bestimmung von γ. Werten Sie die zugehörige Messreihe in den Tabellen aus.

Exkurs: Das Entstehen der Gezeiten

Alle 24 Stunden und 50 Minuten steigt und sinkt an den Küsten der Meeresspiegel zweimal. Der Wechsel zwischen Niedrigwasser, Ebbe, und Hochwasser, Flut, heißt **Gezeiten** (→B3). Sie entstehen, weil sich die Erde in diesem Zeitraum unter zwei auf entgegengesetzten Seiten der Erde auftürmenden Wasserbergen hindurchdreht. An manchen Stellen der Erde sind die Gezeiten so stark, dass der „Tidenhub" zwischen dem höchsten Wasserstand bei Flut und dem niedrigsten Stand bei Ebbe den Betrieb von Wasserkraftwerken lohnend macht (→B1).
Alle 29 Tage wiederholen sich für einen Ort auf der Erde die Zeitpunkte der Gezeiten. Dies entspricht der Zeit für einen Umlauf des Mondes um die Erde. Es zeigt sich, dass die Gezeiten etwas mit der Gravitation und der Bewegung von Erde und Mond zu tun haben.

Körper auf der dem Mond zugewandten Seite haben einen kleineren Abstand zum Mond als solche auf der abgewandten Seite. Die Gravitationskraft weicht dort von der am Erdmittelpunkt wirkenden ab. Befinden sich drei Körper K_1, K_2 und K_3 mit gleicher Masse in einer Reihe vor dem Mond (→B4), so werden sie infolge seiner Gravitationskraft auf ihn zu beschleunigt:

$$a_{1G} = \gamma \cdot \frac{m_{Mond}}{(r+R)^2}; \quad a_{2G} = \gamma \cdot \frac{m_{Mond}}{r^2}; \quad a_{3G} = \gamma \cdot \frac{m_{Mond}}{(r-R)^2}$$

Da $a_{1G} < a_{2G} < a_{3G}$ ist, bleibt Körper K_1 gegenüber K_2 zurück und K_3 entfernt sich weiter von K_2. Das System $K_1 – K_2 – K_3$ dehnt sich also infolge der Gravitationskraft des Mondes aus.

Der Schwerpunkt des Systems Erde-Mond befindet sich im Erdinneren bei ≈ ¾ R. Bei einem Umlauf des Mondes beschreiben alle Punkte der Erde parallele, gleich große Kreise mit dem Radius ≈ ¾ R, jedoch mit verschiedenen Mittelpunkten (→B5). Die Zentripetalbeschleunigungen für K_1, K_2 und K_3

$$a_{1Z} = a_{2Z} = a_{3Z} = \omega^2 \cdot \frac{3R}{4} \quad \text{mit} \quad \omega = \frac{2\pi}{29\,d}$$

sind gleich und die die Gezeiten bildende Differenz $a_G - a_Z$ bleibt für jeden Punkt erhalten.

Dies ändert sich nicht, wenn man für K_1 und K_3 das Meer, für K_2 die Erde nimmt. Es bildet sich ein Wulst in Richtung der Verbindungslinie von Erde und Mond. Da die Mondbeschleunigung ≈ 10^7-mal kleiner als die Erdbeschleunigung ist, wird sich das Meer kaum von der Erdoberfläche abheben. Nur in den nördlich bzw. südlich vom Äquator gelegenen Breiten ruft ihre ständig wirkende tangentiale Komponente eine Ansammlung des Wassers zu Flutbergen hervor (→B6).

A1 ⊖ Bei einer Springflut steigt das Wasser besonders hoch, bei einer Nippflut besonders wenig. Zeigen Sie den Zusammenhang mit der Gezeitenwirkung der Sonne auf (→B2).

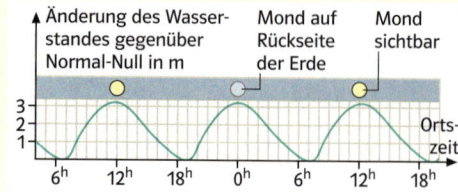

B1 Gezeitenkraftwerk bei St. Malo (Bretagne)

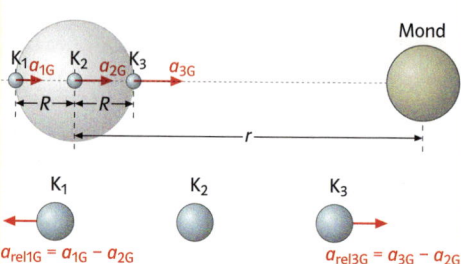

B3 Tidenhub und Mondstellung

B4 Drei gleiche Körper werden entsprechend ihrem Abstand zum Mond unterschiedlich stark beschleunigt, sodass ihr gegenseitiger Abstand größer wird.

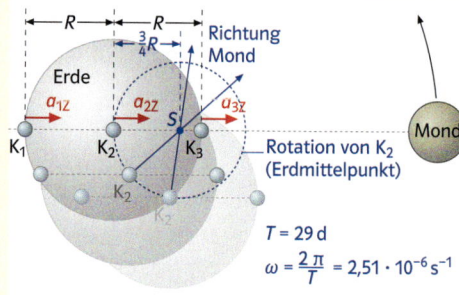

$T = 29\,d$
$\omega = \frac{2\pi}{T} = 2{,}51 \cdot 10^{-6}\,s^{-1}$

B5 Rotation des Systems Erde – Mond in 29 Tagen um eine Achse durch den gemeinsamen Schwerpunkt

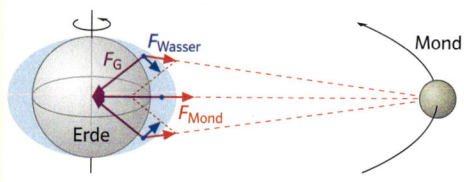

B6 Seitliches Zuströmen des Wassers ruft die Flutberge hervor.

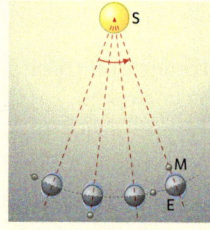

B2

Methode — Punktweise Berechnung von Planetenbahnen

Bevor Sie diese Seite durcharbeiten, sollten Sie sich ein handelsübliches Programm zur Tabellenkalkulation besorgen und die Bedienung mit Texteingabe und Formeln sowie die Wiedergabe der Berechnungen in Diagrammen beherrschen.

Physiker versuchen, eine größere Zahl von Erscheinungen dadurch zu beschreiben, dass betrachtet wird, was allen gemeinsam ist. So kommt es zu einfachen Gesetzen, etwa $s(t) = a/2 \cdot t^2$. Soll aber beim freien Fall der Luftwiderstand berücksichtigt werden, so ist $a = g - k \cdot v^2$. Hieraus ist nur schwer ein $s(t)$-Gesetz zu gewinnen.

Kennt man nun zu einem Zeitpunkt die Größen s, v und a, so können schrittweise weitere Werte berechnet werden. Als Beispiel soll die Bahn eines Planeten mit der Masse m um einen ruhend gedachten Zentralkörper mit der Masse M berechnet werden. Das in einem vorangegangenen Kapitel beschriebene Euler-Verfahren soll hier verbessert werden.

Zweckmäßigerweise legt man die (ruhende) Sonne in den Ursprung des Koordinatensystems. Abbildung **B1** lässt erkennen, dass eine höhere Genauigkeit der schrittweise berechneten Koordinaten dann zu erreichen ist, wenn nicht z. B. x, a und v für den jeweils gleichen Zeitpunkt berechnet werden, sondern stattdessen die Geschwindigkeit jeweils zur Zeitmitte zwischen zwei Zeitpunkten ermittelt wird.

Die Durchführung der Rechnungen lässt sich mit einer **Tabellenkalkulation** organisieren. Aus dem Gravitationsgesetz folgt für die Kraft, die auf den Planeten wirkt:

$F = m \cdot a = -\gamma \cdot \dfrac{m \cdot M}{r^2}$

Daraus folgt (→**B2**):

$a = -\gamma \cdot \dfrac{M}{r^2} = -\dfrac{C}{r^2}$ mit $C = \gamma \cdot M$ und

$a_x = a \cdot \dfrac{x}{r}$ und $a_y = a \cdot \dfrac{y}{r}$

Zum Zeitpunkt t habe der Planet den Ort $P_{alt}(x_{alt} | y_{alt})$, zum Zeitpunkt $t + \Delta t$ den Ort $P_{neu}(x_{neu} | y_{neu})$. Mit den gewählten Bezeichnungen gilt

$x_{neu} = x_{alt} + v_{x(alt + \Delta t/2)} \cdot \Delta t$ und

$y_{neu} = y_{alt} + v_{y(alt + \Delta t/2)} \cdot \Delta t$ sowie

$r_{neu} = \sqrt{x_{neu}^2 + y_{neu}^2}$

Daraus folgt:

$a_{x,neu} = -\dfrac{C \cdot x_{neu}}{r_{neu}^3}$ und $a_{y,neu} = -\dfrac{C \cdot y_{neu}}{r_{neu}^3}$

Die Geschwindigkeit in der Mitte des nächsten Zeitintervalles ist

$v_{x(neu + \Delta t/2)} = v_{x(alt + \Delta t/2)} + a_{x,neu} \cdot \Delta t$ und

$v_{y(neu + \Delta t/2)} = v_{y(alt + \Delta t/2)} + a_{y,neu} \cdot \Delta t$.

Mit den Anfangswerten $v_{x(0)}$ und $v_{y(0)}$ der beiden Geschwindigkeitskomponenten gewinnt man die entsprechenden Werte für den Zeitpunkt $\Delta t/2$ zu

$v_{x(0 + \Delta t/2)} = v_{x(0)} + a_{x(0)} \cdot \dfrac{\Delta t}{2}$

$v_{y(0 + \Delta t/2)} = v_{y(0)} + a_{y(0)} \cdot \dfrac{\Delta t}{2}$

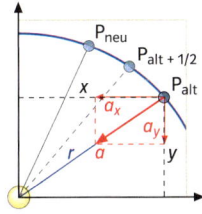

B1 Bewegung im Gravitationsfeld

	A	B	C	D	E	F	G	H
1	Bewegung im Gravitationsfeld							
2	x(0) = 0,5		vx(0) = 0		vx(Δt/2) = −0,04		C = 1	
3	y(0) = 0		vy(0) = 1,63		vy(Δt/2) = 1,63		Δt = 0,02	
4								
5	t	x(t)	y(t)	r(t)	ax(t)	ay(t)	vx(t+Δt/2)	vy(t+Δt/2)
6	0	0,5	0	0,5	−4	0	−0,04	1,63
7	0,02	0,4992	0,0326	0,50026	−3,9873	−0,26039	−0,11975	1,62479
8	0,04	0,49681	0,0651	0,50105	−3,94947	−0,51749	−0,19874	1,61444
9	0,06	0,49283	0,09738	0,50236	−3,88734	−0,76815	−0,27648	1,59908
10	0,08	0,4873	0,12937	0,50418	−3,80224	−1,0094	−0,35253	1,57889
11	0,1	0,48025	0,16094	0,5065	−3,69595	−1,23861	−0,42645	1,55412
12	0,12	0,47172	0,19203	0,50931	−3,57061	−1,45351	−0,49786	1,52505
13	0,14	0,46176	0,22253	0,51259	−3,42862	−1,65228	−0,56643	1,492

B2 Rechenblatt mit Halbschrittverfahren zur Gravitationsbewegung. Die Größen sind relativ, ohne Einheiten und der Einfachheit halber wurde $C = 1$ gesetzt.

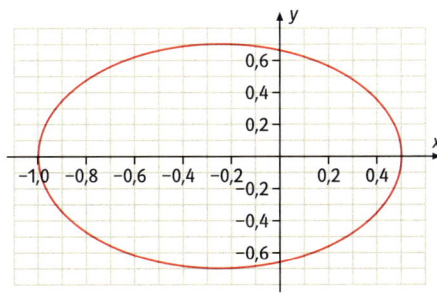

B3 Kepler'sche Ellipsenbahn nach der Tabellenkalkulation

A1 ● Bauen Sie das in Tabelle **B2** gezeigte Rechenblatt nach. Die Anfangswerte finden Sie im Tabellenkopf.

A2 ◐ Weisen Sie nach, dass sich nur dann eine Kreisbahn ergibt, wenn der Anfangswert für v_y durch $\sqrt{2}$ ersetzt wird.

Gravitationsfeld | **97**

Training — Gravitationsgesetz und Gravitationskräfte

Beispiel ● Die Abbildung **B2** zeigt die Verteilung von Satelliten um die Erde.

B2 Etwa 70 000 Satelliten umkreisen die Erde.

Auffällig ist die Reihe von Satelliten, die die Erde wie ein schmaler Ring umgeben. Es handelt sich dabei um sogenannte geostationäre Satelliten, die die Erde in der Äquatorebene umkreisen und von der Erde aus betrachtet still am Himmel zu stehen scheinen.

a) Ordnen Sie die geostationären Satelliten der entsprechenden Bahn in Diagramm **B3** zu. Nutzen Sie die Informationen aus dem Diagramm und dem einleitenden Text, um Aussagen über die Bahnhöhe sowie die Umlaufdauer und den Umlaufsinn der Satelliten auf ihrer Bahn zu machen.

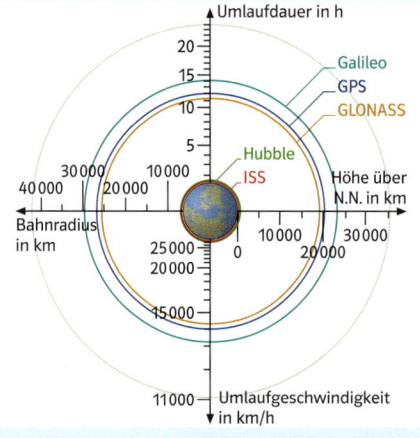

B3 Umlaufbahnen verschiedener Objekte um die Erde

b) Bestätigen Sie die Flughöhe dieser Satelliten durch eine Berechnung.
c) Die Abbildung **B1** zeigt Überholmanöver, an dem zwei Raumschiffe beteiligt sind. Zunächst umrunden die beiden Raumschiffe die Erde, ohne das Antriebssystem zu verwenden, auf derselben Umlaufbahn in etwa 7 000 km Höhe. Beschreiben Sie das Manöver und begründen Sie die dargestellte Vorgehensweise.

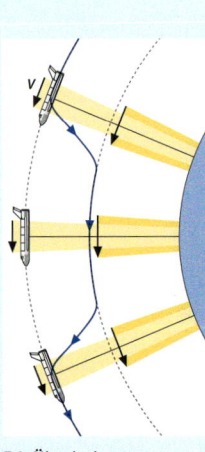

B1 Überholvorgang

Lösung a) Die Bahn der geostationären Satelliten entspricht im Diagramm **B3** der äußeren braun gezeichneten Bahn. Dem Diagramm entnimmt man, dass die Umlaufdauer etwa 24 h beträgt. Damit ist die Umlaufzeit gleich der Zeit für eine Erddrehung. Die Textaussage, dass diese Satelliten am Himmel zu stehen scheinen, bedeutet, dass der Umlaufsinn dieser Satelliten mit dem der Erddrehung übereinstimmt.

b) Zur Berechnung des Bahnradius bzw. der Bahnhöhe betrachtet man die auftretenden Kräfte: Damit der Satellit mit der Masse m_S auf einer Kreisbahn mit dem Radius r_S um die Erde läuft, muss auf ihn ständig eine Zentripetalkraft

$$F_Z = m_S \cdot \omega^2 \cdot r_S = m_S \cdot \frac{v^2}{r_S}$$

wirken. Im Fall der geostationären Bahnen ist diese Kraft gleich der Gravitationskraft, die zwischen Satellit und Erde wirkt:

$$F_G = \gamma \cdot \frac{m_S \cdot m_E}{r_S^2}$$

Durch Gleichsetzen erhält man

$$m_S \cdot \frac{v^2}{r_S} = \gamma \cdot \frac{m_S \cdot m_E}{r_S^2} \quad \text{und daraus}$$

$$v^2 = \gamma \cdot \frac{m_E}{r_S} \cdot \frac{r_E^2}{r_E^2} = g \cdot \frac{r_E^2}{r_S}$$

Für Kreisbahnen gilt:

$$v = \frac{r \cdot 2\pi}{T}, \text{ d.h.,}$$

$$\frac{(r_S \cdot 2\pi)^2}{T^2} = g \cdot \frac{r_E^2}{r_S} \quad \Leftrightarrow \quad r_S = \sqrt[3]{\frac{g \cdot r_E^2 \cdot T^2}{4\pi^2}}$$

Durch Einsetzen erhält man für den Radius der Satellitenbahn

$$r_S = 42 \cdot 10^6 \, \text{m}$$

Das entspricht einer Höhe von etwa $r_S - r_E = 36\,000$ km über der Erdoberfläche. Würden die Satelliten nicht in dieser Höhe und nicht in der Äquatorebene um die Erde laufen, so wären sie nicht stationär.

c) Solange sich die Raumschiffe auf derselben Umlaufbahn befinden, haben sie dieselbe Umlaufgeschwindigkeit und somit konstanten Abstand zueinander. Soll sich ein Raumschiff dem anderen annähern, muss es seine Umlaufzeit verringern.
Nach dem 3. Kepler'schen Gesetz ist dies auf einer tieferen Kreisbahn der Fall. Um zu sinken, bremst das Raumschiff mit Hilfe des Antriebssystems kurzzeitig ab. Hat es das andere Raumschiff überholt, so beschleunigt es, um wieder auf die höher liegende Bahn zurückzukehren.

A1 Zwei Kugeln liegen auf einem Tisch, **B3** zeigt die entsprechende Anordnung.

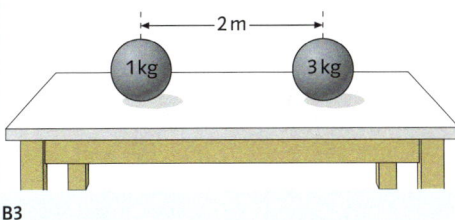

B3

a) Berechnen Sie die Gravitationskraft, die zu Beginn zwischen den Kugeln wirkt.
b) Berechnen Sie die Beschleunigung der beiden Kugeln zu Beginn der Bewegung, wenn keine Reibung besteht.
c) Machen Sie eine Aussage zum Treffpunkt unter der Annahme punktförmiger Massen.
d) Auch zwischen Sonne und Erde wirkt eine anziehende Kraft. Erklären Sie, weshalb sich beide nicht aufeinander zu bewegen.

A2 Die Graphen in Diagramm **B1** ergeben sich aus langjährigen Beobachtungen der mittleren Bahnradien und Umlaufzeiten der Monde von Jupiter und Saturn.
a) Leiten Sie für Kreisbahnen eine Beziehung her, mit deren Hilfe Sie begründen können, dass im Diagramm Geraden entstehen.
b) Deuten Sie die unterschiedlichen Steigungen der Geraden.
c) Berechnen Sie die Masse von Jupiter und Saturn ($\gamma = 6{,}7 \cdot 10^{-11}\,\mathrm{N\,m^2/kg^2}$).
d) Die Ortsfaktoren des Erdmondes und der Planeten haben unterschiedliche Werte (→**B2**). Geben Sie an, welche Ursachen diese unterschiedlichen Werte haben.

B1

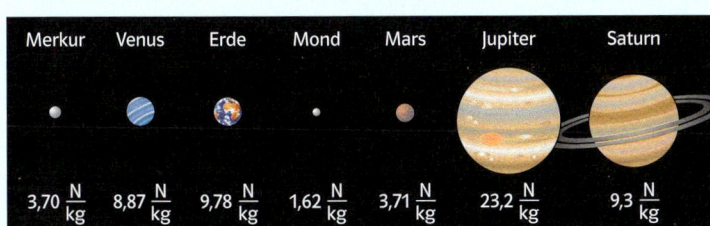

B2 Ortsfaktoren des Erdmondes und verschiedener Planeten

A3 Die Erde mit der Masse m_E umläuft die Sonne in $T = 365$ Tagen angenähert auf einer Kreisbahn mit dem Radius $r_E = 1{,}5 \cdot 10^{11}\,\mathrm{m}$.
a) Stellen Sie unter Berücksichtigung dieser Kenntnis eine Formel zur Berechnung der Sonnenmasse M auf.

b) Schätzen Sie den Druck p im Inneren der Sonne durch eine Berechnung mit folgendem Modell ab: Der Druck sei Folge der Gravitationskraft. Man denkt sich die Sonne (Radius R) in zwei Halbkugeln zerlegt (→**B4**).

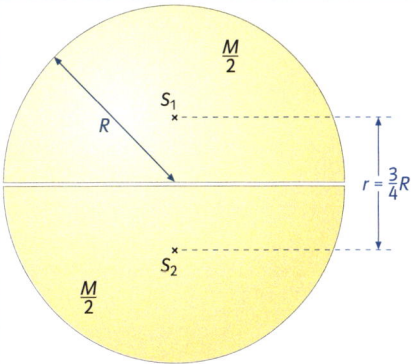

B4

Die Gravitationskraft greift in den Schwerpunkten S_1 bzw. S_2 an, deren Abstand $r = \tfrac{3}{4}R$ betrage. Die Sonnenmasse ist $M = 2 \cdot 10^{30}\,\mathrm{kg}$.

A4 „Eine der großen Visionen stellt die Besiedlung anderer Planeten dar, für den Mars scheint dies nur eine Frage der Zeit zu sein. Allerdings ist unser Leben an die Gravitation der Erde angepasst: Knochenbau und Muskulatur des Menschen, aber auch die Zusammensetzung der Atmosphäre oder Wettererscheinungen werden durch sie bestimmt …"

Der obige Text beschäftigt sich mit den veränderten Bedingungen, an die sich die Menschen bei Besiedlung anderer Planeten anpassen müssten. Eine wichtige Einflussgröße ist die Gravitationskraft.
a) Berechnen Sie Gewichtskraft und Sprunghöhe eines Menschen auf dem Mars, der eine Masse von 75 kg hat und auf der Erde eine Hürde von 1,5 m überspringen kann.
b) Stellen Sie sich vor, die Gravitationskonstante würde plötzlich um eine Zehnerpotenz zu- oder abnehmen. Beschreiben Sie Auswirkungen einer solchen Änderung.

A5 Am 4.10.1957 umrundete mit Sputnik I zum ersten Mal ein künstlicher Himmelskörper die Erde. Die sowjetische Nachrichtenagentur TASS meldete dazu, dass der Körper in 950 km Höhe über der Erdoberfläche die Erde in 96,2 min umkreise. Überprüfen Sie, ob die Daten in dieser Meldung richtig sein können.

4.4 Das Gravitationsfeld

Wenn sich die Körper berühren, so wirken Kräfte direkt von einem auf den anderen Körper. Berühren sie sich nicht, so müssten dazwischenliegende Körper die Kräfte weiterleiten. Was aber, wenn es wie z. B. im Weltraum keine dazwischenliegenden Körper gibt?

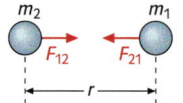

B1 Wechselseitig wirkende Gravitationskraft über beliebige Entfernungen hinweg

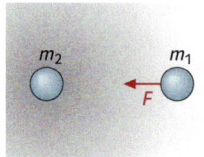

B2 Das Feld um den Körper der Masse m_2 übt die Kraft F auf den Körper der Masse m_1 aus.

Der Feldbegriff

Gäbe es im Weltall nur einen einzigen Körper mit der Masse m_1, so würde er seinen Bewegungszustand nicht ändern, weil es keine Kräfte gäbe. Erst ein zweiter Körper mit der Masse m_2 würde auf den ersten eine Gravitationskraft ausüben, die diesen in seine Richtung beschleunigte.

Jemand, der von der Existenz des zweiten Körpers nichts weiß, würde dennoch am Ort des ersten Körpers eine Kraft auf den Körper mit der Masse m_1 beobachten. Körper können aufgrund ihrer Masse über einen größeren Abstand r hinweg Gravitationskräfte aufeinander ausüben (→B1).

Eine von **Michael Faraday** stammende Modellvorstellung gibt eine Erklärung: Mittler von Kräften, die ein erster Körper auf einen von ihm entfernten zweiten Körper ausübt, ist ein **Feld**, das der erste Körper im Raum um sich verursacht (→B2). In diesem Feld wird mit den Kräften auch Energie weitergegeben.

Feldbeschreibungen

Ein Körper erfährt im Gravitationsfeld in jedem Punkt des Raumes eine Beschleunigung, die unabhängig von seiner Masse ist. An jedem Ort im Feld sind also beschleunigende Kraft F und Masse m des Körpers proportional zueinander: $F \sim m$ oder anders ausgedrückt:

$$\frac{F}{m} = G = \text{konstant}$$

Da die Kraft ein Vektor ist, ist auch $\vec{F}/m = \vec{G}$ ein Vektor. $\vec{G}$ ist nur vom Ort im Gravitationsfeld abhängig und eignet sich deshalb zu dessen Kennzeichnung, sie heißt daher auch **Gravitationsfeldstärke**.

Für die Gewichtskraft eines Körpers mit der Masse m gilt auf der Erde $\vec{F}_G = m \cdot \vec{g}$. Gravitationsfeldstärke und Fallbeschleunigung stimmen hier überein.

Felder werden mit **Feldlinien** (→B3) veranschaulicht. Das sind Linien, deren Richtung in jedem Punkt mit der Richtung der Kraft auf einen Körper übereinstimmt. Würde man zu jedem Punkt des Raumes eine Feldlinie zeichnen, ergäbe sich eine einheitliche Schwärzung. Deshalb werden nur so viele Feldlinien gezeichnet, wie zum Andeuten der Struktur des Feldes nötig ist.
In der Nähe eines Körpers liegen die Linien seines Feldes dichter als in der Ferne. Werden Feldlinien dichter gezeichnet, so veranschaulicht dies einen größeren Betrag der Kraft. Nach dem Gravitationsgesetz nimmt die Kraft mit dem Quadrat der Entfernung ab.

Wenn man sich weiter vom Zentrum eines **Radialfeldes** entfernt, so werden auch die Raumbereiche größer, in denen die Feldlinien annähernd parallel verlaufen (→B3, B4). Das bedeutet, dass die Feldstärke in allen Punkten des Raumbereichs gleich ist. Solche Felder werden als **homogene Felder** bezeichnet.

Im Raum um einen Körper besteht aufgrund seiner Masse ein Gravitationsfeld.
Das Feld ist durch die Kraft auf einen anderen Körper mit Masse nachweisbar.

Die Kraft auf einen Körper ist im Gravitationsfeld proportional zu dessen Masse m.
Der Quotient $\vec{F}/m$ heißt Gravitationsfeldstärke $\vec{G}$. Sie beschreibt das Feld unabhängig vom Körper.

A1 ● Kepler nahm an, dass es eine Anziehungskraft gäbe, die mit $1/r$ abnehmen sollte. Newtons Gravitationsgesetz sagt, dass die Kraft mit $1/r^2$ abnimmt. Geben Sie einfache Argumente an, die diese Annahmen unterstützen oder widerlegen.

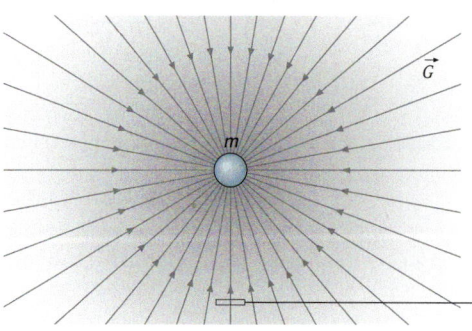

B3 Das radialsymmetrische Feld

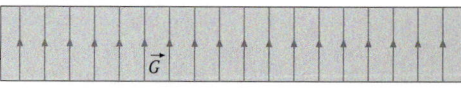

B4 Das homogene Feld

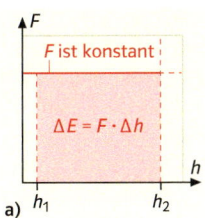
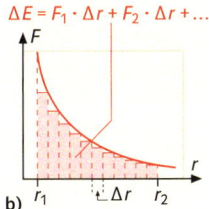

B1 Arbeitsdiagramm bei konstanter Kraft (a), nicht konstanter Kraft (b)

Energie und Arbeit im Gravitationsfeld

Arbeit im Gravitationsfeld bedeutet eine Übertragung von Höhenenergie: $W = \Delta E_H$.
In der Nähe der Erdoberfläche ist das Gravitationsfeld als homogen anzusehen. Die Änderung der Höhenenergie eines Körpers mit der Masse m lässt sich dann aus dem Unterschied $\Delta h = h_2 - h_1$ zwischen Ausgangshöhe h_1 und Endhöhe h_2 und der konstanten Gewichtskraft $F_G = m \cdot g$ berechnen. Unabhängig vom gewählten Weg ergibt sich

$$W = \Delta E_H = m \cdot g \cdot \Delta h = F_G \cdot \Delta h$$

Die Energieübertragung kann als Fläche in einem Arbeitsdiagramm dargestellt werden (→**B1a**). Aus dem Gravitationsgesetz folgt, dass bei größeren Höhenunterschieden die Gewichtskraft F_G nicht mehr als konstant betrachtet werden kann. Die im Weg-Kraft-Diagramm **B1b** hervorgehobene Fläche ist auch hier ein Maß für die Energieübertragung, um den Körper vom Ort P_1 in der Entfernung r_1 vom Erdmittelpunkt bis zum Ort P_2 in der Entfernung r_2 vom Erdmittelpunkt zu heben. Im Gravitationsfeld der Erde muss dafür die Arbeit W verrichtet werden, für die gilt:

$$W = \Delta E_H = \gamma \cdot m_E \cdot m \cdot \left(\frac{1}{r_1} - \frac{1}{r_2}\right)$$

Die Höhenenergie ändert sich für einen Weg senkrecht zu den Feldlinien nicht, weil Kraft- und Wegrichtung einen Winkel von 90° bilden. Auf einem beliebigen Weg trägt nur der Anteil des Weges zur Arbeit bei, der längs der Feldlinien verläuft (→**B2**).

Bezugshöhen für die Höhenenergie

Bei einem fallenden Körper wird Höhenenergie in Bewegungsenergie umgesetzt. Seine Höhenenergie ist nun gegenüber der Anfangshöhe negativ, bezüglich der Erdoberfläche aber weiterhin positiv. Die Höhenenergie ist also abhängig von der gewählten Bezugshöhe. Soll die Bezugshöhe die Erdoberfläche sein, so ist r_1 der Erdradius $r_E = 6{,}37 \cdot 10^6$ m. Für jeden Körper auf der Erdoberfläche ist dann die Höhenenergie $E_H = 0$.

Im Abstand $r_2 = r$ vom Erdmittelpunkt beträgt nun die Höhenenergie für einen Körper der Masse m:

$$E_H = \gamma \cdot m_E \cdot m \cdot \left(\frac{1}{6{,}37 \cdot 10^6 \text{ m}} - \frac{1}{r}\right)$$

Als Bezugshöhe für die Höhenenergie wird auch häufig ein Punkt im Unendlichen gewählt (→**B3**). Dann ist der Term $1/r_1$ zu vernachlässigen und man erhält für $r_2 = r$:

$$E_H = -\gamma \cdot \frac{m_E \cdot m}{r}$$

Höhenenergie und Potenzial

Der Quotient aus der Höhenenergie E_H und der Masse m eines Körpers ist nur von dessen Ort im Gravitationsfeld abhängig. Er kennzeichnet das Feld und wird als **Potenzial** φ bezeichnet. Mit einem Bezugspunkt im Unendlichen ergibt sich für einen Punkt P im Abstand r:

$$\varphi = \frac{E_H}{m} = -\gamma \cdot \frac{m_E}{r}$$

Um einen Körper der Masse m von einem Ort P_1 mit dem Potenzial $\varphi(P_1)$ zu einem Ort P_2 mit dem Potenzial $\varphi(P_2)$ zu bringen, ist die Energie $W = \Delta E_H = m \cdot (\varphi(P_2) - \varphi(P_1))$ zu übertragen.

Die übertragene Energie bzw. die Hubarbeit $W = \Delta E_H$ hängt im Gravitationsfeld nicht davon ab, auf welchem Weg der Körper von P_1 nach P_2 gelangt.

Liegt der Bezugspunkt für die Höhenenergie im Unendlichen, so gilt für die Höhenenergie E_H eines Körpers mit der Masse m im Abstand r vom Erdmittelpunkt:

$$E_H = -\gamma \cdot \frac{m_E \cdot m}{r}$$

A1 ● Legen Sie die Bedingungen dar, die für einen geostationären Satelliten erforderlich sind. Begründen Sie, weshalb die Masse des Satelliten keine Rolle spielt.

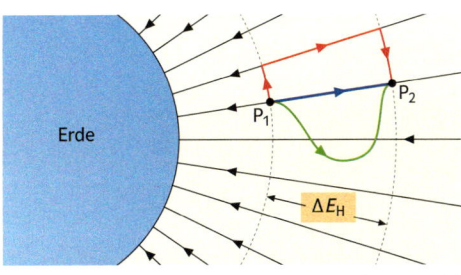

B2 Der Höhenunterschied bestimmt die Arbeit im Feld.

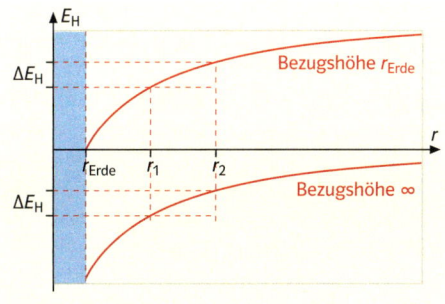

B3 Höhenenergie für zwei verschiedene Bezugshöhen

Gravitationsfeld

Training — Gravitationsfeld und Potenzial

Beispiel ◌ Raketen können eingesetzt werden, um z. B. Satelliten in eine stabile Umlaufbahn um die Erde zu transportieren, Menschen auf andere Himmelskörper zu bringen oder mit Sonden zur Erkundung des Alls unser Sonnensystems zu verlassen.
Unter Vernachlässigung von Reibungseffekten und der Eigenrotation der Erde lassen sich drei sogenannte kosmische Geschwindigkeiten berechnen. Sie stellen die Grenzwerte für die Geschwindigkeiten dar, mit der eine Rakete von der Erdoberfläche abgeschossen werden müsste, um auf die in **B1** gezeigten Bahnen zu gelangen.

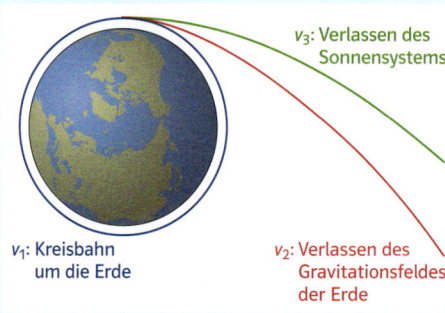

B1

a) „Wenn man einen Pfeil mit ausreichend hoher Geschwindigkeit horizontal abschießt, fällt er einmal um die Erde, bis er seinen Ausgangspunkt wieder erreicht." Bestätigen Sie diese Aussage, indem Sie die erste kosmische Geschwindigkeit für den Pfeil berechnen. Betrachten Sie dazu die wirkenden Kräfte.
b) Ein Körper, der mit der zweiten kosmischen Geschwindigkeit von der Erdoberfläche abgeschossen wird, kann ohne weiteren Antrieb das Gravitationsfeld der Erde verlassen. Bestätigen Sie mit Hilfe einer Energiebetrachtung, dass zwischen der ersten und zweiten kosmischen Geschwindigkeit folgender Zusammenhang besteht: $v_2 = \sqrt{2} \cdot v_1$

Lösung a) Für einen Körper, der die Erde mit der Geschwindigkeit v_1 auf einer Kreisbahn mit Radius r umläuft, ist die Zentripetalkraft F_Z gleich der Gravitationskraft F_G:

$$m_K \cdot \frac{v_1^2}{r} = \gamma \cdot \frac{m_K \cdot m_E}{r^2}$$

Im Fall des Pfeils ist der Radius r gleich dem Erdradius $r_E = 6{,}37 \cdot 10^6$ m. Daraus folgt:

$$v_1^2 = \gamma \cdot \frac{m_E}{r_E} \;\Rightarrow\; v_1 = \sqrt{\gamma \cdot \frac{m_E}{r_E}}$$

Einsetzen ergibt die erste kosmische Geschwindigkeit:

$$v_1 = \sqrt{6{,}674 \cdot 10^{-11}\,\tfrac{m^3}{kg\,s^2} \cdot \tfrac{5{,}972 \cdot 10^{24}\,kg}{6{,}37 \cdot 10^6\,m}} = 7{,}91 \cdot 10^3 \tfrac{m}{s}$$

Ein Pfeil mit dieser Geschwindigkeit kann sich theoretisch auf einer Kreisbahn um die Erde bewegen, ohne herabzufallen. Aufgrund von Reibungseffekten ist eine solche Bewegung innerhalb der Erdatmosphäre aber unmöglich.
b) Ein Körper auf der Erdoberfläche besitzt bezogen auf einen Punkt im Unendlichen die Höhenenergie $E_H = -\gamma \cdot m_K \cdot m_E / r_E$. Diese Energie muss dem Körper als Bewegungsenergie $E_B = 1/2 \cdot m_K \cdot v^2$ zugeführt werden, um ihn aus dem Gravitationsfeld, also in unendlichen Abstand zur Erde zu bringen:

$$\gamma \cdot \frac{m_K \cdot m_E}{r_E} = \frac{1}{2} \cdot m_K \cdot v_2^2 \;\Rightarrow\; v_2^2 = 2\gamma \cdot \frac{m_E}{r_E}$$

$$v_2 = \sqrt{2\gamma \cdot \frac{m_E}{r_E}} = \sqrt{2} \cdot v_1$$

A1 ● **a)** Berechnen Sie die Hubarbeit, die an einem Satelliten mit der Masse 800 kg verrichtet werden muss, damit er in 200 km Höhe über dem Äquator kreisen kann.
b) Einen Teil der Energie für diese Kreisbahn liefert die Erddrehung. Erläutern Sie dies.

A2 ● Erde und Mond bilden zusammen ein System mit einem Gravitationsfeld.
a) Erläutern Sie das in **B2a** dargestellte Gravitationsfeld, wobei die Feldlinien grün, und die Kräfte rot eingezeichnet sind.
b) Legen Sie die Bedeutung des Punktes P im Feld dar. Geben Sie an, ob es weitere solcher Punkte im Feld von Erde und Mond gibt.
c) Interpretieren Sie Teilbild b).

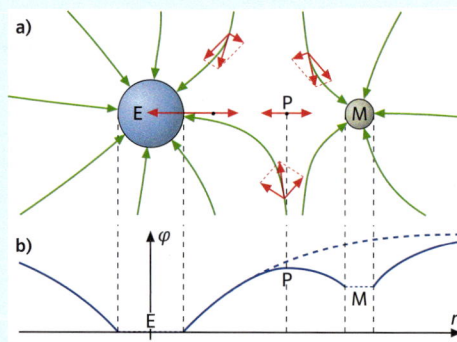

B2

Exkurs: Felder

Wenn man eine physikalische Größe in jedem Punkt des Raumes prinzipiell messen und somit ihre Wirkung erfassen kann, so spricht man von einem Feld.

Umgekehrt kann man also sagen: An jedem Punkt eines Feldes kann man die betrachtete physikalische Größe eindeutig angeben.

(Quasi-)Stationäres Feld Ein stationäres Feld verändert sich nicht in Abhängigkeit von der Zeit; ein quasistationäres Feld verändert sich zwar, aber nur so unwesentlich, dass die Veränderung für eine Betrachtung ohne Bedeutung ist.

Beispiel: Das Magnetfeld der Erde ist quasistationär für einen Orientierungsmarsch.

Skalares Feld Wenn man ein Feld einer physikalischen Größe betrachtet, die keine Richtung hat, so spricht man von einem skalaren Feld.

Beispiel: Die Höhenangaben der Erdoberfläche über dem Meeresspiegel ergeben ein skalares Feld.

Homogenes Feld Ein Feld heißt (in einem gewissen Bereich) homogen, wenn die zugehörige Größe in Betrag und Richtung an allen Punkten gleich groß ist.

Beispiel: Das Gravitationsfeld der Erde ist in Erdnähe nahezu homogen, es spielt also keine Rolle, von welchem Ast auf dem Apfelbaum die Äpfel zu Boden fallen: Alle Äpfel fallen mit der gleichen Beschleunigung.

Instationäres Feld Ein instationäres Feld verändert sich in Abhängigkeit von der Zeit sehr stark, sodass die Veränderung berücksichtigt werden muss.

Beispiel: Wenn man ein Kupferblech in die Flamme eines Bunsenbrenners hält, so ändert sich das Temperaturfeld anfangs sehr schnell. Es besteht selbst am anderen Ende Verbrennungsgefahr!

Vektorfeld Viele physikalische Größen sind gerichtet, d.h., um sie zu charakterisieren muss man neben dem Betrag auch die Richtung angeben. Zu solchen Größen gehörende Felder nennt man Vektorfelder. Die Veranschaulichungen von Vektorfeldern werden daher oft mit Hilfe von Pfeilen realisiert.

Beispiel: Magnetfeld

Inhomogenes Feld Wenn die betrachtete Feldgröße innerhalb (eines Teiles) des Raumes unterschiedlich groß ist (in Richtung oder Betrag), so spricht man von einem inhomogenen Feld.

Beispiel: Das Strömungsfeld in offenen Gewässern kann an manchen Stellen stark schwanken. Solche Wasserstrudel sind aber nicht immer von oben sichtbar, dies hat schon oft zu tödlichen Unfällen geführt.

Rückblick

Zusammenfassung

Kepler'sche Gesetze Diese beschreiben die Bewegungen von Planeten.

1. Kepler'sches Gesetz:
Die Bahnen der Planeten sind Ellipsen. Die Sonne steht in einem der zwei Brennpunkte.

2. Kepler'sches Gesetz:
Die Verbindungsstrecke von der Sonne zum Planeten überstreicht in gleichen Zeitdauern Flächen mit gleichem Flächeninhalt (→B1).

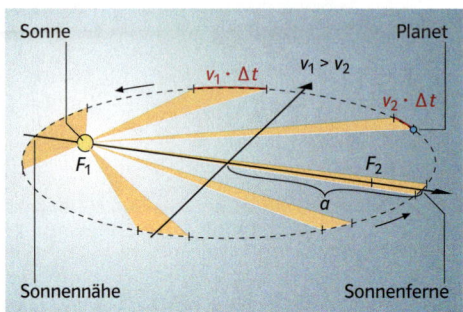

B1 Zum 2. Kepler'schen Gesetz

3. Kepler'sches Gesetz:
Die Quadrate der Umlaufzeiten T zweier Planeten verhalten sich wie die dritten Potenzen der großen Halbachsen a der Planetenbahnen:
$$\frac{T_1^2}{T_2^2} = \frac{a_1^3}{a_2^3}$$

Gravitationsgesetz Zwei Körper mit den Massen m_1 und m_2 üben im Abstand r dem Betrag nach gleich große anziehende Gravitationskräfte aufeinander aus:
$$F = \gamma \cdot \frac{m_1 \cdot m_2}{r^2}$$

Satellitenbahnen Die für die Kreisbahn eines Satelliten um die Erde notwendige Zentripetalkraft ist durch die Gravitationskraft gegeben:
$$F_Z = m_{Sat} \cdot \omega^2 \cdot r = \gamma \cdot m_{Sat} \cdot \frac{m_{Erde}}{r^2} = F_{Grav}$$
$$\Leftrightarrow \omega^2 = \gamma \cdot \frac{m_{Erde}}{r^3} \text{ bzw. } v^2 = \gamma \cdot \frac{m_{Erde}}{r}$$

Das bedeutet, dass Winkel- und Bahngeschwindigkeit unabhängig von der Masse des Satelliten sind.

Gravitationsfeld Im Raum um einen Körper besteht aufgrund seiner Masse ein Gravitationsfeld. Es ist durch die Kraft auf einen anderen Körper mit Masse nachweisbar.

Die Kraft auf einen Körper ist im Gravitationsfeld proportional zu dessen Masse m. Der Quotient $\vec{F}/m$ heißt Gravitationsfeldstärke $\vec{G}$. Sie beschreibt das Feld unabhängig vom Körper.

Höhenenergie und Potenzial Liegt der Bezugspunkt für die Höhenenergie im Unendlichen, so gilt für die Höhenenergie E_H eines Körpers mit der Masse m im Abstand r vom Erdmittelpunkt:
$$E_H = -\gamma \cdot \frac{m_{Erde} \cdot m}{r}$$

Der Quotient aus Höhenenergie E_H mit dem Bezugspunkt $P = \infty$ und der Masse m des Probekörpers heißt Potenzial $\varphi(P)$ des Feldes der Erde mit der Masse m_{Erde}:
$$\varphi(P) = \frac{E_H}{m} = -\gamma \cdot \frac{m_{Erde}}{r}$$

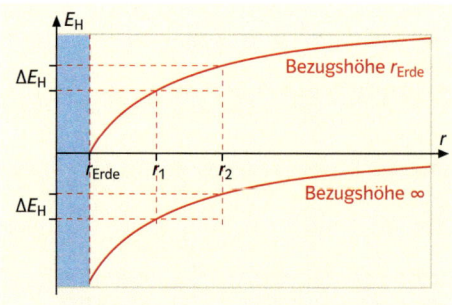

B2 Höhenenergie für zwei verschiedene Bezugshöhen

Hubarbeit W Die Hubarbeit ist das Produkt aus der Masse m eines Körpers und der Potenzialdifferenz $\varphi_2 - \varphi_1$ bei End- und Anfangshöhe:
$$W = \Delta E_H = m \cdot (\varphi_2 - \varphi_1)$$

Die Hubarbeit hängt nicht davon ab, auf welchem Weg der Körper die Endhöhe erreicht.

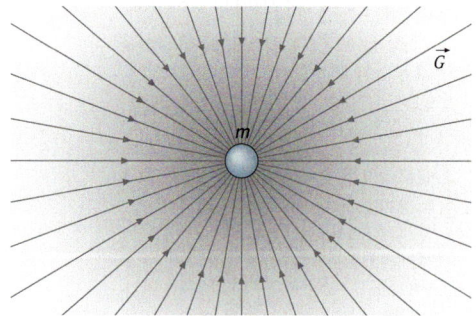

B3 Das Gravitationsfeld eines Körpers der Masse m

5 Relativitätstheorie

Weshalb ermöglichen erst Einsteins Erkenntnisse eine genaue Satellitennavigation?

5.1 Ereignisse, Bezugssysteme und Beobachter

Raumschiff I kollidiert mit einem Asteroiden. Aus Sicht der Besatzung hat sich der Asteroid auf das Raumschiff zubewegt, bis es zum Zusammenstoß kam. An Bord von Raumschiff II ist man überzeugt, dass Raumschiff I auf den Asteroiden zugeflogen ist, der ruhend in einiger Entfernung von Raumschiff II im Weltall schwebt.

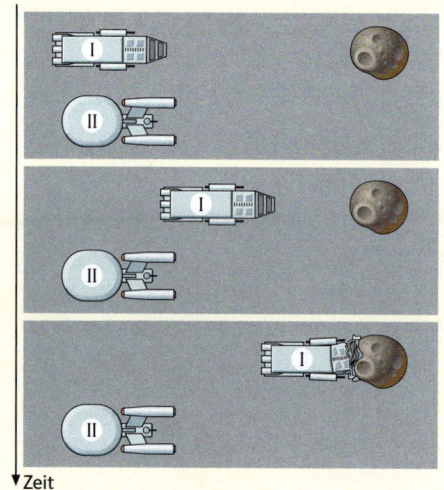

B1 Raumschiff I kollidiert mit einem Asteroiden

Die Beschreibung von Ereignissen ist prinzipiell abhängig vom jeweiligen Bezugssystem. Unabhängig davon ist aber das Eintreten eines Ereignisses. Raumschiff I kollidiert mit dem Asteroiden, egal aus welchem Bezugssystem heraus man dieses Ereignis betrachtet.

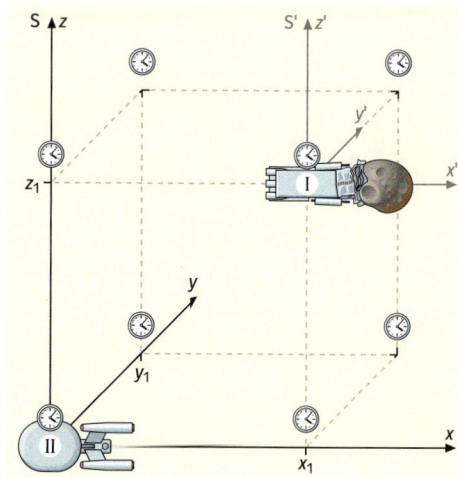

B2 Ruhesystem S des Raumschiffes II und das dazu bewegte Ruhesystem S' von Raumschiff I

Ereignisse
In der Physik beschreibt man Ereignisse, z. B. die Kollision des Raumschiffes I mit dem Asteroiden, indem man ihnen einen Ort im Raum und einen Zeitpunkt zuordnet. Somit ist ein Ereignis durch drei Orts- und eine Zeitkoordinate gekennzeichnet. Die Beschreibung des Ereignisses K: „Kollision von Raumschiff I mit dem Asteroiden" unterscheidet sich je nach Raumschiff-Besatzung, sie ist abhängig vom gewählten Bezugssystem.

Bezugssysteme
Ein Bezugssystem setzt sich zusammen aus einem **Koordinatensystem**, in dem der Ort eines Ereignisses angegeben werden kann, und miteinander **synchronisierten Uhren** zur Bestimmung der Zeit. Vorstellen kann man sich ein Bezugssystem als ein Raumgitter, bei dem an jedem Punkt des Gitters eine Uhr die Zeit misst. Von all diesen identischen Uhren wird stets dieselbe Uhrzeit abgelesen.

Ein mit einem Objekt mitbewegtes Bezugssystem nennt man **Ruhesystem** des Objekts. Abbildung **B2** zeigt das Ruhesystem S des Raumschiffs II. In diesem System besitzt das Ereignis K die drei Raumkoordinaten $(x_1|0|z_1)$.

Im Ruhesystem S' des Raumschiffs I hat dasselbe Ereignis K jedoch die Raumkoordinaten $(0|0|0)$.

**Ereignisse können immer nur relativ zu einem bestimmten Bezugssystem beschrieben werden.
In unterschiedlichen Bezugssystemen besitzen Ereignisse unterschiedliche Koordinaten. Die Beschreibung von Ereignissen ist abhängig vom gewählten Bezugssystem.**

A1 ○ Geben Sie jeweils die Ortskoordinaten von Raumschiff II an,
a) im Bezugssystem S,
b) in einem zu S parallelen Ruhesystem des Asteroiden, der sich im Ursprung des Koordinatensystems befinden soll.

A2 ⊖ Bewerten Sie die folgende Aussage: „Der Asteroid befindet sich in Ruhe."

A3 ⊖ Ein Flugzeug fliegt mit konstanter Geschwindigkeit. Skizzieren Sie das Zeit-Ort-Diagramm eines Passagiers bezogen auf das Ruhesystem
a) des Flughafens,
b) des Flugzeugs,
c) eines entgegenkommenden Flugzeugs.

B1 Astronaut im Inertialsystem Raumschiff

Inertialsysteme

Eine besondere Klasse von Bezugssystemen sind **Inertialsysteme** („inertia" ist lateinisch und bedeutet „Trägheit"). Dies sind Bezugssysteme in denen das Trägheitsgesetz gilt, nach dem ein Körper im Zustand der Ruhe oder der gleichförmigen Bewegung verbleibt, wenn die Summe der auf diesen Körper einwirkenden Kräfte null ist. Inertialsysteme sind Bezugssysteme, die sich relativ zueinander geradlinig und mit konstanter Geschwindigkeit bewegen. Ein Raumschiff mit ausgeschaltetem Antrieb (in einem Universum ohne Gravitationsfelder) ist ein Beispiel für ein Inertialsystem. An Bord eines solchen Raumschiffs würden Objekte (z. B. die Besatzung) ohne äußeren Einfluss frei im Raum schweben, da keine Kräfte auf sie einwirken (→B1). Beschleunigte Bezugssysteme sind keine Inertialsysteme.

Beobachter

In einem Bezugssystem werden Ereignisse von Beobachtern gemessen. Der Zeitpunkt eines Ereignisses wird von der Uhr am Ort des Ereignisses aufgezeichnet. Ein Beobachter ist eine gedachte Person oder Messapparatur, die von jeder beliebigen Uhr des Bezugssystems die gespeicherten Ereignis-Daten auslesen kann. Damit kennt ein Beobachter den Ort und den Zeitpunkt für jedes Ereignis in einem bestimmten Bezugssystem.

Unbedeutend ist dabei, wann ein Beobachter ein Ereignis „sieht": Da das Licht eine endliche Geschwindigkeit besitzt, unterscheiden sich der Zeitpunkt eines Ereignisses und der Zeitpunkt, zu dem ein vom Ereignis ausgehendes Signal einen anderen Ort erreicht. Explodiert beispielsweise ein Treibstofftank des Raumschiffs I bei der Kollision mit dem Asteroiden, so sieht man die Explosion an Bord von Raumschiff II erst kurz nachdem sie stattgefunden hat, da das Licht der Explosion eine bestimmte Zeit benötigt, um die Distanz zwischen Raumschiff I und II zurückzulegen. Beobachter können die Zeit des Signalempfangs um die Signallaufzeiten korrigieren, um den tatsächlichen Zeitpunkt eines Ereignisses zu bestimmen.

Inertialsysteme erkennt man daran, dass kräftefreie Körper in ihnen im Zustand der Ruhe oder der gleichförmigen Bewegung verharren.
Ein Beobachter kann von jeder Uhr seines Bezugssystems die angezeigte Uhrzeit ablesen und Signallaufzeiten korrigieren.

A1 ⊖ An Bord eines fensterlosen Raumschiffs sind alle Instrumente ausgefallen. Erläutern Sie, inwiefern die Besatzung feststellen kann, ob sich das Raumschiff bewegt.

A2 ⊖ In der Mitte der Verbindungsstrecke zwischen Raumschiff II und dem Asteroiden befindet sich eine Raumstation. Die Station, das Raumschiff und der Asteroid sind relativ zueinander in Ruhe. Der Abstand zwischen dem Asteroiden und der Raumstation beträgt 90 Mio. km. Ein Bewohner der Raumstation sieht die Explosion des Treibstofftanks bei der Kollision zwischen Raumschiff I und dem Asteroiden um 9:30 Uhr.
a) Berechnen Sie den Zeitpunkt, zu dem die Explosion aus Sicht des Bewohners der Raumstation stattgefunden hat.
b) Geben Sie den Zeitpunkt der Explosion aus Sicht des Kapitäns von Raumschiff II an sowie den Zeitpunkt, zu dem der Kapitän die Explosion sieht.

Exkurs: Synchronisation von Uhren

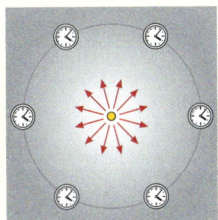

B2 Synchronisation von Uhren

Um die Zeitpunkte von Ereignissen in einem bestimmten Bezugssystem sinnvoll miteinander vergleichen zu können, müssen die identischen Uhren an allen Orten des Bezugssystems miteinander synchronisiert werden, damit sie dieselbe Uhrzeit anzeigen. Hierzu kann man eine Referenzuhr im Koordinatenursprung des Bezugssystems nutzen, die einen Lichtblitz aussendet, der sich kugelförmig in alle Richtungen ausbreitet.

Alle Uhren, die sich auf derselben Kugeloberfläche um die Referenzuhr befinden, werden gestartet, wenn sie der Lichtblitz erreicht (→B2). Stellt man diese Uhren entsprechend der Laufzeit des Lichtblitzes vor, laufen sie anschließend synchron mit der Referenzuhr. Auf diese Weise lassen sich alle Uhren eines Bezugssystems synchronisieren.

A1 ⊖ Beobachten Sie eine Bahnhofsuhr mit Sekundenzeiger. Informieren Sie sich über die Synchronisation von Bahnhofsuhren.

5.2 Die Einstein'schen Postulate

1905 revolutionierte Albert Einstein die Physik, indem er ein grundlegendes Problem seiner Zeit löste: Die klassische Newton'sche Mechanik war nicht widerspruchsfrei mit den Gesetzen der Elektrodynamik vereinbar. Einstein gelang es, beide Theorien auf Basis zweier wesentlicher Gedanken zu verbinden, der Einstein'schen Postulate.

B1 Ein sich nahezu gleichförmig bewegendes Schiff

Unter einem **Postulat** versteht man eine Grundannahme, von der man ausgeht, um Aussagen einer Theorie abzuleiten. Ein Postulat selbst kann nicht weiter durch andere Vorannahmen logisch begründet werden. Postulate müssen durch Beobachtungen und Experimente gestützt werden. Sie drücken Prinzipien der Natur aus, die nicht weiter erklärt werden können und als gegeben hingenommen werden müssen.

Galilei'sches Relativitätsprinzip

Galileo Galilei hatte den folgenden Gedanken formuliert: *„Schließt euch ... in einem möglichst großen Raum unter dem Deck eines großen Schiffes ein ..., sorgt auch für ein Gefäß mit Wasser und kleinen Fischen darin ..., solange das Schiff stille steht ... wird man sehen, wie die Fische ohne irgendwelchen Unterschied nach allen Richtungen schwimmen ... Nun lasst das Schiff mit jeder beliebigen Geschwindigkeit sich bewegen. Ihr werdet – wenn die Bewegung gleichförmig ist, ... bei allen genannten Erscheinungen nicht die geringste Veränderung eintreten sehen. Aus keiner derselben werdet ihr entnehmen können, ob das Schiff fährt oder still steht."*

Damit beschreibt Galilei das klassische Relativitätsprinzip, wonach mechanische Experimente in allen Inertialsystemen gleich ablaufen. Lässt man z.B. einen Stein an Bord des gleichförmig bewegten Schiffs fallen, landet dieser unabhängig von der Bewegung des Schiffs immer auf derselben Stelle des Schiffsbodens. Mit Hilfe dieses Fallexperiments lässt sich nicht feststellen, ob und mit welcher konstanten Geschwindigkeit sich das Schiff bewegt. Alle Inertialsysteme sind gleichberechtigt, d.h., sie lassen sich nicht aufgrund mechanischer Experimente unterscheiden. Die physikalischen Gesetze der Mechanik gelten in all diesen Systemen in gleicher Form.

Sieht man aus dem Fenster des Schiffs und erblickt ein anderes sich gleichförmig bewegendes Schiff, kann lediglich die Relativgeschwindigkeit beider Schiffe ermittelt werden. Die Angabe einer absoluten Geschwindigkeit der Schiffe ist nicht möglich, da es kein ausgezeichnetes, absolutes Bezugssystem gibt.

Der Äther als absolutes Bezugssystem?

In den Gesetzen der Elektrodynamik besitzt das Licht immer die gleiche, konstante Ausbreitungsgeschwindigkeit c. Deshalb ging man Ende des 19. Jahrhunderts davon aus, dass es ein absolutes Bezugssystem gibt, relativ zu dem die Lichtgeschwindigkeit mit stets demselben Wert angegeben werden kann. Zur damaligen Zeit wurde angenommen, dass das Licht als elektromagnetische Welle ein Ausbreitungsmedium benötigt, so wie Schallwellen die Luft als Trägermedium benötigen oder Meereswellen das Wasser. Dieses Lichtmedium bezeichnete man als „Äther". Der Äther würde ein absolutes Bezugssystem für die Messung von Geschwindigkeiten darstellen, allerdings stünde seine Existenz im Widerspruch zum Relativitätsprinzip der Newton'schen Mechanik.

Einsteins 1. Postulat

Einstein löste diesen Widerspruch, indem er zwei Postulate an den Anfang seiner Speziellen Relativitätstheorie stellte. Das erste Postulat ist eine Verallgemeinerung des Galilei'schen Relativitätsprinzips über die Mechanik hinaus auf **alle physikalischen Gesetze** (z.B. auch die der Elektrodynamik oder der Optik). Das Prinzip der Relativität sah Einstein als so allgemeingültig und gut bestätigt an, dass er sich nicht vorstellen konnte, warum es auf die Mechanik beschränkt sein sollte.

Nach Einstein kann mit keinem beliebigen Experiment, ob mechanisch, elektromagnetisch oder optisch, zwischen verschiedenen Inertialsystemen unterschieden werden. Die Geschwindigkeit eines Objektes kann nicht absolut bestimmt werden. Es sind immer nur Relativbewegungen messbar, „absolute Ruhe" gibt es nicht.

Relativitätsprinzip (1. Postulat):
Jedes physikalische Gesetz hat in allen Inertialsystemen dieselbe Form. Alle Inertialsysteme sind gleichberechtigt.

A1 ○ Beim Blick aus dem Fenster eines Zuges auf einen anderen Zug auf dem Nachbargleis ist manchmal nicht klar, ob sich der eigene Zug oder der auf dem anderen Gleis tatsächlich relativ zur Erde bewegt. Erläutern Sie diese Alltagserfahrung physikalisch.

A2 ○ Untersuchen und vergleichen Sie mit Hilfe eines selbstgebauten Pendels in der Hand die folgenden Bewegungen:
a) Laufen Sie möglichst gleichförmig.
b) Stehen Sie still.
c) siehe a) und bleiben Sie plötzlich stehen.
d) siehe a) und rennen Sie plötzlich los.

B2 Albert Einstein im Alter von 23 Jahren

Größen, die wie die Lichtgeschwindigkeit unabhängig vom Bezugssystem sind, nennt man **invariant**. Beim Wechsel des Bezugssystems bleibt der Wert einer invarianten Größe unverändert.

Einsteins 2. Postulat
Das Einstein'sche Relativitätsprinzip gilt insbesondere für die Gesetze des Elektromagnetismus und damit für die Lichtausbreitung. Es bedeutet, dass Licht in allen Inertialsystemen dieselbe Geschwindigkeit $c = 299\,792\,458\,\text{m/s}$ besitzen muss. Nach dem Relativitätsprinzip müssen Naturkonstanten wie die Lichtgeschwindigkeit oder beispielsweise auch die Elementarladung e unabhängig vom gewählten Inertialsystem sein.

Einstein erinnerte sich, dass er diesen Gedanken bereits im Alter von 16 Jahren entwickelt hatte: *„Wenn ich einem Lichtstrahl nacheile mit der Geschwindigkeit c (Lichtgeschwindigkeit im Vakuum), so sollte ich einen solchen Lichtstrahl als ruhendes, räumlich oszillatorisches, elektromagnetisches Feld wahrnehmen. So etwas scheint es aber nicht zu geben [...]. Intuitiv klar schien es mir von vornherein, dass von einem solchen Beobachter aus beurteilt, alles sich nach denselben Gesetzen abspielen müsse wie für einen relativ zur Erde ruhenden Beobachter. Denn wie sollte der erste Beobachter wissen [...], dass er sich im Zustand rascher, gleichförmiger Bewegung befindet?"*

Da Experimente zum Nachweis des Äthers erfolglos blieben und Einstein fest von seinem Relativitätsprinzip überzeugt war, erklärte er den Äther für überflüssig. Auch für das Licht gibt es kein absolut ruhendes Bezugssystem.

Die Lichtgeschwindigkeit ist unabhängig von der eigenen Geschwindigkeit der Lichtquelle und der Richtung, in die sich das Licht ausbreitet. Damit unterscheidet sich das Licht fundamental von allen gewöhnlichen Objekten, wie **B1** zeigt.
Ein Beobachter auf der Erde misst für einen Ball, der in einem Zug in Fahrtrichtung geworfen wird, eine größere Geschwindigkeit als eine mitbewegte Beobachterin im Inneren des Zuges.

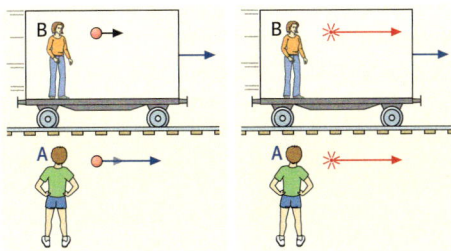

B1 Ball und Licht aus unterschiedlichen Inertialsystemen betrachtet

Allerdings messen beide Beobachter die identische Ausbreitungsgeschwindigkeit für einen Lichtblitz, der von einer Lampe im Zug erzeugt wird.

Empirische Belege
Die Einstein'schen Postulate sind keine beliebig gewählten Annahmen, sondern basieren auf Experimenten und Beobachtungen, wie die folgenden Belege exemplarisch zeigen:

Belege zur Lichtgeschwindigkeit:
– Michelson-Morley-Experimente zeigen, dass die Lichtgeschwindigkeit unabhängig von der Ausbreitungsrichtung des Lichts ist.
– Mit Kennedy-Thorndike-Experimenten, einer Variante des Michelson-Morley-Experiments, wird die Unabhängigkeit der Lichtgeschwindigkeit von der Geschwindigkeit der Lichtquelle nachgewiesen.

Die Messunsicherheiten heutiger Versionen der beiden Experimente sind sehr klein und liegen im Bereich von $\Delta c/c \leq 10^{-15}$.

Belege zum Relativitätsprinzip:
– Experimente auf der Erde zeigen keine Abhängigkeit von der Bewegungsrichtung und der Bewegungsgeschwindigkeit der Erde.
– Experimente zum Nachweis des Äthers (z. B. der Versuch von Michelson und Morley) liefern keine positiven Resultate.
– Einstein argumentierte, dass auch in der Elektrodynamik nur Relativgeschwindigkeiten eine Rolle spielen: Bewegt man beispielsweise einen Dauermagneten in eine Spule hinein, wird die gleiche Induktionsspannung gemessen, wie wenn umgekehrt die Spule über den Dauermagneten bewegt wird.

Invarianz der Lichtgeschwindigkeit (2. Postulat): Die Lichtgeschwindigkeit im Vakuum besitzt in allen Inertialsystemen denselben konstanten Wert c. Sie ist unabhängig von der Bewegung der Lichtquelle.

A1 ○ Zwei Raumschiffe fliegen parallel zueinander mit der relativen Geschwindigkeit v aneinander vorbei. Nennen sie die Geschwindigkeit, mit der ein Funksignal des einen Raumschiffes das andere erreicht, es stehen folgende Antworten zur Auswahl:
a) $c + v$ b) $c - v$ c) v d) c

A2 ◐ Begründen Sie, weshalb Photonen kein Ruhesystem besitzen.

Experiment: Das Michelson-Morley-Experiment

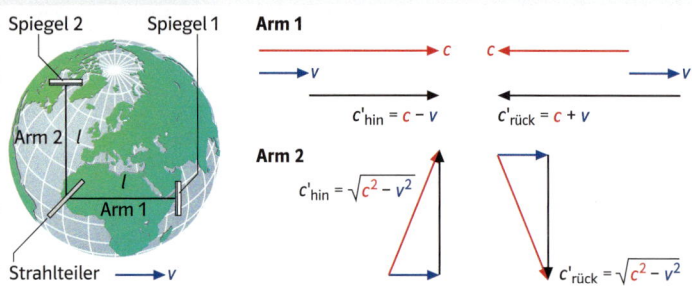

c': Lichtgeschwindigkeit im Bezugssystem Erde/Interferometer
c: Lichtgeschwindigkeit im Äther
v: Geschwindigkeit der Erde im Äther

B1 Lichtgeschwindigkeiten in den verschiedenen Interferometerarmen

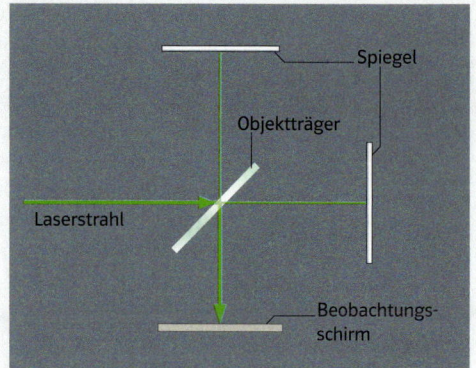

B4 Schematischer Versuchsaufbau

1881 versuchte Albert A. Michelson mit Hilfe eines Interferometers die Bewegung der Erde relativ zum Äther, von dessen Existenz man zu dieser Zeit ausging, nachzuweisen. Zusammen mit Edward W. Morley führte er 1887 eine optimierte Form des Experiments mit höherer Genauigkeit durch.

Die Idee des Versuchs beruht auf der Annahme, dass es einen Lichtäther gibt, in dem sich das Licht mit der Geschwindigkeit c und die Erde mit der Geschwindigkeit v bewegen. Zur Untersuchung dieser Vermutung nutzten die beiden Physiker ein Michelson-Interferometer mit zueinander senkrechten, gleich langen Armen (→B1, B4). Im Fall einer Bewegung der Erde durch den Äther würden sich unterschiedliche Laufzeiten

$$\Delta t_1 = \frac{l}{c-v} + \frac{l}{c+v} = \frac{2l \cdot c}{c^2 - v^2} \text{ und}$$

$$\Delta t_2 = \frac{2l}{\sqrt{c^2 - v^2}}$$

für das Licht in den verschiedenen Interferometerarmen ergeben, die ein bestimmtes Interferenzmuster bedingen (→B3a). Eine Drehung der Anordnung um 90° kehrt die Laufzeitverhältnisse um, sodass sich das Interferenzmuster verändern müsste (→B3b).

Aufgabe: Untersuchung der Bewegung der Erde relativ zum Äther

Material: drehbarer Versuchstisch, Laserpointer, Schirm, zwei Spiegel oder Spiegelfolien, Strahlteiler-Glasplatte oder Objektträger, Knetmasse, Stativmaterial, Mikroskop-Okular

Durchführung: Das Interferometer wird gemäß B4 aufgebaut. Als Lichtquelle dient ein in einer Stativklemme ausgerichteter Laserpointer (→B2a). Ein Strahlteiler, für den auch ein Objektträger verwendet werden kann (→B2b), teilt das Lichtbündel. Die beiden Teilbündel werden jeweils an einem Spiegel (→B2c) reflektiert und überlagern sich nach erneutem Durchgang durch den Strahlteiler wieder.

Das durch die Überlagerung der Lichtbündel erzeugte Interferenzmuster wird auf dem Schirm beobachtet. Dieses lässt sich bei Bedarf mit einem Mikroskop-Okular auf dem Schirm vergrößern bzw. aufweiten.
Mit Hilfe des drehbaren Tisches wird der Lichtweg zum Spiegel 1 zunächst parallel, der zum Spiegel 2 senkrecht zur Erdbahn ausgerichtet. Anschließend wird die Anordnung um 90° gedreht.

Beobachtung: Es lässt sich keine Veränderung des Interferenzmusters beobachten.

Ergebnis: Eine Bewegung der Erde relativ zum Äther kann nicht nachgewiesen werden. In Verbindung mit anderen Experimenten führte der Versuch von Michelson und Morley dazu, die Äther-Hypothese zu verwerfen. Aus heutiger Sicht zeigt das Experiment die Richtungsunabhängigkeit der Lichtgeschwindigkeit.

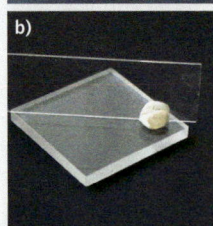
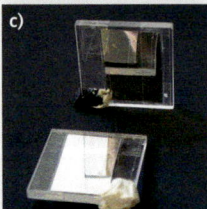
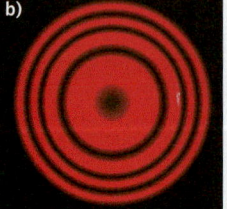

B2 Elemente des Selbstbau-Interferometers

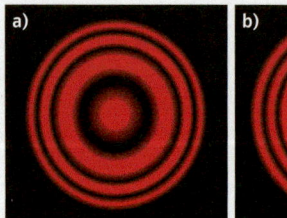

B3 Beobachtetes Interferenzmuster (a), nach Drehung erwartetes verändertes Muster (b)

5.3 Relativität der Gleichzeitigkeit

Was ist Zeit?, fragte sich Einstein und gab in seiner Arbeit *Zur Elektrodynamik bewegter Körper* folgende Antwort „*Wir haben zu berücksichtigen, dass alle unsere Urteile, in welchen die Zeit eine Rolle spielt, immer Urteile über gleichzeitige Ereignisse sind. Wenn ich z. B. sage: ‚Jener Zug kommt hier um 7 Uhr an', so heißt dies etwa: ‚Das Zeigen des kleinen Zeigers meiner Uhr auf 7 und das Ankommen des Zuges sind gleichzeitige Ereignisse.'*"

Zeitpunkt eines Ereignisses
Der Zeitpunkt eines Ereignisses ist definiert als die Anzeige einer Uhr am Ort dieses Ereignisses (in einem bestimmten Bezugssystem). Damit ergibt sich die Frage, wie man Ereignisse, die an verschiedenen Orten auftreten, zeitlich einordnen kann. Wie lässt sich feststellen, ob zwei Supernova-Explosionen an voneinander entfernten Orten im Universum gleichzeitig stattgefunden haben? Einstein legte mit Hilfe der konstanten Lichtgeschwindigkeit fest: Ereignisse sollen dann gleichzeitig sein, wenn ein Beobachter, der gleich weit von den Ereignissen entfernt ist, Lichtsignale der Ereignisse gleichzeitig empfängt (→B1).

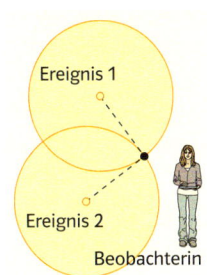

B1 Gleichzeitige Ereignisse an verschiedenen Orten

Gedankenexperiment zur Gleichzeitigkeit
Beata und Akin befinden sich an Bord zweier gleichförmig zueinander bewegter Raumschiffe (→B2). Als Beata, die sich in der Mitte ihres Raumschiffes befindet, Akin passiert, leuchten kurzzeitig zwei Lampen an den Enden ihres Raumschiffs auf. Das Licht beider Lampen erreicht Akin zur gleichen Zeit. Da er sich gleich weit von den beiden Lampen entfernt befand, als diese aufleuchteten, kann Akin schlussfolgern, dass die beiden Leucht-Ereignisse in seinem Ruhesystem gleichzeitig stattgefunden haben.

Beatas Raumschiff bewegt sich aus Akins Sicht auf die vordere Lichtwelle zu und von der hinteren weg. Daher erreicht Beata zuerst das Licht der vorderen Lampe und danach das der hinteren. Weil sich Beata in ihrem Ruhesystem in der Mitte der Lampen befindet, sie das Licht der Lampen aber nacheinander erreicht, finden die Leucht-Ereignisse in Beatas Ruhesystem nicht gleichzeitig statt.

Ereignisse, die an verschiedenen Orten in einem Inertialsystem gleichzeitig stattfinden, treten in einem anderen, relativ dazu bewegten Inertialsystem im Allgemeinen nicht gleichzeitig auf. Wegen des Relativitätsprinzips ist der Effekt symmetrisch, d.h., gleichzeitige Ereignisse in Beatas Ruhesystem finden in Akins Ruhesystem zeitversetzt statt.

Die Gleichzeitigkeit von Ereignissen ist relativ, also abhängig vom Bezugssystem.

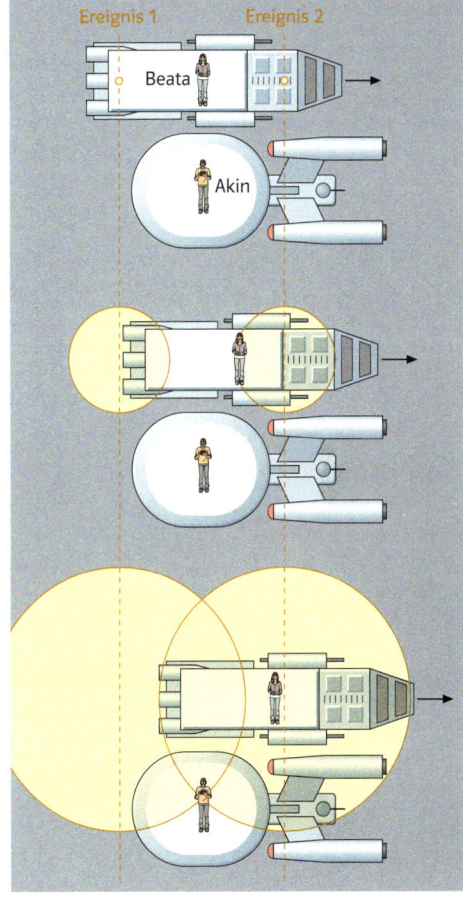

B2 Gedankenexperiment zur Relativität der Gleichzeitigkeit von Ereignissen

A1 ⊖ Eine Raumstation befindet sich stationär in der Mitte der Verbindungslinie zweier relativ zueinander ruhender Sterne, die beide in einer Supernova-Explosion hell aufleuchten. Auf der Raumstation empfängt man das Licht beider Supernovae gleichzeitig.
Erläutern Sie jeweils die Reihenfolge der Explosionen für die Besatzungen der folgenden gleichförmig bewegten Raumschiffe.
a) Raumschiff I fliegt von Stern 2 zu Stern 1.
b) Raumschiff II treibt ruhend neben Stern 2.
c) Raumschiff III fliegt senkrecht zur Verbindungslinie der Sterne direkt auf die Raumstation zu.

5.4 Zeitdilatation

Myonen sind Elementarteilchen, die mit einer Halbwertszeit von $2{,}2 \cdot 10^{-6}$ s zerfallen. Im europäischen Forschungszentrum CERN (Genf) wurden Myonen auf 99,94 % der Lichtgeschwindigkeit beschleunigt. Ihre Halbwertszeit betrug nun $44 \cdot 10^{-6}$ s. Sie lebten also 20-mal länger als ruhende Myonen, ihre beobachtete Halbwertszeit verlängerte sich.

Das Wort **Dilatation** leitet sich aus dem Lateinischen ab und bedeutet „Ausdehnung", „Erweiterung", „Vergrößerung".

Lichtuhren
Einstein nutzte in seinen Gedankenexperimenten Lichtuhren zur Zeitmessung. Zwischen zwei Spiegeln wird ein Lichtsignal hin und her reflektiert (→**B1**). In der Lichtuhr erfolgt immer dann ein „Tick", wenn das Lichtsignal an einem der Spiegel reflektiert wird. Wegen der konstanten Lichtgeschwindigkeit tickt die Lichtuhr in einem periodischen Takt.

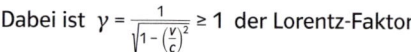

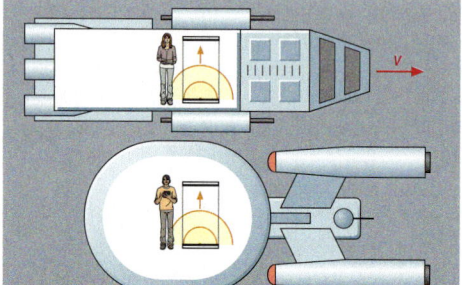

B1 Aufbau einer Lichtuhr

B3 Beobachter in verschiedenen Inertialsystemen

Gedankenexperiment zur Zeitmessung
Beata und Akin sind Beobachter in zwei zueinander gleichförmig bewegten Raumschiffen (→**B3**), die den Takt ihrer Lichtuhren miteinander vergleichen. Im Gedankenexperiment bewegen sich beide Raumschiffe auf derselben Geraden und können durcheinander hindurchfliegen.
Als Beata Akin passiert und sich ihre Lichtuhren genau überdecken, leuchtet ein Lichtblitz an den unteren Spiegeln auf (→**B4a**). Akin beobachtet, dass die Lichtwelle in seiner Uhr den oberen Spiegel erreicht, während das Licht in Beatas Uhr noch nicht am oberen Spiegel angelangt ist (→**B4b**).

Das bedeutet, dass Beatas Uhr aus Akins Bezugssystem heraus beurteilt langsamer tickt als seine eigene Uhr. Wenn die Lichtwelle aus Akins Sicht den oberen Spiegel von Beatas Uhr erreicht (→**B4c**), wurde das Licht in Akins Uhr bereits reflektiert.

Akin misst in seinem Inertialsystem S für die Zeit zwischen zwei Ticks von Beatas Uhr die Zeitdauer Δt. Beata misst in ihrem Inertialsystem S' zwischen zwei Ticks ihrer eigenen Uhr die Zeitdauer $\Delta t'$. Mit Hilfe von Abbildung **B4c** ergibt sich:

$(c \cdot \Delta t)^2 = (c \cdot \Delta t')^2 + (v \cdot \Delta t)^2$

$\Delta t = \dfrac{\Delta t'}{\sqrt{1 - \left(\dfrac{v}{c}\right)^2}} = \gamma \cdot \Delta t'$

$\Delta t \geq \Delta t'$

Dabei ist $\gamma = \dfrac{1}{\sqrt{1 - \left(\dfrac{v}{c}\right)^2}} \geq 1$ der Lorentz-Faktor.

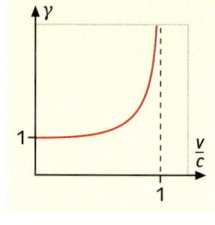

B2 Lorentz-Faktor

Für denselben Vorgang messen die beiden Beobachter in ihren verschiedenen Bezugssystemen unterschiedliche Zeitdauern. Für Akin tickt Beatas Uhr langsamer als seine eigene.

Relativ zu einem Inertialsystem bewegte Uhren gehen für Beobachter in diesem Inertialsystem langsamer als ruhende Uhren.

A1 ⊖ Im Alltag kann nicht beobachtet werden, dass Uhren aufgrund der Zeitdilatation unterschiedlich schnell ticken. Begründen Sie dies mit Hilfe von Abbildung **B2**.

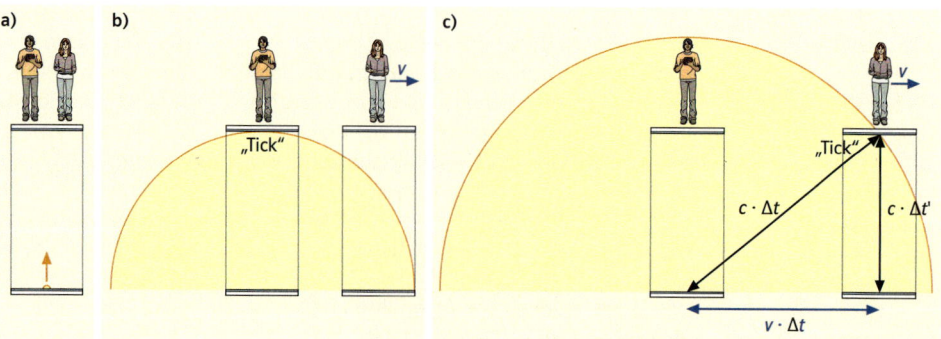

B4 Zeitpunkt t_0 (a), Zeitpunkt $t_1 > t_0$ (b), Zeitpunkt $t_2 > t_1$ (c)

Eigenzeit

Der Effekt der Zeitdilatation tritt nur in Inertialsystemen auf, die sich relativ zu Beatas Inertialsystem bewegen. Für Beata selbst verläuft die Zeit in ihrem eigenen Ruhesystem ganz „normal". Die Zeit, die ein Beobachter in seinem Ruhesystem misst, nennt man **Eigenzeit**. Sie entspricht der Zeit, die ein Beobachter von seiner mit ihm mitbewegten Armbanduhr abliest. Ihr Wert ist unabhängig (invariant) vom Bezugssystem. Jeder Beobachter in einem beliebigen Bezugssystem kann somit denselben Wert von Beatas Armbanduhr ablesen.

Symmetrie der Zeitdilatation

Die Zeitdilatation ist in Bezug auf die zwei Bezugssysteme symmetrisch. Betrachtet man das Gedankenexperiment umgekehrt aus Beatas Ruhesystem (mit Akin in relativer Bewegung), folgt auf die gleiche Weise, dass aus ihrer Sicht Akins Uhr langsamer geht (→B1). Dies wirkt zunächst widersprüchlich, da für beide Beobachter die Uhr des jeweils anderen verlangsamt tickt. Darin zeigt sich aber das Relativitätsprinzip. In beiden Bezugssystemen gilt: Bewegte Uhren gehen langsamer.

Zeitdauer zwischen zwei Ereignissen		
gemessen in einem bewegten System	$= \gamma \cdot$	gemessen im Ruhesystem (Eigenzeit)
(Akin) Δt	$= \gamma \cdot$	$\Delta t'$ (Beata)
(Beata) $\Delta t'$	$= \gamma \cdot$	Δt (Akin)

B1 Symmetrie der Zeitdilatation

Gewöhnliche Uhren

Die Zeitdilatation ist nicht auf Lichtuhren beschränkt, sondern gilt für alle gewöhnlichen Uhren und Vorgänge. Wenn dem nicht so wäre und Lichtuhren andere Zeitdauern messen würden als herkömmliche reale Uhren, ließen sich Bezugssysteme damit unterscheiden, sie wären dann nicht länger gleichberechtigt. Dies verstößt jedoch gegen das Relativitätsprinzip.

Geschwindigkeitslimit c

Der Lorentz-Faktor γ in der Gleichung für die Zeitdilatation ist nur für Geschwindigkeiten v definiert, die kleiner als die Lichtgeschwindigkeit c sind ($v < c$). Darin liegt eine wesentliche Erkenntnis der Speziellen Relativitätstheorie: Körper oder materielle Teilchen können nicht auf Lichtgeschwindigkeit beschleunigt werden. Bei Experimenten in Beschleunigern erreichen Teilchen trotz immens hoher Energien nicht die Lichtgeschwindigkeit.

Das Licht selbst hat im Vakuum stets die Geschwindigkeit c. Eine Betrachtung zur relativistischen Addition von Geschwindigkeiten zeigt, dass sich Signale oder Informationen allgemein nicht schneller als das Licht im Universum ausbreiten können.

**Die Zeitdilatation ist symmetrisch.
Die Lichtgeschwindigkeit kann von keinem Objekt oder Signal überschritten werden.**

A1 ⊖ Recherchieren Sie, welche maximalen Geschwindigkeiten Teilchen in Beschleunigern derzeit erreichen können.

Exkurs

Das Hafele-Keating-Experiment

B2 Hafele und Keating mit Atomuhren an Bord des Flugzeugs

Im Oktober 1971 luden die US-amerikanischen Forscher Joseph Hafele und Richard Keating vier Caesium-Atomuhren in ein Verkehrsflugzeug (→B2). Sie flogen einmal rund um die Erde nach Osten, dann wieder westwärts zurück. Zuvor hatten sie die Uhren mit weiteren Labor-Atomuhren am Boden synchronisiert.

Uhren am Boden bewegen sich aufgrund der Erdrotation mit der Geschwindigkeit der Erdoberfläche. Auf dem Weg nach Osten addierten sich für die fliegenden Uhren die Geschwindigkeiten der sich drehenden Erde und des Flugzeugs; nach Westen hingegen subtrahiert sich die Fluggeschwindigkeit von der Geschwindigkeit der Erdoberfläche. Gegenüber einem ruhend angenommenen Erdmittelpunkt bewegt sich die Erdoberfläche mit 463 m/s. Die Borduhren flogen gegenüber dem Erdmittelpunkt mit 685 m/s nach Osten und 241 m/s nach Westen. Nach Osten fliegende Borduhren müssten also langsamer ticken als die Laboruhren, nach Westen fliegende schneller. Die tatsächlich gemessenen Werte stimmten mit einer Genauigkeit von ca. 10 % mit den zuvor relativistisch berechneten überein: Nach Osten gingen die Borduhren 59 ns nach, nach Westen 273 ns vor. Diese Asymmetrie der Abweichungen kommt noch durch weitere relativistische Effekte zustande, die sich aus der Flughöhe und der damit kleineren Erdanziehung gegenüber der Erdanziehung auf die Bodenuhren ergeben.

5.5 Längenkontraktion

Um die Länge eines Körpers zu bestimmen, misst man den Abstand der Enden dieses Körpers zur gleichen Zeit. Da Gleichzeitigkeit abhängig vom Inertialsystem ist, unterscheidet sich auch die Messung von Längen je nach Inertialsystem.

Das Wort **Kontraktion** leitet sich aus dem Lateinischen ab und bedeutet „Zusammenziehen".

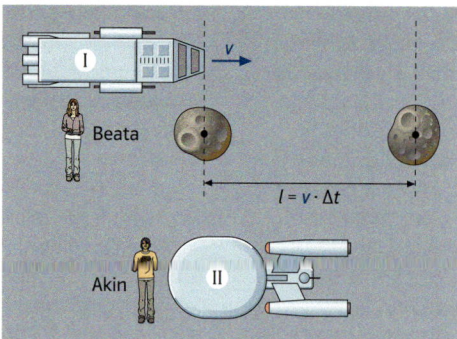

B2 Beschreibung in Akins Inertialsystem

Gedankenexperiment zur Längenmessung
Zwei Asteroiden befinden sich relativ zu Raumschiff II in Ruhe. Raumschiff I fliegt mit der konstanten Relativgeschwindigkeit v geradlinig von einem zum anderen Asteroiden. In Akins Inertialsystem (Raumschiff II) befinden sich die Asteroiden im Abstand l zueinander (→B2). Für die Zeit, in der Raumschiff I von einem zum anderen Asteroiden fliegt, misst Akin $\Delta t = l/v$.

Beata bestimmt an Bord des Raumschiffes I mit Hilfe ihrer Armbanduhr (Eigenzeit) die Zeitdauer $\Delta t'$, in der die beiden Asteroiden nacheinander mit der Geschwindigkeit v an ihr vorbeifliegen. Damit misst sie für den Abstand der Asteroiden $l' = v \cdot \Delta t'$.
Wegen der Zeitdilatation gilt $\Delta t = \gamma \cdot \Delta t'$.
Daraus folgt:

$$l' = v \cdot \frac{\Delta t}{\gamma} = v \cdot \frac{l}{\gamma \cdot v} = \frac{l}{\gamma} \quad \text{sodass} \quad l' \leq l$$

Beata misst demzufolge einen kürzeren Abstand der beiden Asteroiden als Akin.

Für dieselbe Strecke messen die Beobachter in unterschiedlichen Inertialsystemen verschiedene Längen. Ein Körper hat in seinem Ruhesystem die größtmögliche Länge l (Ruhelänge). In allen relativ zum Körper bewegten Inertialsystemen werden kürzere Längen $l' = \frac{l}{\gamma}$ gemessen, man spricht von **Längenkontraktion**.

B1 Raumkontraktion

Länge eines Maßstabs			
gemessen in einem bewegten System		= 1/γ ·	gemessen im Ruhesystem (Eigenzeit)
(Akin)	l	= 1/γ ·	l' (Beata)
(Beata)	l'	= 1/γ ·	l (Akin)

B3 Symmetrie der Längenkontraktion

Die Länge eines Körpers bleibt in seinem Ruhesystem unverändert. Es sind nicht nur die Objekte, die im Raum „schrumpfen", sondern der Raum selbst, dessen Maßstäbe sich verkürzen. Insofern kann auch von **Raumkontraktion** gesprochen werden (→B1).

Symmetrie der Längenkontraktion
Betrachtet man im Gedankenexperiment den Abstand von Asteroiden, die relativ zu Beatas Inertialsystem ruhen, ergeben dieselben Überlegungen eine Verkürzung des Asteroidenabstandes aus Akins Sicht, der sich relativ zu diesen bewegt. In Übereinstimmung mit dem Relativitätsprinzip ist die Betrachtung symmetrisch (→B3).

Ist das real?
Tritt die Längenkontraktion (und auch die Zeitdilatation) „in Wirklichkeit" oder nur scheinbar auf? Die Effekte sind real in dem Sinne, dass sie den Ergebnissen von Messungen entsprechen. Dabei spielt es keine Rolle, was man „sieht" oder wahrnimmt, allein die Messung zählt.
In einem relativ zum Körper bewegten System wird im Vergleich zu den eigenen Maßstäben des bewegten Systems eine verkürzte Länge des Körpers gemessen. Diese Messung ist aufgrund der Gleichberechtigung aller Bezugssysteme genauso „real", wie die Längenmessung im Ruhesystem.

Bei der Längenkontraktion verändern sich nicht die Abstände der Teilchen eines Körpers in dessen Ruhesystem. Die Relativbewegung eines Beobachters beeinflusst nicht die physikalische Beschaffenheit von Objekten. Das wäre paradox, da unterschiedlich bewegte Beobachter verschiedene Längen für ein Objekt messen können.

Bewegte Beobachter messen entlang der Bewegungsrichtung kürzere Längen für Objekte oder Strecken als Beobachter in deren Ruhesystem.
Die Längenkontraktion ist symmetrisch.

A1 ○ Berechnen Sie die Geschwindigkeit eines Raumschiffes relativ zur Erde, an dessen Bord man einen Erddurchmesser von nur 13 km misst.

Methode

Gedankenexperimente

Bedeutung Gedankenexperimente spielen in der Entwicklung und Veranschaulichung der Relativitätstheorie eine wichtige Rolle. Im Unterschied zu „normalen" empirischen Experimenten, in denen reale Phänomene der Natur beobachtet und vermessen werden, sind Gedankenexperimente theoretische Überlegungen.

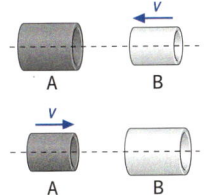

B1 Bewegung zweier Hohlzylinder

In Gedankenexperimenten werden ganz konkrete, idealisierte physikalische Situationen definiert, die aber nicht wirklich realisierbar sein müssen. Ausgehend von bestimmten Annahmen und Naturgesetzen werden in einem Gedankenexperiment dann durch logische Schlussfolgerungen Erkenntnisse abgeleitet. Dabei wird lediglich in der Vorstellung ein fiktives Experiment gedanklich durchgeführt.

Beispiel Längenkontraktion Mit Hilfe eines Gedankenexperimentes kann gezeigt werden, dass die Längenkontraktion nur in Bewegungsrichtung auftritt, da hierzu senkrechte Längenverkürzungen zu logischen Widersprüchen führen würden.

Annahme: Es wird angenommen, dass die Längenkontraktion nicht nur in Bewegungsrichtung, sondern auch senkrecht dazu auftritt.

Physikalische Situation: Zwei Hohlzylinder A und B, die in Ruhe zueinander denselben Radius besitzen, werden entlang ihrer gemeinsamen Achse aufeinander zu bewegt (→B1).

Logische Schlussfolgerung: Im Bezugssystem von Zylinder A würde Zylinder B aufgrund seiner Geschwindigkeit und der damit verbundenen Längenkontraktion einen geringeren Radius aufweisen. Damit würde B durch A hindurchfliegen können und man müsste von außen Zylinder A sehen.

Im Ruhesystem von Zylinder B würde umgekehrt Zylinder A einen längenkontrahierten Radius besitzen, sodass Zylinder A in B hineinpasst und von außen Zylinder B zu sehen wäre.

Erkenntnis: Es liegt ein Widerspruch vor, denn es können nicht beide Aussagen zugleich wahr sein. Da die logischen Schlüsse korrekt waren, muss die Annahme falsch sein. Daher kann es senkrecht zur Bewegungsrichtung keine Längenkontraktion geben.

A1 ● Diskutieren Sie Möglichkeiten und Grenzen von Gedankenexperimenten für die Erkenntnisgewinnung in der Physik. Erläutern Sie diese nach Möglichkeit anhand von Beispielen.

Exkurs

Die Raumzeit

Anhand der in **B2** dargestellten Situation wurde auf den vorhergehenden Seiten bereits der Effekt der Zeitdilatation erläutert. Für die eingezeichneten Strecken gilt nach dem Satz des Pythagoras:

$$(c \cdot \Delta t')^2 = (c \cdot \Delta t)^2 - (\Delta x)^2$$

Der Wert auf der linken Seite der Gleichung hat unabhängig vom Bezugssystem für zwei Ereignisse immer denselben Wert, da die Lichtgeschwindigkeit und die Eigenzeit $\Delta t'$ invariante Größen sind.

Damit enthält die Gleichung eine fundamentale Erkenntnis der Relativitätstheorie: Zeit und Raum sind nicht unabhängig voneinander. Die Zeitdauer und der räumliche Abstand zwischen zwei Ereignissen auf der rechten Seite der Gleichung sind miteinander verknüpft und abhängig vom jeweiligen Inertialsystem.

B2 Lichtuhren zueinander bewegter Beobachter

Dies bewog den Mathematiker und Physiker Hermann Minkowski 1908 dazu, die **vierdimensionale Raumzeit** einzuführen:

„Von Stund' an sollen Raum für sich und Zeit für sich völlig zu Schatten herabsinken und nur noch eine Art Union der beiden soll Selbstständigkeit bewahren."

Alle Ereignisse E sind Punkte in der Raumzeit mit einer zeitlichen und drei räumlichen Koordinaten: $E(c \cdot t | x | y | z)$. Die Zeit wird mit c multipliziert, um in gleichen Einheiten zu messen. Zeit und Raum bilden damit „eine Einheit", sie sind jedoch nicht identisch. Das Minuszeichen auf der rechten Seite der Gleichung unterscheidet zwischen räumlichen und zeitlichen Abständen und sorgt dafür, dass sie in der Gleichung nicht einfach vertauscht werden können.

Experiment: Thermoskannenversuch zum Myonenzerfall

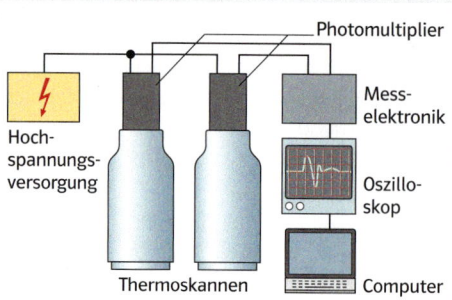

B3 Schaltskizze zum Versuch

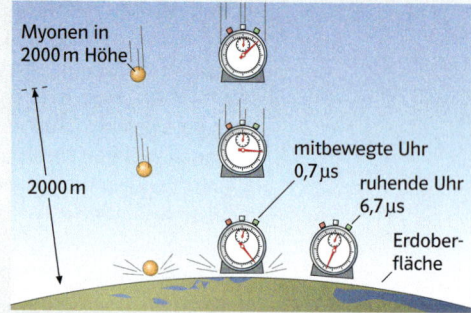

B4

B1 Versuchsaufbau zum Myonennachweis und -zerfall

B2 Schnitt durch die Kamiokanne

Kosmische Strahlung besteht aus sehr schnellen Teilchen, hauptsächlich aus Protonen.

In ca. 10 km Höhe entstehen durch die Wechselwirkung der kosmischen Strahlung mit Stickstoff- und Sauerstoffmolekülen der Atmosphäre Myonen.
Diese Myonen bewegen sich nach ihrer Entstehung annähernd mit Lichtgeschwindigkeit. Aufgrund ihrer Ladung sind Myonen leicht nachweisbar. Sie sind aber nicht stabil, sondern zerfallen nach sehr kurzer Zeit, ihre mittlere Lebensdauer in Ruhe beträgt $2{,}2 \cdot 10^{-6}$ s.

Aufgabe: Vergleich der Lebensdauer von ruhenden Myonen mit der von Myonen, die sich annähernd mit Lichtgeschwindigkeit bewegen.

Material: zwei wassergefüllte Kamiokannen (Dewargefäße mit Photomultiplier, →B1), Hochspannungsversorgung für die Photomultiplier, Messelektronik zur Datennahme (Zählerbox, Oszilloskop und/oder Computer)

Durchführung: Im Hochgebirge in einer Höhe von etwa 2000 m ü. M. zählt man eine Stunde lang, wie viele Myonen insgesamt in die Kannen eintreten. Sie lösen im Wasser durch die Wechselwirkung mit den Wassermolekülen einen Lichtblitz aus, der mit dem Photomultiplier registriert wird. Danach wiederholt man das Experiment auf Meeresspiegelniveau (→B4).

Auswertung und Ergebnis: Bei der Durchführung des Experimentes in 2000 m Höhe wurden 570 Myonen gezählt. Den Zerfall ab dieser Höhe beschreibt das Diagramm (→B5). Um den Weg aus 2000 m bis zum Meeresspiegel zurückzulegen, benötigen die Myonen mindestens 6,7 µs. Nach dieser Zeit dürften nach der gemessenen Zerfallskurve von den 570 Myonen nur noch etwa 25 Myonen vorhanden sein (→B5). Tatsächlich gemessen wurden jedoch 410 Myonen pro Stunde.

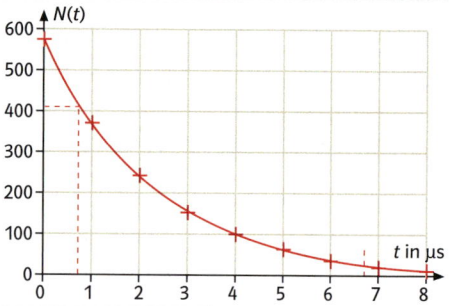

B5

Das Ergebnis kann im Bezugssystem Erde wie folgt gedeutet werden: Da sich die Myonen relativ zur Erde mit sehr hoher Geschwindigkeit bewegen, verlängert sich ihre mittlere Lebensdauer durch die Zeitdilatation beträchtlich. Das führt dazu, dass eine größere Anzahl der Myonen den Meeresspiegel erreicht.

A1 ⊖ Die mittlere Lebensdauer der Myonen in ihrem Ruhesystem ($2{,}2 \cdot 10^{-6}$ s) ist nicht ausreichend groß, um die 2000 m bis zum Meeresspiegel zurückzulegen. Begründen Sie im Ruhesystem der Myonen, wie diese dennoch den Meeresspiegel erreichen können.

Training: Relativität der Gleichzeitigkeit, Zeitdilatation und Längenkontraktion

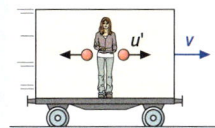

B1

Beispiel Ein Zug fährt geradlinig mit der konstanten Geschwindigkeit $v = 0{,}4\,c$ relativ zur Erde. In der Mitte eines Wagens steht Beata, die gleichzeitig je ein relativistisches Farbgeschoss in Richtung der beiden Wagenenden abfeuert (→B1). Die Geschosse bewegen sich relativ zu Beata mit der Geschwindigkeit $u' = 0{,}5\,c$.
Für die Geschwindigkeiten der Farbgeschosse im Bezugssystem S gilt die Gleichung:

$$u = \frac{u' + v}{1 + \frac{u' \cdot v}{c^2}}$$

Untersuchen Sie rechnerisch sowohl im Ruhesystem des Zuges (S') als auch im Ruhesystem der Erde (S), ob die Farbgeschosse die beiden Wagenenden gleichzeitig erreichen.

Lösung Betrachtung im Ruhesystem S' des Zuges: Die Wagenenden ruhen in diesem System. Da die Geschosse jeweils den gleichen Weg d' vom Abschusspunkt in der Mitte des Wagens bis zu den Wagenenden zurücklegen müssen und sich jeweils mit der gleichen Geschwindigkeit $u' = 0{,}5\,c$ bewegen, benötigen Sie die gleiche Zeitdauer $\Delta t' = \frac{d'}{0{,}5\,c}$, bis sie die Wagenenden erreichen. Im Ruhesystem des Zuges erreichen die beiden Farbgeschosse die Wagenenden also gleichzeitig.

Betrachtung im Ruhesystem S der Erde: Die Wagenenden bewegen sich in diesem System mit der Geschwindigkeit $v = 0{,}4\,c$ in dieselbe Richtung.

Damit ergibt sich die Geschwindigkeit des auf die vordere Wagenwand gerichteten Farbgeschosses zu:

$$u_v = \frac{0{,}5\,c + 0{,}4\,c}{1 + \frac{0{,}5\,c \cdot 0{,}4\,c}{c^2}} = 0{,}75\,c$$

Die Geschwindigkeit des auf die hintere Wagenwand gerichteten Farbgeschosses beträgt:

$$u_h = \frac{-0{,}5\,c + 0{,}4\,c}{1 - \frac{0{,}5\,c \cdot 0{,}4\,c}{c^2}} = -0{,}125\,c$$

Während der Bewegung der Geschosse bewegen sich auch die Wagenenden um die Strecke $s = 0{,}4\,c \cdot \Delta t$ weiter. Daher erreicht das in Bewegungsrichtung abgefeuerte Farbgeschoss das vordere Wagenende nach der Zeitdauer Δt_v

$$0{,}75\,c \cdot \Delta t_v = 0{,}4\,c \cdot \Delta t_v + d$$

$$\Delta t_v = \frac{d}{0{,}35\,c}$$

Das gegen die Bewegungsrichtung abgefeuerte Geschoss erreicht das hintere Wagenende nach der Zeitdauer

$$-0{,}125\,c \cdot \Delta t_h = 0{,}4\,c \cdot \Delta t_h - d$$

$$\Delta t_h = \frac{d}{0{,}525\,c}$$

Da somit $\Delta t_h < \Delta t_v$ gilt, erreicht das nach hinten gerichtete Farbgeschoss die hintere Wagenwand bevor das nach vorn abgefeuerte Geschoss die vordere Wagenwand trifft. Im Ruhesystem der Erde erreichen die beiden Farbgeschosse die Wagenenden nicht gleichzeitig.

A1 Entscheiden und begründen Sie, ob
a) ein Karussell bzw.
b) die Erde Inertialsysteme sind.

A2 An Bord eines fensterlosen Raumschiffes sind alle Kontrollanzeigen ausgefallen. Beschreiben Sie Möglichkeiten, den Bewegungszustand des Raumschiffes zu ermitteln.

A3 Begründen Sie, warum eine Stewardess in einem ruhig fliegenden Flugzeug problemlos Kaffee einschenken kann, nicht jedoch während der Start- oder Landephase.

A4 Erläutern Sie, ob sich der Punkt P mit Überlichtgeschwindigkeit bewegen kann, wenn die Schere in B2 rasch genug geschlossen wird.

A5 Gedankenexperiment: Anton betrachtet sein Spiegelbild an Bord einer Rakete, die auf der Erde ruht. Die Rakete startet und bewegt sich anschließend mit Lichtgeschwindigkeit. Erklären Sie, ob Anton sein Spiegelbild immer noch sehen kann.

A6 Beurteilen Sie die Bedeutung relativistischer Effekte bei den angegebenen Geschwindigkeiten.

100-m-Weltrekordzeit von 9,58 s (Usain Bolt 2009)	10,44 m/s (Durchschnittsgeschwindigkeit)
Formel 1	bis zu 370 km/h
Voyager 1 (NASA-Raumsonde)	61.198 km/h (relativ zur Sonne)
Erde auf ihrer Bahn um die Sonne	rd. 30 km/s

B2

A7 ● Auf Seite 111 wird ein Gedankenexperiment zur Relativität der Gleichzeitigkeit dargestellt. In der Newton'schen Mechanik ist die Gleichzeitigkeit von Ereignissen allerdings nicht relativ, wie die Abbildung zeigt: In **B1a** befindet sich Beatas Raumschiff relativ zu Akins Raumschiff in Ruhe. In **B1b** bewegt sich Beatas Raumschiff gegenüber Akins Raumschiff.
Erklären Sie mit Hilfe von **B1**, dass Gleichzeitigkeit in der Newton'schen Physik absolut ist.

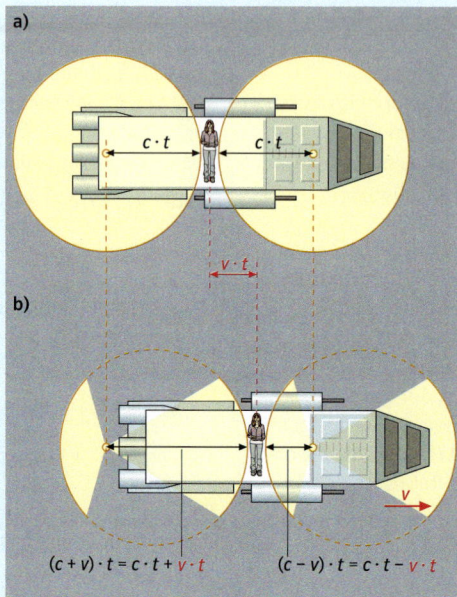

B1 Beatas Raumschiff aus Akins Sicht

A8 ● Ein Raumschiff entfernt sich mit $v = 0{,}99c$ von der Erde. Die Besatzung teilt dem Bodenpersonal mit, dass sie eine Pause von einer Stunde einlegt.
a) Berechnen Sie die Länge der Pause nach irdischen Maßstäben.
b) Bestimmen Sie die Zeitdauer, die zwischen dem Abmelden und dem Anmelden liegt. Die Laufzeit des Lichts ist mitzuberücksichtigen.

A9 ● Bewerten Sie die folgende Methode zur Synchronisation der Uhren eines Bezugssystems: Die Uhren werden zuerst an einem gemeinsamen Ort synchronisiert und anschließend zu verschiedenen Orten des Bezugssystems gebracht, wo sie die Uhrzeit anzeigen.

A10 ● Eine Rakete hat in Ruhe die Länge $l = 10{,}0\,\text{m}$. Sie fliegt mit $v = 0{,}9c$ an einem Beobachter vorbei. Beschreiben Sie eine Möglichkeit, wie er ihre Länge bestimmten kann. Berechnen Sie, welche Länge die Messung ergibt.

A11 ● Antonia (30 Jahre) plant eine Reise zur Erforschung des Weltraumes. In der Tabelle hat sie die Entfernungen möglicher Ziele ihrer Weltraumreise notiert. Nun möchte sie herausfinden, wie weit sie gelangen kann.

Reiseziel	Entfernung
Proxima Centauri (nächstgelegener Stern)	4,25 Lj
Schwarzes Loch im Zentrum der Milchstraße	27.000 Lj
Andromeda Galaxie (nächstgelegene Galaxie)	2,5 Mio Lj

a) Ermitteln Sie die Geschwindigkeit mit der Antonia mindestens reisen müsste, um die einzelnen Reiseziele innerhalb ihres Lebens erreichen zu können.
b) Beurteilen Sie die Realisierbarkeit von Antonias Reiseplänen.
c) Untersuchen Sie, welche Entfernung Antonia maximal zurücklegen könnte, wenn sie die Lichtgeschwindigkeit als Reisegeschwindigkeit zwar nicht erreichen kann, ihr aber beliebig nahekommen könnte.

A12 ● Nachdem Carl im Physikunterricht das Thema Zeitdilatation kennengelernt hat, meldet er sich im Unterricht zu Wort:
„Wie der Name RelativitätsTHEORIE schon sagt, ist das alles nur eine Theorie, d.h. es könnte sein, dass bewegte Uhren langsamer gehen, muss es aber nicht. Das ist sozusagen spekulativ. Keiner weiß ganz sicher, ob das in Wirklichkeit passiert, ob das echt ist. Ich habe noch nie gesehen, dass eine Uhr langsamer tickt, wenn man sie bewegt."
Formulieren Sie eine geeignete Antwort, die Carls Physiklehrkraft erwidern könnte.

A13 ● Ein Stab erscheint in Bewegung länger als in Ruhe. Erklären Sie dies mit Hilfe von **B2**.

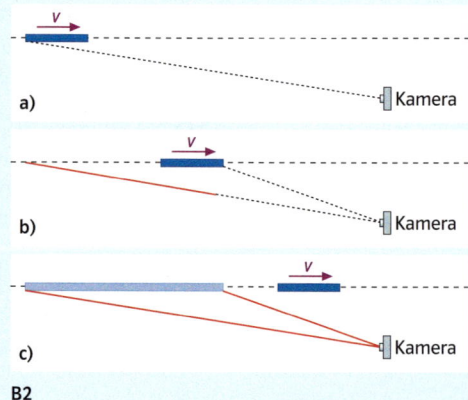

B2

Exkurs: Orientierung und Positionsbestimmung mit Satellitennavigation

B1 Orientierung im Gelände mit Satellitennavigation

B4 Globales Satellitennavigationssystem

Die Bestimmung der eigenen Position am Boden, in der Luft oder auf dem Wasser beruht im Wesentlichen auf Trigonometrie, also Dreiecksgeometrie. Hierzu benötigt man Orientierungspunkte mit bekanntem Standort, die man sich früher zeitaufwendig und auch recht ungenau mit Hilfsmitteln wie Sternenhimmel, Sonnenstand, Erdmagnetfeld und Kartenmaterial erarbeiten musste.

B2 GPS-Uhr

Nach der Eroberung des Weltalls wurden nicht erdgebundene Referenzpunkte in Form von Satelliten etabliert, um ein globales Satellitennavigationssystem zu schaffen (→B1). Das bekannteste stellt das GPS (Global Positioning System, eigentlich NAVSTAR-GPS) dar. Daneben gibt es z. B. noch das russische System GLONASS sowie das europäische, noch im Aufbau befindliche System Galileo. GPS wurde vom US-amerikanischen Militär bereits seit den 1970er Jahren aus anderen Satellitensystemen entwickelt und bis zu den 1990er Jahren perfektioniert.

Für einen weltweiten Empfang der Satellitensignale sind etwa 30 Satelliten in einer Höhe von 25 000 km in Betrieb (→B4).

Zur Positionsbestimmung werden prinzipiell drei Satelliten benötigt, die dauernd codierte Signale mit ihrer Position und der Uhrzeit zum Empfänger schicken, der aus den Signallaufzeiten die Distanz zu den Satelliten und damit die Position inklusive der Höhe errechnen kann (→B3). Da die Uhrgenauigkeit handelsüblicher Empfänger im Normalfall nicht ausreicht und nicht zur GPS-Systemzeit synchronisiert ist, wird ein zusätzlicher vierter Satellit benötigt. Die Genauigkeit von GPS liegt heute im Zentimeterbereich. Um dies zu erreichen müssen Ungenauigkeiten reduziert werden, die sich durch die Veränderung der Signalgeschwindigkeit ergeben, wenn das Funksignal vom Vakuum des Weltalls in die Atmosphäre eintritt. Darüber hinaus ist die Zeitdilatation der Speziellen Relativitätstheorie aufgrund der hohen Geschwindigkeiten der Satelliten auf ihren Umlaufbahnen zu berücksichtigen. Umgekehrten Einfluss auf den Zeitverlauf der Satellitenuhren nimmt die höhenabhängige Gravitation der Erde nach der Allgemeinen Relativitätstheorie. Insgesamt überwiegt dieser zweite Effekt. Würde man die relativistischen Korrekturen nicht berücksichtigen, ergäben sich bei der Positionsbestimmung Ungenauigkeiten im Bereich von einigen Kilometern pro Tag.

GPS-Navigation ist heute mit vielen mobilen Endgeräten wie Mobiltelefonen und selbst mit Armbanduhren (→B2) möglich.

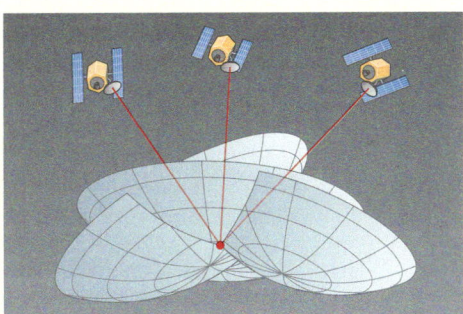

B3 Positionsbestimmung mit Satelliten

Rückblick

Zusammenfassung

Inertialsysteme Bezugssysteme, in denen das Trägheitsgesetz gilt, nennt man Inertialsysteme. Körper bleiben in Inertialsystemen in Ruhe oder gleichförmig bewegt, wenn die Summe der einwirkenden Kräfte null ist. Alle Aussagen der Speziellen Relativitätstheorie gelten für Inertialsysteme.

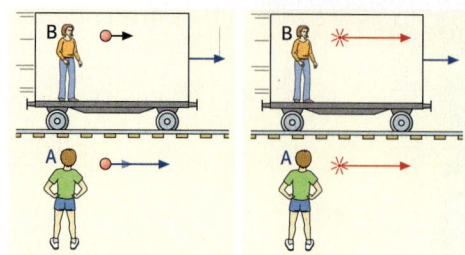

B3 Während die Geschwindigkeit des Balls vom Inertialsystem abhängt, ist die Ausbreitungsgeschwindigkeit des Lichts unabhängig davon immer gleich.

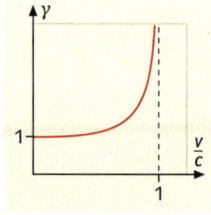

B1 Lorentz-Faktor γ

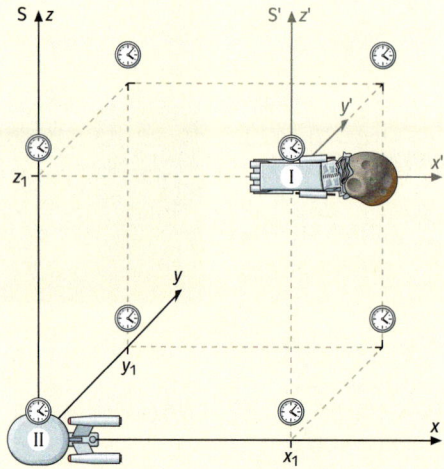

B2 Inertialsystem S des Raumschiffes II und das dazu bewegte Inertialsystem S' von Raumschiff I

Zeiten, Längen und Geschwindigkeiten

Relativität der Gleichzeitigkeit: Ob Ereignisse gleichzeitig stattfinden, ist abhängig vom betrachteten Bezugssystem.

Zeitdilatation: Beobachter gegeneinander bewegter Inertialsysteme messen für denselben Vorgang unterschiedliche Zeitdauern. Die Uhren eines Inertialsystems S' gehen für Beobachter eines zu S' bewegten Inertialsystems S langsamer (→**B4**). Ein Vorgang, der in S' die Zeitdauer $\Delta t'$ hat, benötigt aus S beurteilt die größere Zeitdauer Δt:

$$\Delta t = \gamma \cdot \Delta t' \quad \text{mit} \quad \gamma = \frac{1}{\sqrt{1 - \left(\frac{v}{c}\right)^2}}$$

Längenkontraktion: Beobachter gegeneinander bewegter Inertialsysteme messen entlang der Bewegungsrichtung unterschiedliche Längen. Für die Länge l' in einem Inertialsystem S', wird von einem Beobachter in einem zu S' bewegten Inertialsystem S die kürzere Länge l gemessen:

$$l = \frac{1}{\gamma} \cdot l'$$

Wegen des Relativitätsprinzips treten die Effekte der Zeitdilatation und der Längenkontraktion symmetrisch auf.

Einstein'sche Postulate

Auf Basis zweier Grundannahmen gelang es Einstein, die Gesetze der Newton'schen Mechanik mit denen der Elektrodynamik zu verbinden.

Relativitätsprinzip: Alle physikalischen Gesetze besitzen in jedem Inertialsystem dieselbe Form. Es gibt kein ausgezeichnetes Inertialsystem.

Invarianz der Lichtgeschwindigkeit: Die Lichtgeschwindigkeit ist unabhängig vom Bezugssystem. In allen Inertialsystemen besitzt sie den konstanten Wert $c = 299\,792\,458\,\text{m/s}$, unabhängig von der Geschwindigkeit der Lichtquelle (→**B3**).

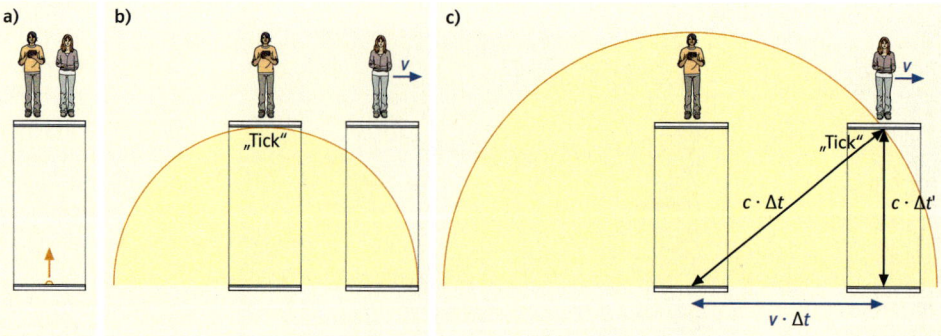

B4 Zeitpunkt t_0 (a), Zeitpunkt $t_1 > t_0$ (b), Zeitpunkt $t_2 > t_1$ (c)

Übungsaufgaben

Die Lösungen finden sich online unter dem unten angegebenen Code.

be78pf

Bewegungen, Erhaltungsgrößen, Gravitation

A1 ⊖ Eine Straßenbahn der Länge $l_1 = 26\,\text{m}$ fährt mit $v_1 = 18\,\text{km/h}$, eine zweite Bahn der Länge $l_2 = 39\,\text{m}$ hat die Geschwindigkeit $v_2 = 36\,\text{km/h}$.

a) Die beiden Bahnen passieren einander in entgegengesetzter Richtung. Berechnen Sie, wie lange es dauert, bis die Bahnen vollständig aneinander vorbeigefahren sind.

b) Berechnen Sie, wie lange einem Fahrgast in Bahn 1 bzw. in Bahn 2 die Sicht durch die jeweils andere Bahn versperrt wird.

c) Die beiden Straßenbahnen fahren nun auf parallelen Gleisen in gleicher Richtung. Zum Zeitpunkt $t = 0\,\text{s}$ hat die schnellere Bahn 2 das Ende der langsameren Bahn 1 erreicht. Berechnen Sie die Fahrstrecken s_1 bzw. s_2, nach denen sich die Spitzen der beiden Bahnen auf gleicher Höhe befinden.

d) Lösen Sie Teil c) grafisch und interpretieren Sie das Diagramm (als Bezugspunkte der für die zurückgelegten Strecken werden die Spitzen der Bahnen angenommen).

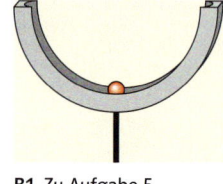

B1 Zu Aufgabe 5

A2 ⊖ Ein Stein fällt aus der Ruhe in einen 100 m tiefen Brunnen.

a) Berechnen Sie, nach welcher Zeit er am Boden ankommt und welche Geschwindigkeit er unmittelbar vor dem Aufschlag hat.

b) Geben Sie an, nach welcher Zeit man den Stein auf dem Boden auftreffen hört (Schallgeschwindigkeit $c = 330\,\text{m/s}$).

c) Berechnen Sie die Geschwindigkeit mit der der Stein auf dem Boden auftrifft, wenn man ihn mit 15 m/s nach unten abwirft.

A3 ⊖ Auf einer schiefen Ebene mit einem Neigungswinkel von 30° befindet sich ein Körper der Masse $m_2 = 5\,\text{kg}$. Durch einen Faden, der über eine Rolle geführt wird, ist er mit einem zweiten Körper der Masse $m_1 = 3\,\text{kg}$ verbunden. Zunächst befinden sich beide Körper in Ruhe.

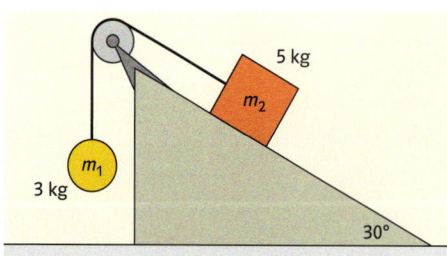

a) Zeichnen Sie für jeden Körper die wirkenden Kräfte in ein Kräfteparallelogramm.

b) Geben Sie an, in welche Richtung sich die beiden Körper bewegen, wenn man von Reibungskräften absieht.

c) Beschreiben Sie, wie sich die Bewegung der beiden Körper verändert, wenn man Reibungskräfte mit einbezieht. Die Haftreibungszahl sei 0,1.

A4 ○ Ein Elektron ($m_e = 9 \cdot 10^{-31}\,\text{kg}$) wird $5 \cdot 10^{-9}\,\text{s}$ lang durch die konstante Kraft $F = 1{,}6 \cdot 10^{-15}\,\text{N}$ beschleunigt.

a) Bestimmen Sie die erreichte Geschwindigkeit und den zurückgelegten Weg.

b) Das Elektron wird nach Erreichen der Geschwindigkeit auf eine Kreisbahn mit dem Radius $r = 4{,}8\,\text{cm}$ gezwungen. Berechnen Sie die erforderliche Zentripetalkraft.

A5 ● Bei einer Kugelschwebe handelt es sich um eine halbkreisförmige Rinne mit einem Radius von 15 cm. In ihr befindet sich eine Holz- oder Metallkugel (→**B1**).

Dreht man die Rinne langsam um ihre eigene Achse, so bleibt die Kugel am tiefsten Punkt liegen. Versetzt man sie dagegen in schnelle Rotation, so steigt die Kugel in der Rinne empor und bleibt an der Wand in einer Höhe liegen.

a) Geben Sie an, welche Kräfte auf die Kugel wirken.

b) Erklären Sie, warum die Kugel bei schneller Rotation auf einer Höhe h liegen bleibt.

c) Geben Sie an, von welchen Größen die Steighöhe abhängt. Leiten Sie eine Beziehung her.

A6 ⊖ Auch Satelliten bewegen sich auf elliptischen Bahnen um die Erde, wobei die Erde in einem Brennpunkt der Ellipse steht.

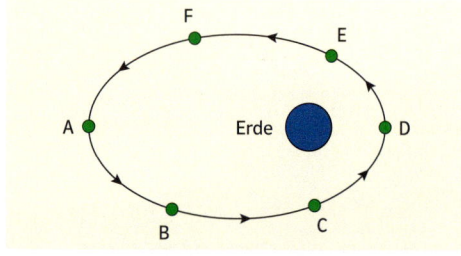

a) Zeichnen Sie für die verschiedenen Bahnpositionen die Gravitationskraft ein.

b) Geben Sie an, welche Kraftkomponente für die Änderung des Betrages und welche für die Änderung der Richtung der Geschwindigkeit des Satelliten verantwortlich ist. Auf welcher Strecke wird der Satellit schneller, auf welcher langsamer?

A7 ● Eine Radfahrerin fährt auf ebener Strecke mit der Geschwindigkeit $v_0 = 25$ km/h. Als die Straße ein Gefälle bekommt, lässt sie ihr Rad rollen und erhöht so ihre Geschwindigkeit. Nachdem sie einen Höhenunterschied von 5 m durchfahren hat, kann sie gerade noch einem parkenden Auto ausweichen.
a) Mit welcher Geschwindigkeit wäre die Radfahrerin auf das Auto aufgefahren?
b) Berechnen Sie, aus welcher Höhe h ein frei fallender Körper mit derselben Geschwindigkeit auftreffen würde.
c) Beurteilen Sie die beschriebene Situation für einen Radfahrer, der eine um 10 kg größere Masse besitzt als die Radfahrerin.

A8 ○ Die Abbildung zeigt die Achterbahnfahrt eines Waggons der Masse $m = 400$ kg. Im Punkt A startet die Fahrt, dort hat der Waggon die Geschwindigkeit $v = 0$. Im Punkt C endet die Fahrt.

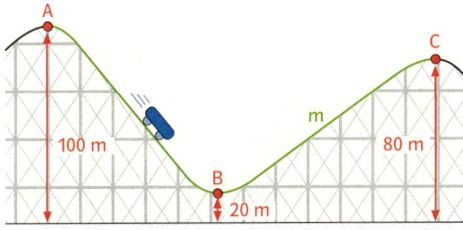

a) Nennen Sie die bei dieser Fahrt auftretenden mechanischen Energieformen. Beschreiben Sie die Umsetzung der Energieformen ineinander, wenn man annimmt, dass der Waggon reibungsfrei fährt.
b) Berechnen Sie die Geschwindigkeit des Waggons in den Punkten B und C

A9 ● Ein Geschoss mit der Masse m_1 wird auf einen Pendelkörper der Masse m_2 geschossen und bleibt darin stecken. Das Pendel wird ausgelenkt und der Körper um die Höhe h angehoben.

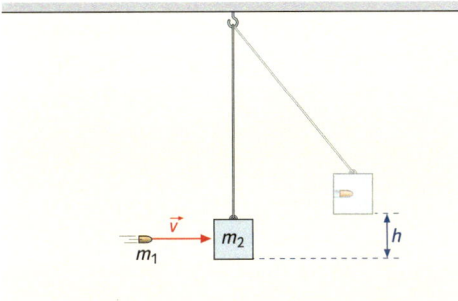

a) Leiten Sie eine Gleichung zur Berechnung der Geschossgeschwindigkeit her.
b) Beschreiben Sie, wie man mit einer solchen Anordnung die Geschwindigkeit eines Geschosses experimentell bestimmen kann.

A10 ● Die Gewichtskraft eines Körpers in Erdnähe kann als die Kraft angesehen werden, mit der dieser Körper von der Erde angezogen wird.
a) Erstellen Sie ein Diagramm, das die Abhängigkeit der Gewichtskraft eines Körpers mit der Masse $m = 1$ kg von der Höhe h über der Erdoberfläche darstellt.
Hinweis: Der Erdradius beträgt $r_E = 6371$ km, die Masse der Erde $m_E = 5{,}97 \cdot 10^{24}$ kg.
b) Die Fallbeschleunigung g ist abhängig vom Abstand zur Erdoberfläche. Geben Sie an, ob die Veränderung der Gewichtskraft eines Menschen beim Besteigen eines 4 000 m hohen Berges eine Rolle spielt. Begründen Sie Ihre Aussage.
c) Bestimmen Sie die Arbeit, die erforderlich ist, um einen Satelliten mit einer Masse von 2,5 t von der Erdoberfläche aus in eine Höhe von 1000 km zu bringen (Erdradius $r_E = 6371$ km, Masse der Erde $m_E = 5{,}97 \cdot 10^{24}$ kg). Finden Sie ein geeignetes Verfahren zur Bestimmung dieser Arbeit.

Relativitätstheorie

A11 ● a) Man kann die Lebensdauer t von Elementarteilchen bestimmen, indem man ihre Geschwindigkeit v und den während dieser Zeit zurückgelegten Weg s misst. Für ein Myon gilt z. B. $v = 0{,}75\,c$ und $s = 8{,}5$ m.
Berechnen Sie die Lebensdauer im Laborsystem und im Ruhesystem des Myons.
b) In einem Beschleuniger wird ein Elektron auf die Geschwindigkeit von $0{,}8\,c$ beschleunigt. Anschließend durchfliegt es eine Strecke von 10 m mit der konstanten Endgeschwindigkeit. Berechnen Sie die Streckenlänge im Ruhesystem eines Elektrons.
c) Geben Sie an, von welcher Größenordnung v/c für ein Auto im Stadtverkehr ist. Nennen Sie Konsequenzen, die das Ergebnis für die Relativitätstheorie hat.

Tabellen

Universelle physikalische Konstanten

Lichtgeschwindigkeit im Vakuum	$c_0 = 2{,}997\,924\,58 \cdot 10^8 \frac{m}{s}$
Gravitationskonstante	$\gamma = 6{,}672\,59 \cdot 10^{-11} \frac{m^3}{kg \cdot s^2}$
Elementarladung	$e = 1{,}602\,176\,63 \cdot 10^{-19}\,C$
elektrische Feldkonstante	$\varepsilon_0 = 8{,}854\,188 \cdot 10^{-12} \frac{C}{V \cdot m}$
magnetische Feldkonstante	$\mu_0 = 1{,}256\,637 \cdot 10^{-6} \frac{V \cdot s}{A \cdot m}$
Planck'sches Wirkungsquantum	$h = 6{,}626\,075\,5 \cdot 10^{-34}\,Js$ $h = 4{,}135\,669\,2 \cdot 10^{-15}\,eVs$
Avogadro'sche Konstante	$N_A = 6{,}022\,136\,7 \cdot 10^{23} \frac{1}{mol}$
Boltzmann-Konstante	$k = 1{,}380\,649 \cdot 10^{-23} \frac{J}{K}$
Faraday'sche Konstante	$F = 9{,}648\,530\,9 \cdot 10^4 \frac{C}{mol}$
Stefan-Boltzmann'sche Konstante	$\sigma = 5{,}670\,51 \cdot 10^{-8} \frac{W}{m^2 \cdot K^4}$
Allgemeine Gaskonstante	$R = 8{,}314\,510 \frac{J}{K \cdot mol}$
Absoluter Nullpunkt (0 K)	$\vartheta = -273{,}15\,°C$
Molvolumen idealer Gase (bei 273,15 K, 1013,25 hPa)	$V_{m_0} = 22{,}414\,0 \frac{dm^3}{mol}$

Astronomische Konstanten

Sonne	Masse	$m_S = 1{,}989 \cdot 10^{30}\,kg$
	Radius	$r_S = 6{,}96 \cdot 10^8\,m$
Mond	Masse	$m_M = 7{,}349 \cdot 10^{22}\,kg$
	Radius	$r_M = 1{,}738 \cdot 10^6\,m$
	Abstand zur Erde (mittlerer)	$= 3{,}844 \cdot 10^8\,m$
	Umlaufzeit um Erde (synodisch[1])	1 Monat = 29,530 51 d
Erde	Masse	$m_E = 5{,}974 \cdot 10^{24}\,kg$
	Radius	$r_E = 6{,}378 \cdot 10^6\,m$
	Abstand zur Sonne (mittlerer)	1 AE = $1{,}495\,978\,7 \cdot 10^{11}\,m$
	Umlaufzeit um Sonne (siderisch[2])	1 Jahr = 1 a = 365,2564 d
	Normfallbeschleunigung	$g_n = 9{,}806\,65\,m/s^2$
	Solarkonstante (über der Lufthülle)	$S = 1{,}368 \cdot 10^3\,W/m^2$

Astronomische Einheit
 1 AE = $1{,}495\,978\,7 \cdot 10^{11}\,m$
Lichtjahr 1 LJ = 63 275 AE ≈ $9{,}46 \cdot 10^{15}\,m$
Parsec 1 parsec = 1 pc = 3,26 LJ ≈ $3{,}09 \cdot 10^{16}\,m$

[1] synodisch: von Neumond zu Neumond
[2] siderisch: 360°-Umrundung der Sonne

Atomare Konstanten

	Zeichen	Ladung	Ruhemasse
Elektron	$^{0}_{-1}e$	$-1{,}602\,2 \cdot 10^{-19}\,C$	$9{,}109\,383\,7 \cdot 10^{-31}\,kg$
Neutron	^1_0n	0	$1{,}674\,927\,5 \cdot 10^{-27}\,kg$
Proton	^1_1p	$+1{,}602\,2 \cdot 10^{-19}\,C$	$1{,}672\,621\,9 \cdot 10^{-27}\,kg$
Deuteron	^2_1d	$+1{,}602\,2 \cdot 10^{-19}\,C$	$3{,}344\,487\,7 \cdot 10^{-27}\,kg$
α-Strahlung	^4_2He	$+3{,}204\,4 \cdot 10^{-19}\,C$	$6{,}644\,662\,2 \cdot 10^{-27}\,kg$

Elektronvolt 1 eV = $1{,}602\,177\,33 \cdot 10^{-19}\,J$
Atomare Masseneinheit 1 u = 1/12 m (^{12}C) = $1{,}660\,540\,2 \cdot 10^{-27}\,kg$
Energie-Masse-Äquivalent 1 u = 931,494 33 MeV/c^2

Vorsilben für Vielfache von Einheiten

Exa (E) 10^{18}	Peta (P) 10^{15}	Tera (T) 10^{12}	Giga (G) 10^9
Mega (M) 10^6	Kilo (k) 10^3	Hekto (h) 10^2	Deka (D) 10^1
Dezi (d) 10^{-1}	Zenti (c) 10^{-2}	Milli (m) 10^{-3}	Mikro (μ) 10^{-6}
Nano (n) 10^{-9}	Piko (p) 10^{-12}	Femto (f) 10^{-15}	Atto (a) 10^{-18}

Grundeinheiten

1 Meter (1 m) ist die Strecke, die Licht im Vakuum in 1/299 792 458 s durchläuft.

1 Kilogramm (1 kg) wird auf die Planck'sche Konstante zurückgeführt und ist damit künftig von der Definition der Einheiten Meter und Sekunde abhängig. Die Festlegung über einen Normkörper entfällt.

1 Sekunde (1 s) ist das 9 192 631 770-fache der Dauer einer Periode der Strahlung, die das Caesiumisotop $^{133}_{55}Cs$ beim Wechsel zwischen zwei gewissen Energieniveaus aussendet.

1 Ampere (1 A) ist das $6{,}241\,509\,074 \cdot 10^{18}$-fache der elektrischen Stromstärke, die eine Elementarladung pro Sekunde in einem Leiter erzeugt.

1 Kelvin (1 K) wird auf die Boltzmann-Konstante k_B zurückgeführt:

$$1\,K = \frac{1{,}380\,649 \cdot 10^{-23}\,kg \cdot \frac{m}{s^2}}{k_B}$$

Wichtige Größen, Einheiten, Formeln und Gesetze

Größe	Zeichen	Einheit	Zeichen	Festlegung
Länge, Strecke	s, l	Meter	$1\,m$	Lichtgeschwindigkeit c_0 mal Zeit
Winkel	φ, α	Radiant	$1\,rad$	$1\,rad = 1\,\frac{m}{m}$; Bogenlänge durch Radius
Masse	m	Kilogramm	$1\,kg$	Grundeinheit
Dichte	ϱ		$1\,\frac{kg}{m^3}$	Masse durch Volumen
Zeit	t	Sekunde	$1\,s$	Grundeinheit
Geschwindigkeit	v		$1\,\frac{m}{s}$; $1\,\frac{km}{h}$	Weglänge durch Zeit
Beschleunigung	a		$1\,\frac{m}{s^2}$	Änderung der Geschwindigkeit durch Zeit
Wellenlänge	λ	Meter	$1\,m$	Weglänge für 1 Periode
Frequenz	f	Hertz	$1\,Hz$	$1\,Hz = 1\,\frac{1}{s}$; Anzahl der Perioden durch Zeit
Winkelgeschwindigkeit	ω		$1\,\frac{rad}{s}$	Winkeländerung durch Zeit
Kraft	F	Newton	$1\,N$	$1\,N = 1\,\frac{kg \cdot m}{s^2}$; Masse mal Beschleunigung
Druck	p	Pascal	$1\,Pa$	$1\,Pa = 1\,\frac{N}{m^2}$; Kraft durch Fläche
Impuls	p		$1\,Ns$	$1\,Ns = 1\,\frac{kg \cdot m}{s}$; Masse mal Geschwindigkeit
Arbeit	W	Joule	$1\,J$	$1\,J = 1\,Nm$ — Kraft mal Weglänge in Kraftrichtung
Energie	E	Wattsekunde	$1\,Ws$	$1\,J = 1\,Ws$ — Arbeit ≙ Prozess, Energie ≙ Zustand
Leistung	P	Watt	$1\,W$	$1\,W = 1\,\frac{J}{s}$; Arbeit durch Zeit
Temperatur	ϑ	Grad Celsius	$1\,°C$	festgelegte Skala — für Temperaturunterschiede: $1\,°C \triangleq 1\,K$
	T	Kelvin	$1\,K$	festgelegte Skala
elektrische Stromstärke	I	Ampere	$1\,A$	Grundeinheit
elektrische Spannung	U	Volt	$1\,V$	$1\,V = 1\,\frac{W}{A}$; Leistung durch Stromstärke
elektrischer Widerstand	R	Ohm	$1\,\Omega$	$1\,\Omega = 1\,\frac{V}{A}$; Spannung durch Stromstärke
elektrische Ladung	Q	Coulomb	$1\,C$	$1\,C = 1\,A \cdot 1\,s$; Stromstärke mal Zeit
Kapazität	C	Farad	$1\,F$	$1\,F = 1\,\frac{C}{V}$; Ladung durch Spannung
elektrische Feldstärke	E		$1\,\frac{V}{m}$	Spannung durch Abstand
magnetische Flussdichte	B	Tesla	$1\,T$	$1\,T = 1\,\frac{N}{A \cdot m}$; Kraft durch Stromstärke und Länge
Induktivität	L	Henry	$1\,H$	$1\,H = 1\,\frac{V \cdot s}{A}$
Lichtstärke	I_v	Candela	cd	Grundeinheit
Stoffmenge	n	Mol	$1\,mol$	Grundeinheit
Aktivität	A	Becquerel	$1\,Bq$	$1\,Bq = 1\,\frac{1}{s}$; Anzahl der Kernzerfälle durch Zeit
Äquivalentdosis	D_q	Sievert	$1\,Sv$	$1\,Sv = 1\,\frac{J}{kg}$; Energie durch Masse

Geradlinige Bewegung mit konstanter Beschleunigung

$$s = \tfrac{1}{2} \cdot a \cdot t^2 + v_0 \cdot t + s_0$$

s = Ort zum Zeitpunkt t, a = Beschleunigung,
v_0 = Geschwindigkeit bei $t = 0$, s_0 = Ort zum Zeitpunkt $t = 0$

Kreisbewegung mit konstanter Zentripetalbeschleunigung

$$F_Z = m \cdot a_Z = m \cdot r \cdot \omega^2 = m \cdot v^2/r$$

F_Z = Zentripetalkraft, a_Z = Zentripetalbeschleunigung, r = Radius der Kreisbahn, m = Masse des Körpers, $\omega = 2\pi/T$ = Winkelgeschwindigkeit bzw. Kreisfrequenz, $v = r \cdot \omega$ = Bahngeschwindigkeit

Kraft, Beschleunigung, Impulsänderung

$$F = m \cdot a = \lim_{\Delta t \to 0} \Delta p / \Delta t$$

F = Kraft, m = Masse des Körpers, a = Beschleunigung,
Δp = Impulsänderung in der Zeit Δt

Mechanische Arbeit

$$W = F \cdot s \cdot \cos\alpha$$

W = Arbeit am Körper, F = konstante Kraft auf den Körper,
s = bei der Arbeit zurückgelegte Weglänge,
α = Winkel zwischen Kraftrichtung und Wegrichtung

Arbeit im elektrischen Feld

$$W = Q \cdot U = F \cdot U/E$$

W = Arbeit am Körper, Q = Ladung des Körpers, U = elektrische Spannung zwischen Anfangs- und Endpunkt des Weges,
E = elektrische Feldstärke, F = Kraft auf Körper mit der Ladung Q

Energie der Bewegung

$$E_B = \tfrac{1}{2} m \cdot v^2$$

E_B = Energie der Bewegung,
m = Masse des bewegten Körpers, v = Geschwindigkeit

Energie der Lage

$$E_H = m \cdot g \cdot h$$

E_H = Höhenenergie (Energie der Lage), m = Masse des Körpers,
g = Erdbeschleunigung, h = Höhe über dem Bezugsniveau

Energie einer gespannten Feder

$$E_s = \tfrac{1}{2} D \cdot s^2$$

E_s = Spannenergie, D = Federkonstante,
s = Länge der Verformung der Feder

Gravitationsgesetz

$$F = \gamma \cdot \frac{m_1 \cdot m_2}{r^2}$$

F = Anziehungskraft zwischen zwei Körpern mit den Massen m_1 bzw. m_2, r = Abstand der Schwerpunkte beider Körper,
γ = Gravitationskonstante

Coulomb'sches Gesetz

$$F = \frac{1}{4\pi \cdot \varepsilon_0} \cdot \frac{Q_1 \cdot Q_2}{r^2}$$

F = Kraft zwischen zwei Körpern mit den Ladungen Q_1 bzw. Q_2,
r = Abstand der Schwerpunkte der Ladungen, ε_0 = elektrische Feldkonstante

Feldstärke und Kapazität, Plattenkondensator

$$E = \frac{F}{Q}; \quad C = \frac{Q}{U}; \quad C = \varepsilon_0 \cdot \frac{A}{d}$$

E = elektrische Feldstärke, F = Kraft auf Körper mit der Ladung Q,
U = elektrische Spannung am Kondensator,
C = Kapazität des Kondensators, A = Fläche einer Platte,
d = Plattenabstand, ε_0 = elektrische Feldkonstante

Magnetische Flussdichte

$$B = F/(I \cdot s); \quad B = \mu_0 \cdot I \cdot n/l$$

B = magnetische Flussdichte, I = Stromstärke im Leiter, F = Kraft auf Leiterstück der Länge s im Feld, μ_0 = magnetische Feldkonstante, n = Anzahl der Windungen einer langen Spule der Länge l

Lorentzkraft

$$F_L = Q \cdot v \cdot B$$

F_L = Lorentzkraft auf eine mit der Geschwindigkeit v senkrecht zum Magnetfeld der Flussdichte B bewegte Ladung Q

Induktionsspannung

$$U_{ind} = B \cdot l \cdot v = -n \cdot \left|\frac{\Delta \Phi}{\Delta t}\right|$$

U_{ind} = induzierte Spannung, B = magnetische Flussdichte,
l = Länge des mit v im Magnetfeld bewegten Leiters,
$\Delta\Phi$ = Änderung des magnetischen Flusses $\Phi = A \cdot B \cdot \cos\varphi$ in der Zeitspanne Δt für eine Spule mit der Querschnittsfläche A und n Windungen (φ Winkel zwischen Feldrichtung und Flächennormale)

Periodendauer von

Federpendel	Fadenpendel	Schwingkreis
$T = 2\pi \cdot \sqrt{m/D}$	$T = 2\pi \cdot \sqrt{l/g}$	$T = 2\pi \cdot \sqrt{L \cdot C}$

T = Dauer der Schwingung für eine Periode, m = Masse des schwingenden Körpers, D = Federkonstante, l = Länge des Fadens,
g = Erdbeschleunigung, L = Induktivität und C = Kapazität des Schwingkreises

Wellengleichung

$$s = s_M \cdot \sin\left[2\pi\left(\frac{t}{T} - \frac{x}{\lambda}\right)\right]$$

s = Auslenkung des mit der Amplitude s_M und der Frequenz f schwingenden Oszillators zum Zeitpunkt t am Ort x,
$T = 1/f$ Periodendauer, $\lambda = c/f$ = Wellenlänge bei der Ausbreitungsgeschwindigkeit c

Interferenzbedingungen

$$g \cdot \sin\alpha_k = k \cdot \lambda$$

g = Abstand benachbarter Spalte (Gitterkonstante) bzw. Spaltbreite beim Einzelspalt, λ = Wellenlänge, α_k = Winkel für ein Intensitätsmaximum k-ter Ordnung beim Gitter (Minimum beim Spalt)

Bragg-Bedingung

$$2a \cdot \sin\vartheta_k = k \cdot \lambda$$

a = Netzebenenabstand, λ = Wellenlänge, ϑ_k = Winkel für ein Intensitätsmaximum k-ter Ordnung

deBroglie-Bedingung für Mikroobjekte

$$\lambda = h/p$$

λ = dem Mikroobjekt zuordenbare Wellenlänge,
h = Planck'sche Konstante, p = Impuls des Mikroobjektes

Energie des Photons

$$E = h \cdot f$$

E = Energie des Photons, f = Frequenz des Lichtes,
h = Planck'sche Konstante

Heisenberg'sche Unbestimmtheitsrelationen

Ort-Impuls $\overline{\Delta x} \cdot \overline{\Delta p} \geq h/4\pi$; Energie-Zeit $\overline{\Delta E} \cdot \overline{\Delta t} \geq h/4\pi$

Mittlere Unbestimmtheiten für den Ort = $\overline{\Delta x}$, den Impuls = $\overline{\Delta p}$, die Energie = $\overline{\Delta E}$, die Zeit = $\overline{\Delta t}$, h = Planck'sche Konstante

Energie-Masse-Beziehung

$$E = m \cdot c^2 = m_0 \cdot c^2 + E_B$$

E = Gesamtenergie des mit der Geschwindigkeit v bewegten Körpers der Masse $m = m_0/\sqrt{1-(v/c)^2}$, c = Lichtgeschwindigkeit,
m_0 = Ruhemasse

Zerfallsgesetz

$$N(t) = N(0) \cdot e^{-\lambda \cdot t}; \quad \ln 2 = \lambda \cdot T_{1/2}$$

$N(t)$ = Anzahl der zum Zeitpunkt t vorhandenen zerfallsfähigen Kerne, $N(0)$ = Anzahl dieser Kerne zum Zeitpunkt $t = 0$,
λ = Zerfallskonstante, $T_{1/2}$ = Halbwertszeit

Universelle Gasgleichung

$$p \cdot V = n \cdot k \cdot T$$

p = Druck in einer abgeschlossenen Gasmenge, V = Volumen der Gasmenge beim Druck p, n = Stoffmenge der Gasmenge,
k = Boltzmann'sche Konstante, T = absolute Temperatur

Energie der Teilchen im idealen Gas

$$\overline{E}_B = \tfrac{3}{2} \cdot k \cdot T$$

$\overline{E}_B$ = mittlere Bewegungsenergie der Teilchen,
k = Boltzmann'sche Konstante, T = Temperatur in K

Stichwort- und Personenverzeichnis

A

abgeschlossenes System 64, 77
absolute Messunsicherheit 10
actio = reactio 50f
Arbeit 72ff, 101, 104
–, im Gravitationsfeld 101, 104
Arbeitsgeschwindigkeit 74
Aristarch von Samos 89
Aristoteles 46, 51, 88
Äther-Hypothese 110
Atomuhr 113
Ausgleichsfunktion 22
Axiom 51

B

babylonisches Weltbild 88
Bahngeschwindigkeit 36f, 55, 62
Bahnkurve 8, 35, 55
Basiseinheiten 6
beschleunigte Bewegung 19
Beschleunigung 19ff, 31, 47f, 52f, 58, 62
Beschleunigungsarbeit 72
Betrag
–, eines Vektors 32
–, einer Größe 31
Bewegung 8, 12, 16ff
–, beschleunigte 19ff, 33, 40
–, gleichförmige 12ff, 33, 40
–, verzögerte 21, 53
Bewegungsenergie 64ff
Bewegungsgesetze 33, 40, 59
Bewegungsrichtung 31
Bezugshöhe 101
Bezugssystem 9, 14ff, 32, 46, 58, 106
Bildanalyse 29f
Brahe, Tycho 90f
Bremsvorgang 21, 24
Bremsweg 21, 81
Bremszeit 81

C

Cavendish, Henry 93
Coriolisbeschleunigung 58
Coriolis, Gaspard 58
Corioliskraft 58
Crashtest 81
c_W-Wert 45

D

Diskuswurf 83
Drehachse 83
Drehbewegung 60f
Drehimpuls 82

Drehimpulserhaltung 82, 86
Drehmoment 60f, 82, 86
durchschnittliche Leistung 74
Durchschnittsgeschwindigkeit 20
dynamische Geometrie 35

E

Ebbe 96
Eigenzeit 113
Einstein, Albert 90
Einstein'sche Postulate 108f
elastischer Stoß 78
Energie 64, 68, 74f
–, der Lage 64
–, im Gravitationsfeld 101
–, rotierender Körper 83
Energieänderung 72
Energieerhaltung 64, 69, 78, 86
Energieerhaltungssatz der Mechanik 65, 83
Energiekonzept 65, 68f
Energieterme 64
Energieüberführung 65ff
–, ideal 65
–, real 65
Epizykelmodell 89
Eratosthenes 88
Ersatzkraft 62
Euler-Verfahren 28, 97

F

Fadenpendel 68
Fallbeschleunigung 26, 39, 48, 100
Fallbewegung 25ff
Federkonstante 67
Fehler
–, statistischer 10
–, systematischer 10
Fehlerfortpflanzung 11
Feld
–, homogenes 100
–, radialsymmetrisches 100
Feldlinien 100
Fliehkraft 58, 62
Flut 96
freie Drehachse 83
freier Fall 26, 33, 38ff, 48, 68
Frequenz 36

G

Galilei, Galileo 26, 46, 51, 90
Galilei'sches Relativitätsprinzip 108
Gedankenexperimente 115
Gegenkraft 50f

geradlinige Bewegung 12, 19, 68
Gesamtenergie 65
Gesamtimpuls 77ff
Geschwindigkeit 13, 31
–, gleichförmige Bewegung 13
–, negative 13
–, positive 13
Gewichtskraft 42, 69, 94
Gezeiten 96
Gezeitenkraftwerk 96
Gleitreibung 44
Gravitation 98f
Gravitationsdrehwaage 94
Gravitationsfeld 100ff
Gravitationsgesetz 93, 98ff, 104
Gravitationskonstante 93f
Gravitationskraft 93, 98f
Grenzgeschwindigkeit 27, 45
Grundgleichung der Mechanik 48, 51, 62, 80
Grundgröße 6

H

Haefele-Keating-Experiment 113
Haftreibung 44, 57
Halbschrittverfahren 97
heliozentrisches Weltbild 89
Hochdruckgebiet 58
Höhenenergie 64ff, 101, 104
homogenes Feld 100, 103
Hooke'sches Gesetz 42, 52
Hubarbeit 72, 101

I

Impuls 77ff, 84, 85
Impulsänderung 77, 80f
Impulserhaltung 77f, 84ff
Impulsübertragung 77
Inertialsystem 46, 107
inhomogenes Feld 103
instationäres Feld 103
Intervallgeschwindigkeit 20
invariante Größen 109

J

Joule, 1 J 64
Jupitermonde 92

K

Kausalitätsprinzip 51
Kepler, Johannes 90f
Kepler'sche Gesetze 90ff, 104
Kepler'sche Planetenbahnen 91

kinetische Energie 64
Koordinaten 8
Koordinatensystem 12
Koordinatentransformation 14f
kopernikanische Wende 89
Kopernikus, Nikolaus 89
kosmische Geschwindigkeiten 102
Kraft 42, 47ff, 62, 72, 80f
–, beschleunigende 47f
Kräfteaddition 43
Kräftegleichgewicht 43, 62
Kräfteparallelogramm 57
Kraftkomponente 73
Kraftstoß 80f, 84
Kraftvektor 42
Kraftwirkung 42
Kraftzerlegung 43
Kreisbahn 54
Kreisbewegung 36ff, 54ff, 61f
Kurvenfahrt 57

L

Längenkontraktion 114, 117
Leistung 74f, 86
–, durchschnittliche 74
–, mechanische 74
Looping 69
Luftreibung 45
Luftwiderstand 27, 45

M

Masse 46ff, 52, 93
Massenanziehung 93
Massenpunkt 59
Mayer, Julius Robert 64
mechanische Arbeit 72, 86
mechanische Energie 64
Messunsicherheit 10f, 17
Michelson-Morley-Experiment 109f
Modell des Massenpunktes 8
Momentangeschwindigkeit 20, 31
Myonenzerfall 116

N

Newton, 1N 48
Newton, Isaac 46ff, 51, 90, 93
Newton'sche Axiome 51, 62
numerische Rechenmethode 28

O

Ortsfaktor 48

P

Planeten 89
Planetenbahn 90ff, 97
Positionsbestimmung 119
Potenzial 101ff
Ptolemäus von Alexandria 89

Q

quasistationäres Feld 103

R

Radialfeld 100
Raumzeit 115
Reaktionskraft 57
Regression 22, 30
Reibung 44, 65
Reibungsarbeit 72f
Reibungskraft 44, 57, 61
Reibungszahl 44
relative Messunsicherheit 11
Relativität der Gleichzeitigkeit 111, 117
resultierende Kraft 43
Rollreibung 44
Rotationsbewegung 59, 82
Rotationsenergie 83
Rückstoßprinzip 50
Ruhesystem 106

S

Satellit 92, 119
Satellitenbahnen 104
Satellitennavigation 119
Schallgeschwindigkeit 38
Scheinkraft 58, 62
schiefer Wurf 34f
Schrittverfahren 28, 97
senkrechter Wurf 34, 68
SI-System 6
skalare Größe 31
skalares Feld 103
Sonnensystem 89, 92
Spannarbeit 72
Spannenergie 64, 67
Sphärenmodell 88
Springflut 96
starrer Körper 59f
stationäres Feld 103
Stoßvorgänge 78
Synchronisation von Uhren 106f

T

Tabellenkalkulation 28, 97
thermische Energie 65, 74
Tiefdruckgebiet 58
Trägheitsgesetz 46, 51, 62
Trägheitskraft 58
Trägheitsmoment 60, 82
Translation 59
Tsunami 96

U

Überholvorgang 14f, 17
Umlaufdauer 36, 54
unelastischer Stoß 78

V

Vektor 31f
Vektoraddition 32
Vektorfeld 103
Vektorparallelogramm 32
Verformungsarbeit 72
Videoanalyse 29f

W

waagerechter Wurf 33, 39f
Watt, 1W 74
Watt, James 74
Wechselwirkung 49ff, 77
Wechselwirkungsgesetz 50f, 62
Weltbilder 88ff
Winkelbeschleunigung 59
Winkelgeschwindigkeit 36f, 54ff, 59
Wirkungsgrad 74
Wurf
–, schiefer 34
–, senkrechter 34
–, waagerechter 33f
Wurfparabel 34
Wurfweite 34

Z

Zeitdilatation 112, 117
zentraler Stoß 78
Zentralkraftgerät 54
Zentrifugalbeschleunigung 56
Zentrifugalkraft 58
Zentripetalbeschleunigung 37ff, 55f, 62, 94
Zentripetalkraft 55ff, 61f, 69, 93f

Quellennachweis

Bilder

3.1; 7.1 iStockphoto, Calgary, Alberta (baona); **3.2; 41.2** photocase.com, Berlin (AllzweckJack); **4.1; 63.1** laif, Köln; **4.2** Picture Press, Hamburg (Detlev van Ravenswaay); **5.1** stock.adobe.com, Dublin (by-studio); **6.1** Picture-Alliance, Frankfurt/M. (dpa); **6.2** Physikalisch-Technische Bundesanstalt, Braunschweig (E. Claus); **8.2** BeLa Sportfoto, Großbettlingen; **8.4** Getty Images, München (Stone / Arnulf Husmo); **9.1** DigitalVision, Maintal-Dörnigheim (Digital Vision); **10.1; 22.2** Harald Köhncke, Hannover; **12.1; 29.1; 67.1** Manfred Grote, Lüchow; **14.1** iStockphoto, Calgary, Alberta (Eric Bechtold); **17.1** ShutterStock.com RF, New York (Maxisport); **17.4** imago images, Berlin (Schöning); **17.6** ShutterStock.com RF, New York (Faiz Azizan); **18.1; 94.2** PHYWE Systeme GmbH & Co. KG, Göttingen; **19.1** iStockphoto, Calgary, Alberta (kisgorcs); **20.1; 22.1; 103.2** Ernst Klett Verlag GmbH, Stuttgart; **22.3; 22.4; 22.5; 22.6; 22.7; 22.8; 29.2; 30.1; 30.2; 30.3** Lars Blüggel, Witten; **23.1** Christian Wolf, Untersiemau-Scherneck; **25.1** LEYBOLD®/LD DIDACTIC GmbH/www.ld-didactic.de, Hürth; **26.1** ShutterStock.com RF, New York (Germanskydiver); **27.3** Zuckerfabrik Fotodesign, Stuttgart (Ginger Neumann); **27.4** Zuckerfabrik Fotodesign, Stuttgart; **31.2; 55.2** Prof. Erwin Spehr, Tübingen; **33.1** MEV Verlag GmbH, Augsburg; **36.1** imago images, Berlin; **39.2** iStockphoto, Calgary, Alberta (E+/4FR); **39.3** Alamy stock photo, Abingdon (Frank De Luyck); **45.7** Picture-Alliance, Frankfurt/M. (ASA/Michel Pissotte); **46.4** dreamstime.com, Brentwood, TN (Forsterforest); **48.1** Image Professionals, München (EUROPEAN SPACE AGENCY/D. Ducros); **50.3** Avenue Images GmbH, Hamburg (Image Source); **50.6** Getty Images Plus, München (E+/kaisersosa67); **50.8** Avenue Images GmbH, Hamburg (IndexStock); **51.1; 88.1; 108.2** akg-images, Berlin; **51.2** akg-images, Berlin (Science Source); **53.2** Getty Images, München (Stockbyte/Thinkstock Images); **53.3; 53.4; 53.5; 81.1; 81.2; 81.3** ADAC, München; **54.1** https://creativecommons.org/licenses/by-nd/4.0/, Mountain View (Matthias Sprau); CC-BY-ND-4.0 Lizenzbestimmungen: https://creativecommons.org/licenses/by-nd/4.0/legalcode, siehe *2; **55.1** Picture-Alliance, Frankfurt/M. (dpa/Gero Breloer); **56.1** Ute Nicklaß, Leonberg; **57.1** Getty Images, München (Bongarts/Frank Peters); **58.3** Daimler AG, Stuttgart; **60.3** ShutterStock.com RF, New York (pryzmat); **64.1** Mauritius Images, Mittenwald (Hubatka); **65.2** H. Geissler/U. Weng, F. H. Darmstadt; **70.1** Anton Wiedemann, Füssen; **72.1; 72.2** Ernst Klett Verlag GmbH, Stuttgart (Fritz Kühn); **76.1** ullstein bild, Berlin (AP); **77.3** Ernst Klett Verlag GmbH, Stuttgart (Alexander Mittag); **77.4** imago images, Berlin (VIADATA/Holger John); **80.1** ADAC, München (Stefan Krutsch); **82.1** Getty Images Plus, München (E+ / technotr); **82.2** Picture-Alliance, Frankfurt/M. (Bernd Thissen); **83.2** Getty Images, München (Bongarts/Friedemann Vogel /Staff); **87.2** Picture Press, Hamburg (Detlev van Ravenswaay); **90.3** Alamy stock photo, Abingdon (Science History Images/Photo Researchers); **91.1** stock.adobe.com, Dublin (Georgios Kollidas); **91.2** Getty Images, München (Historical Picture Archive/CORBIS/Corbis via Getty Images); **93.2** Thinkstock, München (iStock/denisk0); **96.2** Picture-Alliance, Frankfurt/M. (dpa); **98.1** Image Professionals, München (EUROPEAN SPACE AGENCY); **103.1** Avenue Images GmbH, Hamburg (Digital Vision); **103.3** iStockphoto, Calgary, Alberta (MorganLeFaye); **103.4** Kaiser, Harald, Alfdorf-Vordersteinenberg; **103.5** Getty Images Plus, München (Photodisc/Arthur S. Aubry); **103.6** creativ collection Verlag GmbH, Freiburg; **105.1** stock.adobe.com, Dublin (by-studio); **107.1** iStockphoto, Calgary, Alberta (RF / George Cairns); **108.1** Thinkstock, München (iStock/james steidl); **110.3; 110.4; 110.5** FH Brandenburg, Fachbereich Technik, Brandenburg an der Havel (Michael Vollmer); **113.1** Picture-Alliance, Frankfurt/M. (dpa/Roland Witschel); **116.3** DESY, Zeuthen; **116.5** Gotthardt, Matthias, Taunusstein; **119.1** Getty Images, München (Image Source); **119.2** dreamstime.com, Brentwood, TN (Rottenman); **119.3** 123rf Germany, c/o Inmagine GmbH, Nidderau (Felix Pergande); **121.1** Fotosearch Stock Photography, Waukesha, WI (Digital Vision); **U1.1** Alamy stock photo, Abingdon (Mint Images Limited)

*2 Lizenzbestimmungen zu CC-BY-ND-4.0 siehe: http://creativecommons.org/licenses/by-nd/4.0/legalcode

Illustrationen

Ernst Klett Verlag GmbH, Stuttgart, **24.3**; Lay, Dr. Martin, Breisach a. Rh., **122.1; 122.2; 122.3; 123.1**; Mair, Jörg, München, **70.2**; Marzell, Alfred, Schwäbisch Gmünd, **6.3; 8.1; 8.3; 9.2; 10.2; 10.3; 11.1; 11.2; 12.4; 12.5; 13.1; 13.2; 13.3; 14.2; 14.3; 14.4; 15.1; 16.1; 16.2; 16.3; 16.4; 17.2; 17.3; 17.5; 18.2; 19.2; 19.3; 19.4; 19.6; 20.2; 20.3; 20.4; 21.1; 21.2; 23.2; 23.3; 23.4; 24.1; 24.2; 24.4; 25.2; 25.3; 25.4; 26.2; 26.4; 27.1; 27.2; 28.1; 31.1; 31.2; 31.4; 32.1; 32.2; 32.3; 33.2; 33.3; 33.4; 34.1; 34.2; 34.3; 35.1; 35.2; 35.3; 36.2; 36.3; 37.1; 37.2; 37.3; 38.1; 39.1; 39.4; 40.1; 40.3; 40.4; 42.1; 42.2; 42.3; 42.4; 42.5; 42.6; 43.1; 43.2; 43.3; 43.4; 43.5; 43.6; 44.1; 44.2; 44.3; 44.4; 45.1; 45.2; 45.3; 45.4; 45.5; 45.6; 45.8; 45.9; 46.1; 46.2; 46.3; 47.1; 47.2; 48.2; 48.3; 49.1; 49.2; 49.3; 50.1; 50.2; 50.4; 50.5; 50.7; 52.1; 52.2; 52.3; 53.1; 54.2; 55.3; 56.2; 56.3; 56.4; 56.5; 57.3; 58.1; 58.2; 59.1; 59.2; 59.3; 59.4; 59.5; 60.1; 60.2; 60.6; 61.1; 61.2; 61.3; 62.1; 62.2; 62.3; 62.4; 64.2; 64.3; 64.4; 65.1; 65.3; 66.1; 66.2; 67.2; 67.3; 68.1; 68.2; 69.1; 69.2; 71.1; 71.2; 71.3; 72.3; 72.4; 73.1; 73.2; 73.3; 73.4; 74.1; 75.1; 75.2; 75.3; 76.2; 77.1; 77.2; 78.2; 78.3; 78.4; 79.1; 80.2; 80.3; 80.4; 80.5; 81.4; 83.1; 84.1; 84.2; 85.1; 85.2; 85.3; 86.1; 86.2; 88.2; 88.3; 89.1; 89.2; 89.3; 90.1; 90.2; 90.4; 91.3; 92.1; 92.2; 92.3; 93.1; 94.1; 94.3; 95.1; 96.1; 96.3; 96.4; 96.5; 96.6; 96.7; 97.1; 97.2; 98.2; 98.3; 99.1; 99.2; 99.3; 99.4; 100.1; 100.2; 100.3; 101.1; 101.2; 101.3; 101.4; 102.1; 102.2; 104.3; 106.1; 106.2; 107.2; 109.1; 110.1; 110.2; 110.6; 111.1; 111.2; 112.1; 112.2; 112.3; 112.4; 114.1; 114.2; 115.1; 115.2; 116.1; 116.2; 116.4; 117.1; 117.2; 118.1; 118.2; 119.4; 123.2; 131.1**

Texte

26 Galileo Galilei, Zitat. In: Ueli Niederer: Galileo Galilei und die Entwicklung der Physik 1. Unter: https://www.ngzh.ch/archiv/1982_127/127_3/127_23.pdf (Zugriff 02.12.2021, gek.); **46** Leonhard Eulers Mechanik oder analytische Darstellung der Wissenschaft von der Bewegung. Hrsg. v. J. Ph. Wolfers. C. A. Kochs Verlagshandlung Greifswald 1848, S. 21; **48** Sir Isaac Newton's Mathematische Principien der Naturlehre. Hrsg. v. Prof. Dr. Jakob. Philipp Wolfers, Berlin Verlag R. Oppenheim, 1872; **91** Johannes Kepler, Zitat. In: Max Jammer: Der Begriff der Masse in der Physik. Übers. v. Hans Hartmann. Wissenschaftliche Buchgesellschaft Darmstadt 1964, S. 56; **108** Galileo Galilei: Dialog über die beiden hauptsächlichsten Weltsysteme, das Ptolemäische und das Kopernikanische. B.G. Teubner, Leipzig 1891, S. 197–198; **109** Albert Einstein als Philosoph und Naturforscher. Eine Auswahl. Hrsg. v. Paul Arthur Schilpp. Friedrich Vieweg Braunschweig 1983. S. 52; **111** Albert Einstein: Zur Elektrodynamik bewegter Körper. In: Annalen der Physik. 17. Verlag J. A. Barth Leipzig 1916, S. 891-921, S. 893; **120** Hermann Minkowski: Raum und Zeit, Ansprache. (1908) In: Jahresberichte der Deutschen Mathematiker-Vereinigung. B. G. Teubner Leipzig 1909

Die Reihenfolge und Nummerierung der Bild- und Textquellen im Quellennachweis erfolgt automatisch und entspricht u. U. nicht der Nummerierung der Bild- und Textquellen im Werk. Die automatische Vergabe der Positionsnummern erfolgt in der Regel von links oben nach rechts unten, ausgehend von der linken oberen Ecke der Abbildung.